国家自然科学基金重大项目"公平、活力与可持续——老龄社会的经济特征及支持体系研究"（71490734）资助出版

人口老龄化背景下
中国人口与经济活动空间分布互动关系研究

陈　蓉　著

科学技术文献出版社
SCIENTIFIC AND TECHNICAL DOCUMENTATION PRESS

·北京·

图书在版编目（CIP）数据

人口老龄化背景下中国人口与经济活动空间分布互动关系研究 / 陈蓉著. —北京：科学技术文献出版社，2018.4（2019.5重印）
ISBN 978-7-5189-4001-1

Ⅰ.①人… Ⅱ.①陈… Ⅲ.①人口分布—关系—经济发展—研究—中国
Ⅳ.① C922.2 ② F124.1

中国版本图书馆 CIP 数据核字（2018）第 039337 号

人口老龄化背景下中国人口与经济活动空间分布互动关系研究

策划编辑：孙江莉	责任编辑：刘 亭　　责任校对：文 浩　　责任出版：张志平

出　版　者　科学技术文献出版社
地　　　址　北京市复兴路15号　　邮编 100038
编　务　部　(010) 58882938，58882087（传真）
发　行　部　(010) 58882868，58882870（传真）
邮　购　部　(010) 58882873
官方网址　www.stdp.com.cn
发　行　者　科学技术文献出版社发行　全国各地新华书店经销
印　刷　者　北京虎彩文化传播有限公司
版　　　次　2018 年 4 月第 1 版　2019 年 5 月第 3 次印刷
开　　　本　710×1000　1/16
字　　　数　267千
印　　　张　16.75
书　　　号　ISBN 978-7-5189-4001-1
定　　　价　68.00元

序言

我国人口正在经历一个重大转折，这一转折是多维度的。目前已有的研究较多关注我国人口总量从高增长向低增长及负增长的转变，以及人口年龄结构向老龄化和高龄化的转变。但是迄今为止关注不足的是在我国人口低增长、负增长和老龄化、高龄化的背景下，我国人口空间分布会发生哪些变化，这些变化将对我国宏观水平与地区水平的经济社会发展带来什么影响，以及这些地区影响又会如何反作用于人口迁移与人口的空间分布等。

陈蓉的著作《人口老龄化背景下中国人口与经济活动空间分布互动关系研究》，对上述问题进行了较深入的探讨。全书分七章对人口老龄化背景下我国人口与经济活动的空间再分布问题进行了系统分析。首先，作者利用人口普查数据和年度经济统计数据，从区域、省际、地级及以上城市层面上描述我国国内地区不平衡和经济生产活动空间集聚的特征，分析人口与劳动力资源、分年龄人口（主要是老年人口）在空间上的分布特征及其变动趋势，以探讨人口与经济生产活动空间集聚的现状与特征。

其次，作者研究了人口与经济活动集聚的关系及其内在机制。着重探讨了以下问题：经济发展不平衡和生产活动的集中是如何演变的，以及如何作用于人口迁移集聚过程；中国国内大规模人口迁移如何重塑了中国人口地理版图；人口空间集聚如何影响宏观经济发展，以及人口迁入地和人口迁出地的区域经济发展。

最后，作者在探讨以上两个问题的基础上，提出本书的主要研究结论和发现，以及相关政策建议。在我国人口与经济活动相互影响的研究中，本书无疑具有一定的前沿性。

作者对普查数据的分析发现，从省际迁移来看，人口主要由"欠发达"省份向"发达"省份迁移。广东、浙江、上海、江苏、北京、天津等东部省市是跨省迁移的主要流入地，其中广东迁入规模最大，而上海、北京和天津的迁入率最高。安徽、四川、河南、湖南、湖北等中、西部省份是主要流出地，其中安徽人口流出规模最大。

对地级市层面的人口流动分析发现，"五普"与"六普"数据的比较表明，在我国287个地级及以上城市中，人口净流出城市从162个上升至184个，人口净流入城市从125个下降至103个，反映人口向少数城市集聚的趋势。人口迁移向珠三角、长三角和京津冀三大沿海城市群与中、西部区域经济中心城市迁移集聚的趋势更加明显。人口净流失城市集中在人口密集的中部地区、成渝地区、江苏北部地区等，尤其是河南、安徽、四川、湖北、湖南等经济发展相对落后、以农业为主、农村剩余劳动力较多的地级市成为全国流动人口的主要来源地。

在人口低增长、负增长和人口老龄化的背景下，人口净流出城市或地区，很容易成为人口数量缩减的"收缩城市"。而在收缩城市的背后，是这些城市中规模更小的地理单元（如自然村落）的人口首先收缩，甚至最终因无人居住而被废弃。据民政部统计，2002—2012年，我国自然村落的数量由360万个下降为270万个，10年下降了90万个，平均每年下降9万个，每天下降200多个。当然自然村落数量下降的原因可能是多方面的，如基础设施建设和工业建设用地，以及各类自然灾害造成的搬迁等。不过人口向城市迁移无疑是其中最重要的原因。

我国的近邻日本的人口变动超前我国20年左右，日本关于人口负增长对人口空间分布变动前景的研究可以为我国提供有价值的借鉴。日本国土交通省国土计划局在2003年提出的相关研究报告中指出，2050年日本总人口可能降至9515万人，比2005年减少25.5%，65岁以上的老人将占总人口的40%。伴随日本人口总量缩减和人口超级老龄化进程，人口的空间分布也将发生重大变化。到2050年，在2005年有人居住的地区中将有约20%变为无人区。占日本国土面积约2/3地区的人口将减半。同时，由于人口向城市集聚，日本三大都市圈人口占总人口的百分比，将由2005年的50.2%增加到2050年的56.7%；三大都市圈以外地区的人口将相应下降。

我国可能在未来10年左右的时间内出现人口负增长。人口总量的负增长以及人口迁移将对我国人口空间布局产生更加显著的影响，需要对未来人口负增长背景下我国人口与经济活动空间分布的前景做更多的研究。根据已有的实证数据，人口缩减首先发生在乡村与部分等级较低（或规模较小）的城镇化地区，部分地区甚至因无人居住而被废弃。从我国人口在东、中、西部地区的分布来看，常住人口负增长首先发生在中、西部与东北部等人口密度较低的地区，而人口负增长与老龄化又反过来对这些地区的经济发展、公共财政和社会保障，以及对这些地区的就业增长带来不利影响，从而又会促使这些地区人口的进一步外流。所以部分地区的人口缩减可能是一个"自我加强"（self-enforcing）的过程。当然，未来人口与经济活动实际变动，还需要根据新的数据做更多的分析与研究。

我国人口负增长与老龄化趋势，将对我国人口与经济活动的空间分布产生重大影响，并进一步影响我国城乡建设和交通通信等基础设施建设，以及对教育、医疗、社会保障与地方财政，产生显著和深远的影响。对于这个问题，过去我们的研究不足，今后需要有更多和更好的前瞻性研究，包括相关理论假设，分析方法模型与相关数据的研究。政府的相关规划与改革设计，要充分考虑人口负增长趋势对人口的城乡与空间分布的影响，以避免造成不必要的浪费与失误。

本书有一些值得读者关注的特点与创新。如本书重视人口与经济活动的互动；重视不同学科包括人口学、人口经济学、空间经济学与经济地理学的跨学科研究；重视在宏观区域、省份与地级市等不同水平上的分析研究；重视定性研究与定量研究的有机结合；重视人口迁移对主要人口迁入地和人口迁出地的人口经济的不同影响等。

当然，本书只是研究在人口负增长与老龄化背景下我国人口与经济活动的再分布问题的较早努力，不可能解决该领域的所有问题。希望本书的出版引起对我国人口与经济活动再分布问题的更多关注，并推动该领域有更多相关研究问世，最终使我国能更好地应对相关挑战。本书的出版值得庆贺。

上海社会科学院研究员　左学金

2018 年 3 月 31 日

引 言

一、研究的缘起

经济生产活动的空间集聚是必然的趋势，是客观经济规律使然。在一国经济发展过程中，不可能所有区域都齐头并进地同时发展起来，总有部分地区由于其自然环境、地理位置和历史人文环境等先天禀赋的优势及国家发展政策的推动，会领先于其他地区发展起来。随着国家发展的不断深入，在获得规模经济效益的驱动下，劳动力、资本等经济要素越发会向这些先发展起来的区域集中。过去两个多世纪，全世界许多在经济发展上取得成功的国家和地区发展历程和经验都表明，生产活动必然会集中到国内部分区域，一国经济增长很难达到各地区间的平衡状态。

改革开放以来，中国经济发展取得举世瞩目的成绩：经济总量连上新台阶，已成长为仅次于美国的世界第二大经济体；人均国内生产总值不断提高，成功实现从低收入国家向上中等收入国家的跨越；产业结构不断优化调整，逐步从工业主导的产业体系转向服务业主导的现代产业体系；经济结构逐步从投资为主、消费为辅转向消费为主、投资为辅。经历几十年的发展，经过不断的调整，中国经济当前已进入"新常态"。"新常态"，顾名思义，一是"新"，即是前所未有的；二是"常态"，即是相当长时期的存在。这意味着，在今后相当长时期，中国经济将经历从传统增长稳态向新的增长稳态的转换过程，经济结构重构和发展动力重塑的过程，经济将从高速增长转为中高速增长。

在国民经济发展整体上进入"新常态"的现实背景下，区域经济发展的差异化、地区间不平衡仍是中国经济社会发展在空间上最突出的事实，"东强西弱"的基本格局历史上由来已久。改革开放以后，东部和东南部沿海区域，特别是珠江三角洲、长江三角洲、京津冀区域等城市群地区，由于先天禀赋和政策设计的双重优势，领先于中、西部地区发展起来。随着城市化和工业化进程的加速，中国正在经历从农业经济向工业经济进而向后工业经济转变的过程，东部与中部和西部地区、城乡之间及发达地区与欠发达地区之间的差距越发变大，经济要素也在不断由中部和西部向东部、农村向城市、欠发达地区向发达地区集聚。

人是经济活动的主体，劳动力是最主要的经济要素。"人往高处走"，人们势必会选择向经济发达地区迁移，以谋取更好的职业和更高的收入。正因为如此，随着人口迁移政策的逐步放松，中国国内以劳动力为主体的人口迁移流动日益频繁，大规模的以年轻劳动力为主的人口不断从农村向城市、从中部和西部地区向东部地区迁移，已成为人类历史上在和平时期前所未有的、规模最大的人口迁移活动，已超越生育和死亡成为主导中国人口态势的最主要的人口因素（顾宝昌，2010），正在不断重塑中国人口地理版图，也对中国经济社会发展方方面面产生了巨大的影响。

中国人口整体上进入总量低速增长、年龄结构迅速老化、迁移活动日益频繁的历史性阶段。与经济发展"新常态"相对应，这可以视作是中国人口格局"新常态"。在中国人口变动与经济发展均进入"新常态"的历史时期，国内各区域之间的互动与联结将在未来经济发展过程中占有越来越重要的地位，故对整体内部各局部之间的人口格局分布、经济生产活动集聚的空间变动特征与规律性，及其变动的内在机制进行研究，显得尤为重要和必要。国内正在经历的大规模人口迁移活动既是区域经济发展差异化、地区不平衡的结果，又对中国人口空间布局变动和经济发展产生巨大的影响。这正是集聚的力量，是人口与经济要素的集聚所产生的对中国人口经济地理格局的重塑力量。本书的研究正是围绕着这一议题展开的。

二、本书的研究目标及意义

（一）研究目标及具体研究问题

本书的研究目标是探讨中国国内区域间经济发展不平衡背景下，大规模的人口迁移集聚活动对中国人口空间格局的影响，包括人口、劳动力空间分布和人口老龄化空间差异的变动，以及这一集聚过程对全国和区域经济发展产生的效应。

具体而言，本书的研究问题有如下3个方面：

其一，描述现状与特征"是什么"。本书首先将基于几次人口普查数据、相应年份的经济统计数据，从区域、省际、地级及以上城市层面上描述中国国内地区不平衡和经济生产活动空间集聚疏散的特征，剖析人口迁移的特征及规律，分析人口规模、劳动力资源、人口年龄构成（主要是人口老龄化）在空间上的分布特征及其变动趋势。即回答人口与经济生产活动空间集聚疏散的现状与特征"是什么"的问题。

其二，探索经济生产活动集中与人口空间集聚的关系及其内在机制。人是经济活动的主体，劳动力是最主要的经济要素。国内大规模的人口和劳动力迁移既是经济发展不平衡与生产活动集中的结果，又势必对人口与经济活动空间布局及其相互关系产生巨大影响，进而作用于宏观经济发展。本书着重回答如下几个问题：①经济发展不平衡和生产活动的集中是如何演绎的，又是如何作用于人口迁移集聚过程的，中国目前的集聚过程是以集聚效应为主，还是以拥挤效应为主？②中国国内正在经历的大规模人口迁移具有哪些特征和规律性？这一大规模的人口迁移活动是如何重新塑造中国人口地理版图的，即对中国人口规模空间集聚疏散、劳动力资源空间配置、人口老龄化空间分布特征产生哪些影响？③人口空间迁移集聚对整体宏观经济发展产生何种影响效应，对于人口迁入地和人口迁出地、不同集聚能力的城市而言，人口迁移对其经济增长的效应是否不同，有哪些不同？简而言之，即回答人口与经济活动空间集聚之间的关系"怎么样"，以及"为什么"会存在这样的规律性。

其三，在回答以上两个问题的基础上，提出在中国经济发展和人口格局整体上进入新常态的现实背景下，本书的研究结论和主要发现，对于中国政府城市和农村发展政策的借鉴意义，对于城市规划、基础设施投资、基本公共服务投入等方面的提前应对和科学设计的现实指导意义。

（二）研究的意义

从理论研究角度来看，人口变动与经济增长之间的关系一直是经济学研究关注的重点，也是研究所有人口问题中最基本的出发点之一。大规模的人口迁移是当前中国经济社会发展中最为突出的事实之一，对人口变动与经济发展均产生非常深远的影响。对中国人口迁移、人口与经济生产活动空间布局变动及其内在机制的研究，可以深化空间经济学、经济地理学、人口经济学中有关集聚的理论，也可以将中国的发展实践历程与世界发达国家的经验相对比，融入全球的研究中去，在国际研究中增添中国的实践经验。因此，本研究具有一定的理论意义。

从指导实践角度来看，人口与国民经济相互协调是全部可持续发展的基础，构成一国社会经济发展的根本问题。充分认识和把握中国国内人口与经济生产活动空间集聚疏散的特征、规律、内在机制及未来趋势，有助于在城市建设与规划、基础设施投资、基本公共服务制度设计和投入等方面，减少和避免不必要的浪费或短缺，也可以对人口与经济活动给予合理的引导，以减少和避免人口与经济活动的过度集聚或过度萧条，尽量避免过于严重的两级化现象；可以为中国政府的城市和农村发展政策提供一定的参考，并做出提前应对。

三、本书的篇章结构

引言。简述本书的研究背景、研究问题、研究意义和目标、文章结构、创新及不足之处。

第一章，文献综述及理论框架构建。该章首先对与本书研究相关的经济学、人口学理论模型及国内外已有相关实证研究进行系统的回顾、总结及述评；其后，介绍本书涉及的主要变量的概念界定、数据来源及处理方法；最后，基于相关理论基础、借鉴相关实证研究，构建本书的理论分析框架以指导全文的研究，并提出本书所使用的实证数据能够检验的研究假设。

第二章，中国人口与经济活动空间格局变动的宏观背景与相关政策。该章首先对国民经济发展和全国人口格局的历史进程和新的常态进行描述和分析，以为全书研究人口与经济活动空间布局的集聚疏散奠定宏观经济发展和人口变动背景；其次，简要回顾和梳理我国人口迁移政策、区域经济发展战略的演变历程。

第三章，中国人口与经济活动空间格局的省际特征。该章从四大地区和省级层面上分析人口与经济活动空间布局变动及其规律性。首先，分析地区经济发展不平衡的特征及其演化；其次，探讨地区发展不平衡背景下的跨省人口迁移特征及规律性；最后，探析人口总量集聚疏散、劳动力资源空间配置、人口老龄化空间分布格局变化的省际特征及跨省人口迁移对这三方面产生的影响。

第四章，地级及以上城市的人口与经济活动空间格局分析。该章分析地级及以上城市人口与经济活动空间布局变动及其规律性，分析思路与第三章类似。首先，分四大地区、不同规模城市、不同城市等级、三大城市群，来探讨 21 世纪的第一个 10 年间区域地级城市层面上的经济差距及集聚变动趋势；其次，分析城市间人口迁移特征及规律性；最后，探讨城市层面上人口规模变动、劳动力资源的空间配置、人口老龄化变动状况及人口迁移对这三方面产生的影响。

第五章，经济集聚与人口空间分布变动互动关系的计量模型分析。在第三章和第四章描述性统计分析的基础上，该章采用计量经济模型，进一步探究经济集聚和人口空间格局变动关系，以验证第一章提出的 4 个研究假设。首先，以全国所有地级市为样本单位，构建城市层面模型，探讨经济水平和结构等对人口净迁入的作用；其次，分析人口迁移对中国人口规模空间集聚疏散、劳动力资源空间配置以及人口老龄化空间分布产生的影响；然后，建立省级面板数据模型，分析省际人口迁移对省域经济产出的影响；最后，通过构建反映人口与经济活动分布的协调度的指数，从省级层面和地级市层面上，分析中国人口与经济活动布局空间耦合情况。

第六章，国内外案例研究。为了更加深入地剖析前几章的分析和结论，该章首先选择国内典型的人口净流入城市（上海）和人口净流失城市（江苏盐城），进行案例研究，分析其人口净流入/净流失的现状特征与基本规律，探析人口净迁入/净迁出对城市人口格局变动和经济社会发展的影响效应；其次，再以美国、日本等几个发达国家的发展经验为例，深入讨论中国人口与经济生产活动集聚的未来趋势。

第七章，主要结论及思考建议。作为全书的结束章，该章全面梳理和提炼全书的研究结论与主要发现，并有针对性地提出几点思考和建议。

四、本研究的创新及不足

（一）对现有研究的发展及创新之处

本书从如下 4 个方面发展了已有研究，并进行了创新。

其一，从研究内容上来看，打破了大部分已有研究"就经济研究经济、就人口研究人口"的惯常。从空间经济学、经济地理学和人口经济学等多学科交融的角度出发，更加关注人口运动与经济运动的对立统一性，将人口经济运动及其关系视为有机整体，探寻人口迁移对人口与经济活动空间布局变动的影响机制，探讨人口迁移的经济活动集聚效应。这样的研究在经济研究领域，特别是人口研究领域并不多见。

其二,从研究方法上来看,本书将第四次全国人口普查、第五次全国人口普查和第六次全国人口普查数据,与经济统计数据在省级层面和地级市层面进行匹配,既描述了人口变动、经济发展不平衡的纵向趋势变化规律,又分别搭建了不同层面的人口与经济数据库。同时,本书综合运用了描述性统计分析、省级面板模型等计量模型分析、城市个案研究、国别个案研究等多种研究手段,定量研究与定性研究有机结合。

其三,从研究的空间尺度来说,本书将研究的最小空间尺度划到了地级市层面,甚至个别县和村庄层面,这在国内的相关研究中比较罕见。以区域和省为单位进行研究时空间尺度较大,许多人口与经济现象有可能"被平均"了;在地级市层面上进行研究,空间尺度变小了,分析将更加细致和深入,某些人口和经济现象会更加凸显和尖锐。

其四,从研究的具体问题来说,本书研究人口迁移对经济增长的效应时,不仅分析了人口对整体宏观经济的影响效应,还重点分析了人口迁移对主要人口迁入地和人口迁出地的人口经济的不同影响,以及对具有不同集聚能力的城市的不同效应。这在国内已有的实证研究中并不多见。

(二) 存在的不足及需要深化研究之处

本书的研究尚存在诸多不足之处,在今后的研究中仍需进一步深入。本书的研究单位涉及全国 31 个省、287 个地级及以上城市,研究范围广,易于发现并把握大势上的规律性,但是研究的深度就会有所不足。如果针对某一城市、省份或者都市圈的研究,则可以进行更为深入的探索与分析。研究所能够收集到的经济和人口指标受限,收集某一城市、某一省份或某一区域的经济和人口数据可能比较容易操作,收集全国所有省份、地级及以上城市的数据难度就加大了。在未来的研究中,考虑往两个方向发展,一是考虑选择国内某一典型省份或城市、有代表性的城市群或都市圈进行深入的分析,收集更为全面、系统的人口经济统计指标,开展更为深入的量化研究;二是加强国际比较研究,将中国的实际情况融入全世界去,并借鉴发达国家已有的经验和教训。此外,本书的研究更多是属于实证数据分析研究,对于经济理论的拓展和深化尚不足够,这在以后的研究中需进一步进行总结、提炼和深化。

目　录

第一章　文献回顾与理论分析框架

　　本章首先对与本研究相关的经济学、人口学理论模型及国内外已有相关实证研究进行系统的回顾、总结及述评；其后，介绍本研究的主要变量及其概念、数据来源；最后，基于相关理论基础、借鉴相关实证研究，构建全书的理论分析框架，并提出本研究所使用的实证数据能够检验的研究假设。

第一节　文献综述

　　关于人口迁移与经济发展、经济活动集聚的理论模型、实证研究主要可以归为三大类问题。一是人口迁移的决定因素。即探讨人们为什么会做出迁移决定，并落实到行动？具有哪些特征的人群易发生迁移？迁移的目的地如何选择？等等。二是经济发展、区域经济差距等对人口迁移的影响及其作用机制。三是人口迁入迁出对整体经济发展、迁入地和迁出地经济发展的影响效应。人口迁移和经济发展、经济活动集聚之间是相互影响的，因而上述几类研究之间存在一定的联系，无法完全割裂开来进行研究。

一、经济活动集聚、经济发展与人口迁移相关理论模型

（一）区域经济增长及经济集聚理论模型

　　按发展阶段的适用性，非均衡增长理论大体可分为两类：无时间变量的非均衡增长理论和有时间变量的非均衡增长理论。前者主要包括增长极理论、不平衡增长论、循环累积因果论、核心—边缘理论；后者主要以倒 U 理论为代表。

　　1. 增长极理论

　　增长极理论被认为是西方区域经济学中经济区域观念的基石，是不平衡

发展论的依据之一，最早由法国经济学家弗郎索瓦·佩鲁（Francois Perroux）提出。他认为，增长并非同时出现在各部门，而是以不同的强度首先出现在一些增长部门，然后通过不同渠道向外扩散，并对整个经济产生不同的终极影响。显然，他主要强调规模大、创新能力高、增长快速、居支配地位的且能促进其他部门发展的推进型单元即主导产业部门，着重强调产业间的关联推动效应。布代维尔从理论上将增长极概念的经济空间推广到地理空间，认为经济空间不仅包含了经济变量之间的结构关系，也包括了经济现象的区位关系或地域结构关系。因此，增长极概念有两种含义，一是在经济意义上特指推进型主导产业部门，二是地理意义上特指区位条件优越的地区。增长极理论主要阐述了增长极对其自身和其他地区发展的积极作用，而忽视了增长极对其他地区发展的消极影响。此外，增长极理论的应用是需要一定区位条件的，然而这些条件对经济落后地区来说是缺乏的，大多数国家的实践，不是导致失败就是收效不明显，形成"孤岛经济"。

2. 不平衡增长论

针对增长极理论在地理空间上的应用，美国经济学家阿尔伯特·赫希曼（Albert Otto Hirschman，1958）在 1958 年所著《经济发展战略》一书中，探讨了经济成长如何由一个区域扩散到国家其他区域，从主要稀缺资源应得到充分利用的认识出发，提出了不平衡增长理论。不平衡增长理论的核心内容包括三大部分，即"引致投资最大化"原理、"联系效应"理论和优先发展"进口替代工业"原则。联系效应包括前向关联反应、后向关联反应、旁侧关联反应。赫希曼所主张的不平衡发展战略认为，应将前向、后向联系效应最大的产业、项目作为投资重点，优先发展，这样就能对整个经济增长产生最大的刺激和促进作用。

赫希曼认为，发展道路是一条"不均衡的链条"，从主导部门通向其他部门，主张发展中国家应有选择地在某些部门进行投资，通过其外部经济使其他部门逐步得到发展。不平衡发展理论的思想基础是，平衡是有条件的、相对和暂时的状态，地区之间的经济发展不平衡是客观的、绝对的。由于各地区发展同一产业或者同一产业投入产出效果不尽相同，在国家所掌握的资源十分有限的情况下，为提高资源配置效率，保证国民经济较快增长，国家必须集中有限的人力、物力和财力，采取重点开发的方式，并在资源分配和财政投入上对重点产业进行倾斜。

3. 循环累积因果论

循环累积因果论是由经济学家冈纳·缪尔达尔（Karl Gunnar Myrdal）于1957年提出的。该理论认为，经济发展过程在空间上并不是同时产生和均匀扩散的，首先是从一些较好的地区开始，一旦这些区域由于初始发展优势而比其他区域超前发展时，这些区域就通过累积因果过程，不断积累有利因素继续超前发展，导致增长区域和滞后区域之间发生空间相互作用。由此会产生"扩散效应"和"回流效应"两种相反的效应。扩散效应是指发达地区向欠发达地区的投资活动，包括直接投资和间接投资活动，它有助于欠发达地区的经济增长；回流效应是指劳动力和资本由欠发达地区向发达地区的回流运动，它将引发欠发达地区经济的进一步衰退。

由于聚集经济效应，发达地区会处于持续、累积的加速增长之中，并同时产生扩散效应和回流效应，但回流效应总是先于和大于扩散效应，在市场机制作用下，发达地区在发展过程中不断积累对自己有利的因素，而落后地区则不断积累对自己不利的因素。因此，循环积累因果的作用使经济在空间上出现了"地理二元经济"结构，即经济发达地区和经济不发达地区同时存在。基于此，缪尔达尔提出了区域经济发展的政策主张。在经济发展初期，政府应当优先发展条件较好的地区，以寻求较好的投资效率和较快的经济增长速度，通过扩散效应带动其他地区的发展，但当经济发展到一定水平时，也要防止累积循环因果造成贫富差距的无限扩大，政府必须制定一系列特殊政策来刺激落后地区的发展，以缩小差距。

4. 核心—边缘理论

美国学者弗里德曼（J. R. Friedman）在1966年出版的《区域发展政策》一书中提出了核心—边缘理论。该理论在考虑区际不平衡较长期的演变趋势基础上，将经济系统空间结构划分为中心和外围两部分，二者共同构成一个完整的二元空间结构。核心区是区域体系的增长推动中心，发展条件较优越，经济效益较高，处于支配地位，外围区是其周围的腹地或边缘区域，发展条件较差，经济效益较低，处于被支配地位。因此，经济发展必然伴随着各生产要素从外围区向中心区的净转移。该理论的核心强调区域经济增长的同时，必然伴随经济空间结构的改变。在发展早期，人口、商业与资源会集中于核心区，二元结构十分明显，最初表现为一种单核结构；而后随着发展过程，会逐渐分散到边缘地区，单核结构逐渐为多核结构替代；到了最后阶段，边缘区越来越缩小，几乎完全消失，达到区域差异的极小化。该理论试图解释各个区域如何由互不关联、孤立发展，变成彼此联系、发展不平衡，又由极不平衡发展变为相互关联的平衡发展的区域系统，其关于二元区域结构随经济进入持续增长阶段而消失的观点是值得商榷的。

5. 倒 U 理论

1965 年，威廉姆逊在其发表的《区域不平衡与国家发展过程》一文中提出倒 U 理论（Williamson，1965）。与以往理论不同的是，该理论是建立在实证研究基础之上的，而且将时序问题引入了区域空间结构变动分析。威廉姆逊将库兹涅茨的收入分配"倒 U 型"假说应用到分析区域经济发展方面，提出了区域经济差异的倒 U 理论。他通过实证分析指出，无论是截面分析还是时间序列分析，结果都表明发展阶段与区域差异之间存在着"倒 U 型"关系，也就是说经济活动的空间集中式极化是国家经济发展初期不可逾越的阶段，但由此产生的区域经济差异会随着经济发展的成熟而最终消失。

6. 空间经济学理论

克鲁格曼、维纳布斯和藤田昌久等（Krugman，1991；Vernables，1996；Krugan et al.，1995；Fujita et al.，1999）创立的空间经济学（新经济地理学），使得空间经济分析成为经济学中的一个重要领域。空间经济学将主流经济学长期忽视的空间因素纳入一般均衡的分析框架中，研究经济活动的空间分布规律，解释现实中存在的不同规模、不同形式的生产集聚的机制，并通过这种机制的分析探讨区域经济增长的规律与途径。从学科体系来看，空间经济学是在区位论的基础上发展起来的多门学科的总称，其中区位论是基础，主要理论包容在区域经济学、城市经济学、经济地理学、不动产区位理论和产业空间选择理论等学科之中。

空间经济学以规模收益递增和垄断竞争为主要的理论基础，这与新古典的规模收益递减（不变）和完全竞争有所不同。以迪克希特和斯蒂格利茨的垄断竞争为基础，借鉴国际贸易理论，利用萨缪尔森（1954）的"冰山"交易技术，克鲁格曼将空间概念引入迪克希特－斯蒂格利茨的垄断竞争一般均衡分析框架中，完成了空间经济学的核心—边缘模型（CP 模型）。此外，空间经济学与城市经济学融合形成了城市层级体系模型，经济演化的过程是市场潜力与经济区位的共同作用，当城市的数量足够多时，城市规模和城市间的距离在离心力和向心力的相对强度下将在某一水平稳定下来。另外，空间经济学还有一个国际模型。

在空间经济学模型中，最终决定空间长期均衡稳定性的力量有两种：集聚力和排斥力。集聚力是引起区域分异、导致现代部门向某一区域集聚的力量，是市场接近性带来的优势。排斥力是促进现代部门扩散的力量，来源于市场竞争。宏观的经济活动空间模式是微观层次上的市场接近效应和市场拥挤效应共同作用的结果。追逐市场接近性优势的微观经济的主体的行为产生了聚集力，即价格指数效应和本地市场放大效应，这种前后联系具有循环累积因果特征，它们可以使对经济系统的初始冲击进一步放大，从而强化初始的冲击。聚集力的市场拥挤效应所产生的扩散力决定了最终经济活动的空间模式。

（二）人口迁移理论和模型

1. 新古典主义经济理论

劳动力由农村迁往城镇或城市，促使农村剩余劳动力从传统农业部门游离出来，为迅速增长的现代工业提供廉价劳动力。同时，迁移使得劳动力资源由边际产品低的农业部门向边际产品高的工业部门转移，从而有利于提高整个经济的资源配置效率，进而促进经济增长。此外，农村向城市的人口迁移还导致农村低收入部门工资水平的上升，及城市高收入部门工资水平的下降，可以提高整个经济的收入分配的平等程度。新古典主义经济学的理论在很大程度上与发达国家的历史经验相吻合。需要指出的是，该理论关注的是农村向城市的永久性迁移。

然而，由于高生育率和迅速下降的死亡率的影响，许多发展中国家的人口增速比发达国家相应发展阶段时高得多。城市工业采用现代化机器生产，只能吸收相对较少的劳动力就业，其结果是农村和城市都产生了大量剩余劳动力。许多迁移者在城市找不到工作，或只能在劳动生产率较低的"非正规部门"就业，因而人口由农村迁往城市，并不一定意味着劳动力转向了生产率较高的部门。并且，发展中国家农村向城市的迁移中，季节性迁移和暂时迁移都占有重要地位，这与发达国家早期发展阶段的情况也有所不同。所以，新古典经济学模型对于发展中国家不一定完全适用。

2. 刘易斯等的"二元经济结构模型"

"二元经济结构"理论是区域经济学的奠基性理论之一，由英国经济学家刘易斯（W. A. Lewis）于1954年发表的《劳动无限供给条件下的经济发展》一文中率先提出。所谓的"二元经济结构"，即将发展中国家经济划分为两个部门：以传统生产方式进行生产的、劳动生产率极低的、存在剩余劳动力的农业部门和以现代方式进行生产的、劳动生产率较高的、工资水平也较高的现代工业部门。刘易斯认为，经济发展依赖于现代工业部门的扩张，而现代工业部门的扩张需要农业部门提供丰富的、廉价的劳动力资源。在传统部门存在劳动力无限供给的条件下，现代工业部门在现行的一个固定工资水平上能够吸纳所需要的任何数量的劳动力；且剩余劳动力的转移既不会影响农业部门的产出，又可以增加现代工业部门的劳动力供给。工业部门因雇用低工资的劳动力而积累起来的利润可以不断转化为投资，扩大生产规模，吸收更多的农业剩余劳动力，这一过程将持续到农业部门剩余劳动力被全部吸收，其结果是工业化逐步实现，农业生产率也不断提高，经济整体得到发展。

刘易斯的"二元经济结构模型"后来经过古斯塔夫·拉尼斯和费景汗等人的补充，形成了刘易斯－拉尼斯－费模型。该模型认为，加快农业发展和提高农业效率是促进工业进步和转移农村剩余劳动力的关键。在经济发展的初级阶段，实行"平衡增长"，按照投入和产出的基本原则把有限的可投资资金合理配置在两个部门使之相协调，就能够促进工业与农业的可持续发展，并最终实现城乡经济的一体化。

美国经济学家乔根森对刘易斯－拉尼斯－费景汗模式做了修改，提出了"乔根森模型"，强调了发展农业经济的意义，突出了市场机制在促进"二元经济"解体中的作用。随后，美国发展经济学家托达罗表达了跟乔根森相似的观点，建立了托达罗人口流动模型，指出大力发展农村经济是解决城市严重失业问题的根本途径，认为只有农村经济发展了，农民生活改善了，城乡差距才会逐步缩小，"二元经济"结构被极大地削弱了，城乡经济一体化的目标才能得以实现。他的这一模型后来被广泛用于分析发展中国家的二元经济问题。

无论是刘易斯的"二元经济结构模型"，还是"乔根森模型"或者"托达罗模型"都一致认可在发展中国家内部存在着严重的"二元经济"结构，并且认为导致"二元经济"结构形成的主要原因是工、农业部门的劳动生产率差异。不同之处在于，刘易斯认为"二元经济"结构能否最终被完全破除的关键取决于城市经济的发展程度，认为只要城市经济发展起来了就可以带动农村经济一起实现城乡经济一体化；而乔根森与托达罗则认为，在实现城乡一体化的过程中，发展农村经济也非常重要，实现城乡经济一体化的关键是农村经济与城市经济同时得到发展，而不仅仅是城市经济的发展。"二元经济结构理论"对于现阶段中国的城乡经济发展模式和路径选择具有一定的指导意义。

3. 托达罗劳动力迁移理论模型

20世纪60年代以后，许多发展中国家城市迅速膨胀，大量农村人口不顾城市的高失业率和贫困而源源不断地拥入城市。托达罗（1969）模型正是在这样的现实背景下产生的。托达罗模型的基本假定是，农村劳动力做出迁移决策主要是取决于城乡预期收入差异，而非城市实际收入差异。迁移者的期望收入用其在城市找到工作的概率（可用城市就业率近似代替）乘以就业后的实际收入来测量。城乡预期收入差异越大，迁移量越大，迁移量是预期收入差异的增函数。许多发展中国家城市现代部门的实际工资都大大高于农村的实际工资。因此，即使城市的失业率很高，潜在迁移者所预期的城市实际收入仍高于其在农村的实际收入，故从农村迁向城市的决定仍是合理的。托达罗模型的一个重要假设是，城市现代部门的工资是由制度安排"外生"决定的，而农村工资则是由劳动供求关系决定的。

哈里斯和托达罗（1970）在上述模型基础上构造了一个两部门模型，来研究农村向城市迁移对城乡收入、产出和社会福利的影响。该研究的一个重要结论是，由于城市就业率的提高意味着迁移者期望收入的提高，故旨在创造更多城市就业机会的政策会刺激农村向城市的迁移，其结果可能反而增加城市失业。因此，他们认为减少城市失业的有效途径是发展农村经济，在农村创造更多的就业机会，从而减少农村向城市的迁移。托达罗模型虽简单且未能得到实证研究的有力支持，但对人口迁移理论和发展中国家的迁移政策都产生了极为重要的影响。

威利斯（1980）在其研究中，对托达罗模型进行了批评。他指出托达罗的结论是以两个基本假设为前提的，即现代部门的工资是"外生"决定的，其中的就业机会是随机分配的。但这两个假设是否成立、是否能得到实证数据的支撑，托达罗并未讨论。他认为托达罗假设的现代部门工作机会的"随机"分配并不成立，现代部门的高工资无法解释发展中国家城市的高失业率。此外，威利斯还认为托达罗的研究和政策建议都是以现代部门工资刚性为前提，但却没有考虑如何通过政府某些政策来消除工资刚性。即使政府政策确实对这种工资刚性无能为力，对该问题的认真研究至少有助于弄清发展中国家城市劳动力市场的运行机制及其所受到的经济与政治约束。

4. 凯利－威廉逊一般均衡模型

社会经济变量与迁移和城市化之间是相互作用的。上述几种有关乡—城人口迁移和经济增长的研究中，均仅考虑了城乡收入等社会经济变量对迁移和城市化的影响，而忽略了另一方面的影响，即迁移和城市化对城乡收入、就业、房租、工农业产品比价等社会经济变量的影响。凯利和威廉逊（1984）指出，应采用一般均衡分析（general equilibrium approach）来代替传统的局部均衡分析，并构造了人口－经济一般均衡模型来模拟发展中国家的城市增长。该模型包括人口子模型和经济子模型，经济子模型又分为8个经济部门。与大部分人口学模型将乡—城迁移作为外生变量不同，凯利－威廉逊模型中农村向城市的迁移是由模型内生决定的。该模型对1960—2060年的第三世界城市增长进行了模拟。模拟结果成功地再现了20世纪60年代至70年代第三世界城市增长的历史进程，并且对今后的趋势做出了预测：如果没有重大外部事件的冲击，在经历了20世纪60年代和70年代前期的快速增长后，发展中国家的城市增长速度将逐步显著减慢。凯利－威廉逊模型的结论已被发展中国家的发展证明是基本正确的。

凯利－威廉逊模型对城市增长持乐观主义看法。他们认为城市发展本身会产生制约城市增长的因素，会减缓城市增长速度，使得城市增长过程中产生的失业和贫困、住房和城市公共设施短缺、犯罪率高等问题变得比较容易解决。这种内在机制是，农村向城市净迁入人口的增加和城市的增长，将致使城市土地资源日益短缺、地租的上涨，进而推动房租和生活费用上涨，以及相应的实际收入下降；并且，城市膨胀增加了对公共设施的需求，导致部分本来可用于"生产性投资"的资金转向不能提供新就业机会的公共设施投资，不利于城市就业增长。

基于本研究的主题，以上综述的几种理论模型多是宏观层面的分析，不过对于迁移的宏观理论分析往往要以微观分析为基础。微观分析的一个重要目的，是解释个人或家庭的迁移决策。本书对于迁移相关的微观理论模型不做详细回顾。

二、人口迁移与经济活动集聚相关实证研究

人口迁移的影响是十分广泛的，包括对人口、经济和社会福利的影响。此处主要综述人口迁移对人口与经济的影响。

（一）区域经济发展不平衡与人口迁移

地区发展不平衡是中国国内经济发展的突出事实，是国内大规模人口迁移产生的原因。许多学者对中国地区发展不平衡的特征、规律及趋势展开了大量的研究。由于不同研究的出发点与研究视角不同——经济要素之间的关系、经济要素与人口要素之间的关系等；研究的空间范围不同——全国层面、东中西三大区域之间及其内部、省级层面及省内等；研究时间序列不同——改革开放前后、不同的年代跨度等；选取的统计指标不同——GDP 总量、比重及增速，人均 GDP 水平及增速，居民人均收入等；测量方法不同——变异系数、加权变异系数等，得出的结论也不尽统一。通过对检索到的相关文献的回顾与梳理，笔者将这些研究发现归为以下五大类观点：①中国区域经济发展差异较大，且存在扩大趋势（Tsui K Y，1991；魏后凯，1996；覃成林，1997；周玉翠 等，2002；谢健，2003；任建军 等，2010）；②中国区域经济发展差异不大，且存在缩小趋势（杨伟民，1992；Jian et al.，1996；蔡昉 等，2000）；③中国区域经济发展差异的变动呈"U 型"（世界银行，1997；白雪梅，1998；王梦奎 等，2002）；④中国区域经济发展差异的变动呈"倒 U 型"（魏后凯，1992；徐建华 等，2005）；⑤中国地区发展不平衡程度已出现拐点，呈先持续较快上升、后平稳缓慢下降之势（覃成林，2011）。尽管这些研究结果存在差异，但毋庸置疑的是，中国地区发展不平衡是客观事实，且不平衡的程度随时间推移在发生变化，不同空间范围上的不平衡也有差别。

此外，学者们也从经济集聚、要素资源配置、产业构成等视角，对导致中国地区不平衡的原因进行了探索。林毅夫等（2003）指出，地区收入差距拉大的主要原因是以扭曲要素和产品价格为特征的宏观政策环境，导致现存价格体系形成的地区"经济"上的比较优势和该地区"资源结构"上的比较优势相背离。蔡昉等（2001）认为劳动力市场扭曲影响要素资源配置，由此产生效率差异是地区差距扩大的深层次原因。范剑勇和朱国林（2002）的研究发现，改革开放以来中国整体上发生了产业在空间上的转移和集聚，地区差距的扩大与产业集聚有密切关系。中国地区间差距的持续扩大则突出表现在产业集聚的整体性积累，非农产业特别是制造业向东部沿海地区集聚和农村劳动力向东部地区流动相互强化的过程导致地区差距扩大（范剑勇 等，2004），非农产业规模报酬递增地方化是产业集聚的源泉并提高了该区域劳动生产率，进而对地区差距产生了持久的影响（范剑勇，2006）。覃成林（2011）的研究发现，导致中国区域发展不平衡的最主要原因是四大区域间发展不平衡，其次是四大区域内发展不平衡，而更深层次的原因是四大区域间的产业发展差异大于其各自内部的产业发展差异。就产业而言，工业对中国区域发展不平衡影响最大，其次是其他服务业和批发零售及住宿餐饮业，金融业和房地产业的影响在增强。

（二）人口/劳动力迁移对人口规模、年龄结构空间分布的影响

1. 人口迁移对人口规模空间分布变动的影响

出生、死亡和迁移是影响人口变动的三大力量。当前，中国人口整体上已进入总量低速增长、年龄结构迅速老化的历史性阶段，人口迁移已成为塑造中国人口规模和年龄结构空间分布格局的主导力量。随着空间分析技术的逐步发展、人口数据的不断开发，越来越多的学者对中国人口空间分布格局及其影响因素进行了分析和研究。大部分研究发现，由于经济因素导致的人口和劳动力迁移是人口规模空间格局发生变动的主要原因。吕晨等（2009）利用 ESDA 技术，基于 GIS 平台对 2005 年中国人口空间格局及其影响因素进行研究，发现经济要素的流动性对自然要素具有替代作用，产业结构对人口空间格局具有极大的影响，技术、资本、劳动力等经济因素是人口空间格局短期变动的主要原因。王露等（2014）以分县为研究单元，利用"五普"和"六普"数据，探索了 2000—2010 年中国不同地区人口密度变化及其影响因素，结果表明，自然因素与社会经济因素对人口密度变化均有影响，但社会经济因素影响更大。这两项研究较新，应用的分析技术比较先进和成熟，都反映了近期社会经济因素对中国人口空间布局的影响比较显著。Ottaviano 和 Puga（1998）也曾指出，即使初始条件完全相同的地区也会因经济条件较小的变化引起生产与人口分布很大的不平衡。中国人口总量整体上增速放缓，甚至即将迎来负增长，但是城镇人口的增速高于农村人口，生活在城镇的常住人口在 2011 年首次超过了农村人口，这在中国几千年的历史上当属首次。显而易见，城市人口规模扩大并不是由于其人口出生率高于农村，而是因为大规模的农村剩余劳动力向城市的转移，尤其是向大城市、特大型城市迁徙。

2. 人口迁移对人口老龄化空间分布变动的影响

由于人口迁移具有年龄选择性，所以大规模人口迁移还会重塑人口年龄

结构的空间分布。Anderson（2000）根据工业化国家老龄化数据分析认为预期寿命延长、出生率下降及人口迁移是影响老龄化的三大主要因素；各工业化国家间老龄化差异显著；等等。在美国，20世纪70年代都会的老旧核心区和偏远的乡村聚落是老年人口的主要集中地区，并逐渐向都会的市郊地区扩张（Cowgill，1978），到90年代75%的老龄人口住在大都市区，其中一半在中心城区（central cities），另一半在郊区（Golant，1992）。在英国，20世纪60年代前老龄化进程较快的地区是东南部，到了20世纪60年代是东部地区，即老年人集中分布的地区从东南部向东部逐渐过渡（Allon-smith，1982）。再如，Hilnter和Smith（1974）研究了俄亥俄州托利多（Toledo）市的人口老龄化空间分布特征，发现该市中心城区人口老龄化程度较高，而外围郊区和新建城区较低，其主要原因在于中心城区年轻劳动力的流出；Flynn（1980）的研究认为美国人口老龄化区域差异研究的焦点在于，老年人口分布明显集中于都会区的核心区和边远的农村聚落，形成了典型的"退休"中心。这些研究大多表明，国外老龄人口分布在都会区的核心区及偏远的乡村聚落中，并且城市郊区的老龄化是显著的趋势特征。

钟水映等（2015）构造了测度指标，将人口老龄化与经济发展水平结合起来，测量1995—2012年历年省际，东部、中部、西部三大地区的人口老龄化程度与经济发展水平的相对协调度，及地区间"未富先老"严重程度，并基于"五普"和"六普"数据分析了人口迁移变动和自然变动对老龄化的影响。他们的研究结果显示：我国"各地区老龄化程度与经济发展水平具有一致性，自西向东呈阶梯上升"的人口老龄化空间分布格局（邬沧萍 等，2004）已经发生本质改变；20世纪90年代以来，中国地区间"未富先老"现象的严重程度由"不严重"变为"严重"，并有向"极其严重"变化的趋势；流动人口数量剧增、年龄选择性及大量向发达地区集中是我国地区间"未富先老"现象日趋严重的原因。

3. 日本的国别案例研究

日本本国学者及其他国家学者，对其在老龄人口空间分布方面的研究无疑是比较深入的。在日本的人口老龄化进程中，由于地域间城市化水平和产业结构不同，各地区之间地域差异显著（单良 等，2013）。20世纪70年代的城市经济的高速增长期，人口老龄化现象在青年人大量迁出的农村地区，特别是西部县域非常突出（谢波 等，2013；McCarthy，1983）。20世纪80年代后，大都市的老龄化问题开始引起关注，尽管城市地区的老龄化率较低，但全国 35% 的老龄人口都集中在日本三大都市圈（石水照雄，1981）。

20 世纪 90 年代后，日本的城市中心和郊区的老龄化率都在不断增加，城市中心和周边农村是城市老龄化的两个极（中林一树 等，1994；田原裕子等，1999），并刻画了人口老龄化空间演化的两种过程：从城市中心向外渗透过渡的内部老龄化及从城市周边向内部渗透过渡的外部老龄化，并且郊区的老龄化是必然的发展趋势（柴彦威 等，2006）。此外，高山正树（1996）也通过对大阪都市圈的老龄人口现状分析预测了郊区的老龄化是日本必然的发展趋势。

2000—2010 年的 10 年，日本人口老龄化程度地域差异明显，各地区老龄化程度基本呈匀速上升态势；劳动年龄人口由于需要从事经济活动大量涌入都市圈，使得三大都市圈的人口老龄化水平相对偏低，而以都市圈为中心，人口老龄化水平向四周不断加深，且经济相对欠发达且人口流出较多的农业地区的人口老龄化更加严重；各地区老年人口密度差异较大，东京、大阪等地老年人口密度，已超过 1000 人/km^2，高达北海道的 62 倍之多（单良等，2013）。近些年，日本总务省的调查显示，日本有些村落已经由于人口自然减少、年轻劳动力外流而消失，这种现象有持续的趋势，已经引起了国际社会的广泛关注。

（三）人口/劳动力迁移、经济活动集聚与经济增长

1. 经济活动集聚与经济增长

经济活动的空间集聚和经济增长是相伴而生的（Fujita et al.，2002；Baldwin et al.，2003）。自 20 世纪 90 年代初以来的 20 多年，在贸易自由化、放松规制和技术进步的推动下，经济活动的空间分布已经成为政策制定者关注的核心问题之一。空间经济学的兴起与发展正是伴随着这一过程，滕田、克鲁格曼、维纳布尔斯（1999）的著作《空间经济学：城市、区域与国际贸易》在空间经济学发展史上具有里程碑意义。Martin 和 Ottaviano（1999，2001）及 Baldwin、Martin 和 Otravinano（2001）将内生经济增长理论与 Krugan 和 Vernable（1995）提出的空间经济学模型结合起来，解释了集聚和长期经济增长之间的内在联系机制。他们的研究发现，由于贸易成本和递增规模报酬的相互作用，工业部门将会向拥有较多的最终需求和创新更多的地区（增长更快的地区）集聚，因而，经济集聚会随着经济增长而不断增强；且经济集聚会降低那些经济活动较为集中地区的创新成本，因而，也会促进更快的

经济增长。Baldwin、Forslid（2000）和 Fujita、Thisse（2002）的研究也有相似的结论。他们在假定区域间劳动力自由流动的前提下，分别提出了结合内生经济增长理论的新经济地理学核心模型，得出集聚对于整体的经济增长是有利的，地理位置会影响到经济增长的结论。不过，也有学者指出，这些模型基本上都是静态的，主要关注于集聚的产生原因、各种均衡状态的稳定性，所以它们并不适合用来考察经济活动的空间集聚和长期经济增长之间的关系（Baldwin et al.，2000；Sbergami，2002）。

伴随着这些理论研究的深入，越来越多的经济学家选用来自不同国家的经济数据，针对经济集聚与经济增长或劳动生产率之间的关系，在内生框架下进行了深入的实证研究。例如，Ciccone 和 Hall（1996）使用美国各州的数据得出了劳动生产率和就业密度之间的量化关系：就业密度提高一倍可以使得其劳动生产率提高 6%，且发现经济集聚所带来的收益递增在解释美国各州地区间劳动生产率的差异中起到关键作用。再如，Brulhart 和 Mathys（2006）对 Ciccone 和 Hall（1996）的研究进行了动态扩展，并基于欧洲各个地区的面板数据，运用动态面板数据的系统广义矩阵分析方法，检验了欧洲的就业密度对劳动生产率的效应。该研究结果也表明，经济集聚对劳动生产率存在着显著的促进效应，而且集聚效应会随着时间的推移而逐渐增强。又如，Braunerhjelm 和 Borgman（2006）、Ottaviano 和 Pinelli（2006）分别基于瑞典的数据和芬兰各地区的面板数据对经济集聚与劳动生产率之间的关系进行了检验，对瑞典数据的研究结果表明，以 E-G 指数度量的经济集聚程度和劳动生产率之间存在显著的正相关关系；芬兰的数据则显示人口密度对于地区的收入增长具有正效应。

近年来，国内学者也针对中国的经济集聚的特征、趋势和规律及产生的原因，及其与经济增长的关系展开了研究。大多数研究认为，经济集聚、产业集聚提高了劳动生产率，促进了经济增长。白重恩等（2004）基于中国 23 个地区 32 个产业 1985—1997 年的面板数据，考察了中国产业区域专业化的整体趋势，并分析了中国产业区与专业化的决定因素。文玫（2004）基于中国工业普查的数据，考察了中国工业在区域上的集中程度，发现许多制造业都高度集中在广东、江苏和山东等几个沿海省份，且自改革开放以来，中国制造业在地域上变得更为集中了。梁琪（2004）从产业地方化和专业化的角度对产业集聚展开了深入分析，并针对中国制造业集聚与分散进行了实证研究。路江涌和陶志刚（2006）利用 E-G 指数衡量了中国制造业区域聚集的发展趋势，发现中国的行业区域聚集处于上升阶段，但是却低于西方发达国家近期的水平。张志强（2010）基于中国地级以上城市 1990—2008 年的面板数据，采用动态面板模型发现，城市聚集经济对于经济增长存在显著的正效应，弹性系数为 0.14%，该系数具有长期性、动态性特征，且这一效应要低于发达市场经济国家的聚集经济的增长效应。张艳、刘亮（2007）基于中国城市的面板数据实证检验了经济集聚对于城市人均实际 GDP 的影响，他们选取各城市的非农人口密度来度量经济集聚水平，研究发现，经济集聚具有内生性，对于城市经济增长具有显著的促进作用。张妍云（2005）运用最小二乘估计，发现工业集聚能够带动全员劳动生产率的提高。金煜等（2006）使用新经济地理学的分析框架讨论了经济地理和经济政策等因素对工业集聚的影响，他们发现除了经济地理的作用以外，经济政策也是导致工业集聚的重要原因。

2. 劳动力转移对经济增长的影响

劳动力转移是人口迁移的主要组成部分，有许多研究关注了劳动力转移对经济增长的影响，从中也可以看出人口迁移对经济增长的影响。这类研究大致可以分为 3 种研究思路（杜小敏 等，2010）。

其一，以刘易斯的"二元经济模型"为基础框架，说明劳动力转移引起的要素优化配置，进而促进整体经济增长。Temple 和 Wobmann（2006）基于跨国回归数据模型，估计了劳动力转移引起的结构转变对一国经济增长的影响。Hsieh 和 Klenow（2007）通过实证研究，发现劳动力转移引起的结构转变是中国和印度生产率提高的一个重要因素。Vollrath（2009）通过构建两部门分解模型来估计资源错配对国与国之间收入分布和全要素生产率分布的解释力度，结果表明劳动力从农业部门转移到现代非农部门可以显著地提高生产率和国民收入。其二，设定生产函数，利用间接估计的方法研究劳动力在产业之间的重新配置对整体经济增长的贡献（蔡昉 等，1999；世界银行，1996）。其三，以产业发展为桥梁，劳动力流动首先作用于区域产业结构，进一步对区域经济发展和地区经济差距产生影响（敖荣军，2005；范剑勇 等，2004；姚林如 等，2006）。

3. 人口迁移对经济活动空间集聚及区域经济发展的影响

左学金（1995）介绍了现代有关人口迁移与发展的几种理论模型，并结合中国实际分析了人口迁移对社会经济发展的影响，为确立我国特色的人口迁移理论模型和政策选择提供了深层的思路。国内已有的许多实证研究（王桂新，2003；王桂新，2006；张琪，2008；尹银 等，2012）表明，人口迁移对区域经济发展是有正向作用的，以劳动力为主体的人口迁移实际上可以看作是人力资本的流动，劳动力自由流动可以改善劳动力的配置效率，进而促进经济增长。杜小敏、陈建宝（2010）的省级层面实证研究区分了人口迁移（户籍地变更为迁入地）和人口流动（户籍地仍是迁出地），人口迁移和流动对中国经济整体上是一个帕累托改进，也就是说人口迁移和流动整体上促进了资源在空间上的优化配置，促进了经济发展，但人口迁移和人口流动的贡献不一样，对于不同省份人口迁移和流动对经济发展的贡献也不一样。

经济要素的集中将促进人口聚集，反之人口聚集又给经济带来聚集效应（孟向京，2008）。段瑞君（2014）利用2003—2012年中国285个地级及以上城市的面板数据，运用动态面板数据模型的估计方法进行了实证研究，发现中国城市规模主要受到聚集经济的影响，市场拥挤效应不显著，由于聚集经济的存在，城市规模具有自我膨胀的趋势，且城市规模越大，聚集经济效应就越大，城市自我膨胀的趋势也越显著。夏怡然等（2015）亦发现人口集聚和城市的规模经济表现出强烈的相互加强关系，在规模效应和拥挤效应的对抗中，规模效应不仅处于绝对优势，而且随着城市人口规模表现出递增的特点。田相辉、徐小靓（2015）从微观个体角度探讨了生产要素向大城市和较发达地区集聚的主要原因。他们发现，劳动力个体的工资水平与就业密度呈显著正相关，集聚经济让进入该区域的劳动力变得更有竞争力。因此，人口向哪些地区迁移流动应该更取决于经济"内源机制"的作用，即与经济产业细分及结构的合理配置相一致的问题（曾明星 等，2013）。

人口集聚度和经济集聚度是否向均衡、人口分布与产业结构布局是否协调也是地区差距形成、扩大、缩小的原因之一。李国平、范红忠（2003）认为，中国地区差距成因主要是生产向东部地区不断集中，而人口并没有相应集中，造成核心发达区域生产与人口分布高度失衡；我国生产的极化作用不高，人口的极化作用更低，我国核心发达区域还有很大的接受人口的潜力与空间；今后一段时期内，东部地区对生产活动的聚集力仍将大于分散力，生产将会进一步聚集于东部地区。范红忠、李国平（2003）从要素流动性角度探讨了这种人口与生产分布失衡产生的原因，认为人口流动成本是造成区域差距的关键因素，假如不存在人口流动制度和其他障碍，中国生产与人口分布就会有更高的一致性，地区差异因此会比现实情况更低。尹虹潘等（2014）选取89个地级及以上行政单元作为节点，对中国人口与经济分布进行空间模拟得出，2005—2012年全国以经济分布为基准的人口分布均衡度总体上在不断提高，人口与经济都处于集聚化发展趋势中。蔡翼飞、张车伟（2012）发现，人口与产业不匹配程度随着经济发展呈先升后降之势，在此过程中，人口迁移壁垒、资本边际产出变动差异对不匹配扩大起到了推动作用，而国家区域协调发展战略在阻止其扩大方面发挥了一定的作用。张车伟等（2013）发现中国的区域差距主要由经济聚集度变化所决定，人口聚集度变化处于从属地位。

人口流动是产生区域经济均衡过程的重要因素，而区域经济非均衡是导致人口流动的重要驱动力。人口流动壁垒的降低在缩小区域差距上的作用在不断加大（张车伟 等，2013）。因此，促进要素，特别是人口在区域间的合理流动是实现区域均衡发展的有效途径，应排除相关的体制障碍，进而降低生产与人口分布的不一致性（李国平 等，2003）、人口与产业分布的不匹配性（蔡翼飞 等，2012），以缩小地区差距，并通过集聚来实现人口与经济在更高发展水平上的分布均衡（尹虹潘 等，2014）。

三、已有相关研究的借鉴与启示

（一）已有经济理论和实证研究为本书奠定了基础

上述这些经济理论为本书分析的理论框架构建及研究假设奠定了理论基础，给予本书的实证分析以极大的启示。城乡二元经济结构、地区之间发展程度巨大差异是中国当前发展过程中客观事实，长三角、珠三角、京津冀几大都市圈已逐渐成长为中国经济的"增长极"。三大都市圈和一些核心城市因自然禀赋、区位优势、政策设计等多处优势优先得到发展，在发展过程中也因集聚获得了规模经济效益，同时，也在逐步释放扩散效应，对其周边地区产生辐射作用。在集聚力和排斥力共同作用下、规模经济效益和规模不经济效益的博弈中，集聚力和规模经济效益在当前的中国占有主导地位。随着发展的不断深化，中国国内经济活动正日益由农村传统部门向城市现代工业部门集中，由欠发达区域向发达区域集中，以获得额外的聚集经济。

人是经济活动的主体。在经济活动集中的过程中，绝大部分的投资都投向了城市、东部发达地区，在这些区域产生了大量的就业机会，引发劳动力要素从农村传统部门向城市现代部门的转移，从欠发达区域向发达地区的迁徙流动。随着中国国内人口迁移政策的逐步放开，在国内各地区之间收入水平、公共服务供给仍存在较大差异的背景下，劳动力迁徙开始慢慢向劳动力与其亲眷共同迁徙转变，"举家迁徙"的情况已屡见不鲜，逐步形成了人口向城市、发达地区集聚之势。当然，在当前国内的大规模人口迁移中，劳动力仍是其主体。大规模的以劳动力为主体的人口迁移，势必会改变和重塑中国原有的人口空间分布格局，人口数量和年龄构成在空间上的分布均发生了变化，劳动力资源在空间上重新配置，这种变化之大足以改变许多人们习以为常的认识。人口和劳动力资源在空间上的重新分布和配置，促使产业分布与集聚、就业、投资等方面发生改变，对社会大生产的各个环节，生产、分配、交换和消费都产生了巨大的影响，从而对中国整体经济发展，对人口迁入地和迁出地的经济发展带来不可忽视的影响。

（二）已有研究中仍存在可深化之处

其一，就研究问题和研究思路而言，已有的这些关于城乡、区域、空间经济发展的理论，大多关注的关键点均是经济增长与经济集聚、产业集聚、劳动力转移之间的关系。研究内容多是在发展过程中由于发展的空间不均衡性，导致经济活动向部分空间区域集中的趋势、特征和规律性，以及这种集中或集聚之势如何形成扩散力，如何作用于整个经济体的经济增长，而没有重点关注人口迁移对人口空间分布格局的变动及经济活动集聚的影响。人口运动和经济运动的对立统一运动，构成了人口经济运动及相应的人口经济关系。笔者以人口和劳动力空间格局发生变动为纽带，着力于研究人口迁移活动通过对劳动力资源、人口规模、人口老龄化在空间上分布的变动的影响，进而探讨中国人口迁移的经济活动集聚效应及对经济增长的影响。

其二，从研究的空间单位来看，已有研究大多空间尺度偏大，不利于研究的深入。已有研究对人口与经济活动空间布局的研究多是以省级为分析单位，由于我国各省之内本身的自然社会经济差异非常大，仅以省级为单位进行分析可能过于粗犷，不能看出人口与经济活动空间分布的细致差异，有些现象也可能"被平均"了。因而，本研究除了从省级层面，还从地级市层面研究人口与经济活动的空间布局，空间尺度变小了，分析将更加细致和深入，某些研究单位上的人口现象也可能更加凸显和尖锐。

其三，从研究方法上来看，已有研究多偏向于计量模型量化研究，而较少见到将定量研究与定性研究有机结合的文献。本书将采用描述性统计分析、计量经济学模型及典型个案分析相结合的研究方法，既有定量研究又有定性分析，更加深入、生动、细致地探索经济活动集中与人口空间布局变动的关系、产生的影响等。

第二节　概念界定与数据来源

本节主要是对全书中涉及的主要变量及相关概念进行界定，并说明相关变量的数据来源、统计口径及数据处理方法等。

一、研究的空间范围界定

（一）东部、中部、西部和东北四大地区

本书在分析过程中，采用国家统计局 2011 年 6 月 13 日的划分办法，将我国的经济区域划分为东部、中部、西部和东北四大地区。其中，东部包括：北京、天津、河北、上海、江苏、浙江、福建、山东、广东和海南 10 个省市；中部包括：山西、安徽、江西、河南、湖北和湖南 6 个省；西部包括：内蒙古、广西、重庆、四川、贵州、云南、西藏、陕西、甘肃、青海、宁夏和新疆12 个省（自治区、直辖市）；东北包括：辽宁、吉林和黑龙江 3 个省。

（二）省级单位

本书所分析的 31 个省级单位，指的是北京、天津、上海、重庆 4 个直辖市，河北、江苏、浙江、福建、山东、广东、海南、山西、安徽、江西、河南、湖北、湖南、四川、贵州、云南、陕西、甘肃、青海、辽宁、吉林、黑龙江 22 个省，以及内蒙古自治区、广西壮族自治区、西藏自治区、宁夏回族自治区、新疆维吾尔自治区 5 个自治区，研究范围不包括香港特别行政区、澳门特别行政区和台湾省。需要指出的是，重庆市于 1997 年成为直辖市，由于分析的部分时期数据是从 1982 年至今，故在描述纵向趋势时，若涉及重庆市成为直辖市之前的数据，则将重庆市并入四川省。

（三）地级及以上城市

本书以全国 287 个地级及以上城市（包括地级市和直辖市）作为基本研究单元，研究范围不包括香港特别行政区、澳门特别行政区和台湾省，也不包括除了地级市以外的其他地级行政单位（如地级州等）。行文中有时简写为"地级市""地级城市"或者"城市"，均是包含了行政区划意义上的地

级及以上城市。同时，如无特殊说明，分析的数据都是地级及以上城市全部范围的数据，即是"地区"的数据，而不是"市辖区"的数据。

对于地级市层面的经济数据的分析中，1990—2000年，地级市的行政区划范围、名称等调整变动过多，在无法获得地级市辖的所有县级行政单位经济数据的限制下，无法对这10年的地级市进行重新匹配，故本书仅分析2000年和2010年的地级市情况，这10年地级市的变动非常小，可以进行纵向比较。此外，2000年的经济数据中有25个城市存在数据缺失，2010年的经济数据中有4个城市存在数据缺失，在数据分析过程中均以有效数值为准，其中拉萨市在2001年和2011年均缺失经济数据，故将其剔除。因此，对于地级市层面的经济数据的分析，文中横截面分析中2000年有262个城市，2010年有283个城市，纵向比较时按照262个城市。

对于地级市层面的人口数据的分析中，1990—2010年的20年，国内部分地级及以上城市进行了名称或者区域范围上的调整，如所辖县级单元的合并或拆分。为了剔除行政区划变革对于人口分析的影响，确保分析空间口径的统一性，增加研究可信度，在进行数据分析之前，本书首先以2010年的行政区划为基准，基于国家民政部1990—2010年各年度的县级及以上行政区划调整资料，逐年校正各地级及以上城市的行政区划。

在将人口数据与经济数据整合分析的计量模型中，分析的地级市数量以统计数据完整的地级市个数为准。

（四）不同等级城市

本书根据各地级及以上城市的行政级别，将全国所有地级及以上城市划分为核心城市和非核心城市，其中核心城市包括直辖市（4个）、计划单列市和副省级城市（合计15个）、普通省会城市（17个），余下的地级市则视作非核心城市或普通地级市。

（五）三大城市群或都市圈

根据《长江三角洲地区区域规划（2010年）》，长三角地区的范围包括上海市、江苏省和浙江省，区域面积21.07万平方公里，以上海市和江苏省的南京、苏州、无锡、常州、镇江、扬州、泰州、南通，浙江省的杭州、宁波、湖州、嘉兴、绍兴、舟山和台州16个城市为核心区。本书分析的长三角城市群就是指由这16个城市组成的核心区域。珠三角城市群划分依据《珠江三角洲地区改革发展规划纲要（2008—2020年）》，包括了广东省的广州、深圳、珠海、佛山、江门、东莞、中山、惠州和肇庆九市。《京津冀都市圈区域规划》按照"8+2"的模式制订，包括北京、天津两个直辖市和河北省的石家庄、秦皇岛、唐山、廊坊、保定、沧州、张家口和承德8个地级市。

二、主要经济变量、相关概念及数据来源

（一）地区发展不平衡

地区发展不平衡是相对于区域均衡发展、区域平衡发展而言的。本书所指的地区发展不平衡是中部、东部、西部和东北四大地区，31个省级单位，200多个地级市单位之间经济发展水平的不平衡，主要衡量指标为人均GDP水平和城乡居民收入水平。行文分析中既有纵向趋势变动，亦有横向截面比较。

（二）经济生产活动集中

经济生产活动集中是不平衡发展中的必然趋势。本书所指的经济生产活动集中，主要是用各分析单位的GDP占全国GDP总量的份额及其纵向变动趋势来反映。其中，在省级单位的分析中，还分析了各省份的产业结构。

（三）经济数据来源

省级层面的数据主要来源于历年《中国统计年鉴》，以及国家统计局官网上的"国家数据"（National Data）查询，网址为http：//data. stats. gov. cn/。地级市层面上的数据主要来源于相应年份的《中国城市统计年鉴》。

三、主要人口变量、相关概念及数据来源

（一）人口空间集聚疏散

人口空间集聚疏散变动过程，主要是通过对东部、中部、西部和东北四大地区，31个省级单位，287个地级市单位等几个层面上的人口总量、比重、增量、增速等的变动过程的纵向趋势和横向截面分析来反映。

（二）人口负增长

本书主要是在地级市层面分析人口负增长，指的是1990年"四普"至2000年"五普"期间、2000年"五普"至2010年"六普"期间，各地级市人口绝对规模负增长的情况分析。

（三）人口迁移

本书分析的省际人口迁移指的是跨省人口迁徙，包括迁移的存量、流量、流向分析。主要统计指标有跨省流入人口数、流出人口数、净流入人口数，以及常住人口流入率（跨省流入人口占本省常住人口的比例）、户籍人口流出率（跨省流出人口占本省户籍人口的比例）、常住人口净迁入率等。

地级市层面的人口迁移，主要分析指标是净迁入人口、净迁移率及迁移的活跃区与非活跃区等。本书分析的 287 个地级及以上城市的 2000 年和 2010 年两次普查时的净迁入人口，用相应时点上的常住人口数减去户籍人口数计算而得，净迁入率用普查时点上净迁入人口数除以常住人口数而得，详细的计算方式见第四章第二节。

（四）劳动力资源及其空间配置

根据人口研究中常用的界定方法，无特殊说明，本书的劳动力资源指的是 15~64 周岁劳动年龄人口。劳动力资源的空间配置是指劳动力在省级、地级市层面上提高或降低，及其变动的幅度等。

（五）人口老龄化及其空间变动

本书研究的老龄人口是指年龄在 65 岁及以上的常住人口，老龄化程度用人口老龄化率（65 岁及以上常住人口占总人口的比重）和老年人口抚养比（老龄人口对劳动年龄人口数之比）两个指标测量。人口老龄化的空间变动是指老龄化程度在省级、地级市层面上提高或降低，及其变动的幅度等。

（六）人口数据的主要来源

本书的人口数据主要来源于 1990 年"四普"、2000 年"五普"和 2010 年"六普"这三次全国人口普查，部分省级数据来源于《中国统计年鉴》和国家统计局官网上的"国家数据"（National Data）。无特殊说明，人口数据的统计口径均是指几次人口普查时的常住人口。

第三节　理论分析框架与研究假设

基于本书的研究问题及对已有经济理论和实证研究的综述，本节构建全书的理论分析框架，并提出可供本书所使用实证数据进行检验的研究假设。

一、理论分析框架

从空间经济学的理论出发，经济增长在空间上表现出的非均衡性是绝对的，均衡是暂时的、相对的。经济的增长不可能同时出现在一国内的任何地方，总是先以不同强度通过集聚机制出现在"增长点"和"增长极"上，之后再通过不同渠道产生扩散效应，进而带动整个区域，乃至整个国家的经济发展。从经济发展的规律来说，经济集聚将是大势所趋，因为集聚可以获得额外的集聚经济效益。规模经济及外部经济是获得额外集聚经济效益的基本途径。在经济发展水平达到一定高度之前，地区间不平衡是客观存在的事实，在获取集聚经济效应、规模经济效益的驱动下，经济要素必然会向发达区域、城市地区集聚。经济活动集聚必将带动劳动力等经济要素的空间流动，进而促使人口集聚，在空间上即表现为人口与经济生产活动的集聚过程。

人是经济活动的主体，劳动力是最主要的经济要素。经济活动是以人口为核心的多重循环过程，如图1-1所示。图的左半部分是物品和服务的流动，图的右半部分是货币和资金的流动，图的核心部分是广义上的人口，包括家庭、企业、政府等经济参与者。人口既是生产者，也是消费者。作为生产者，人口通过劳动创造物品服务以换取货币资金收入；作为消费者，人口支出货币资金换取物品服务以满足生活需求。从这个角度来看，生产指的是经济体的投入，消费指的是经济体的产出，两者总量上是同额的，可以理解为整个经济体的GDP。经济体的财富积累取决于消费需求和生产供给能够实现多少匹配；每达成一次匹配，生产和消费同额增加，社会财富增多、富裕程度提高。

人口在空间上的集聚疏散运动对生产供给、消费需求及二者之间的匹配有着非常重要的影响。此处的生产和消费均是广义上的。可以从如下角度进行解释，首先，人口在空间上分布越密集，现有的需求和供给的匹配越容易实现。其次，人口集聚程度越高，现有的需求和供给越可细分、专业化程度越高、劳动效率越高，进而使得匹配效率越高。最后，人口越集聚，社会经济复杂程度越高，越易产生新的需求和供给，孕育新的产业和经济增长点，并易形成新的匹配。对于人口稀少的地区则反之。事实上，从社会大生产的各个流程来看，人口不仅对生产和消费产生影响，还会影响社会生产的分配和交换环节。从这个意义上来说，人口和劳动力在空间分布上集聚疏散的变动，势必会对整体经济发展产生影响，且对不同区域的经济增长效应会有所不同。

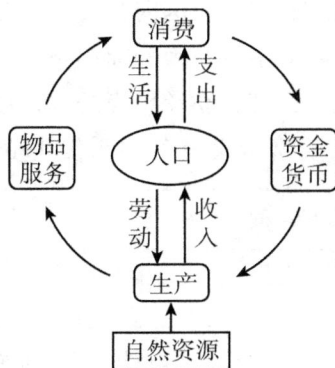

图1-1　经济活动循环过程

个体动机是经济走势的主要塑造力量，但集体行动可以重塑经济走势。人口迁移集聚既是经济生产活动集中的必然要求，反过来又将作用于经济增长。微观个体的迁移由其迁移动机所决定，无数个体的迁移决策和行动构成大规模的人口迁移。人口迁移造成人口和劳动力的再分布，不仅直接影响迁出地和迁入地的人口数量、年龄结构、性别结构等，改变人口在空间上的集聚疏散状态，打破原有的人口空间分布格局，还会带动资本、信息等要素在迁出地和迁入地之间的交换和流动，对人均经济资源、收入分布、工资、就业、物价和生活支出等都会带来一定影响（左学金，1995），对社会生产的各个环节都将产生影响，进而影响整体经济发展，并对不同区域的经济增长产生不同的效应。

因此，本书以人口和劳动力空间分布格局变动为纽带，将人口空间活动视作是广泛意义上的经济活动中的一部分，探讨国内地区间、省域间、城市间经济发展不平衡对人口和劳动力迁移的影响，探析人口和劳动力的迁移对人口空间格局分布集聚疏散的变动的影响，进而探究人口迁移对整体宏观经济的影响，以及对人口迁入地和迁出地、不同类型的城市的经济发展的效应。人口在空间上的集聚疏散变动必将改变原有的人口空间分布格局，打破人们对于中国人口空间分布格局的原有认识，认识这种改变对于区域发展规划、公共服务供给等具有重要意义。人口集聚既是经济生产活动集中的必然要求，反过来又促进了经济增长，最终缩小地区之间的经济差距。

基于发展经济学理论、空间经济学理论、非均衡增长理论等经济学理论，借鉴已有的实证研究，立足于本书的研究问题，此处构建本书的理论分析框架，以指导全书的研究。在图 1 - 2 的理论分析框架中，地区发展的空间非均衡性、规模经济效应的驱动及国内允许人口自由迁移的政策设计是中国人口和劳动力大规模迁移的主要原因和前提条件。人口运动和经济运动的对立统一运动，构成了人口经济运动及相应的人口经济关系，人口和劳动力大规模的迁移是促使人口经济运动及其关系发生变化的一种能量，是一个

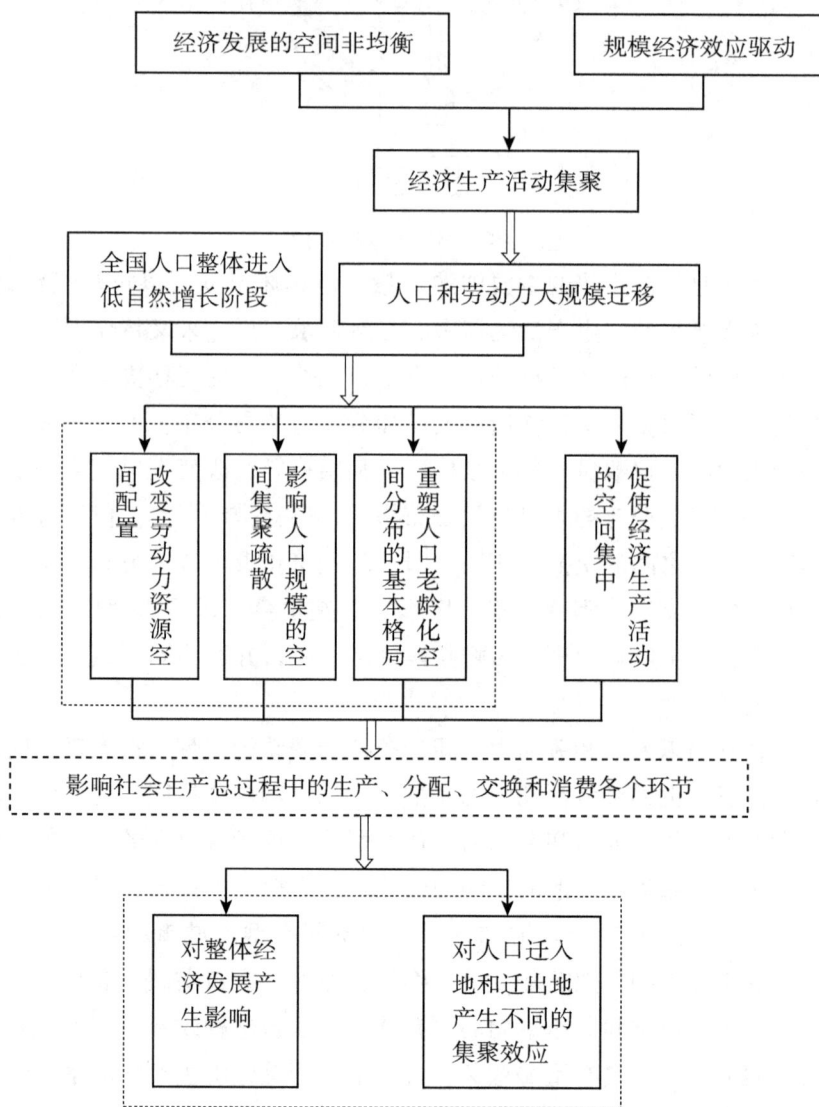

```
┌─────────────────────┐        ┌─────────────────────┐
│  经济发展的空间非均衡  │        │   规模经济效应驱动    │
└─────────────────────┘        └─────────────────────┘
                        │
                ┌───────────────────┐
                │   经济生产活动集聚   │
                └───────────────────┘

┌─────────────────┐     ┌─────────────────────┐
│  全国人口整体进入  │     │  人口和劳动力大规模迁移 │
│  低自然增长阶段    │     └─────────────────────┘
└─────────────────┘
```

┌──────┬──────┬──────┬──────────┐
│改变劳动力资源空间配置│影响人口规模的空间集聚疏散│重塑人口老龄化空间分布的基本格局│促使经济生产活动的空间集中│
└──────┴──────┴──────┴──────────┘

┌───┐
│ 影响社会生产总过程中的生产、分配、交换和消费各个环节 │
└───┘

┌──────────────┬──────────────────────┐
│ 对整体经济发展产生影响 │ 对人口迁入地和迁出地产生不同的集聚效应 │
└──────────────┴──────────────────────┘

图 1 - 2　本书的理论分析框架

过程。

在中国整体人口进入低出生、低死亡、低自然增长的阶段，迁移成为主导中国人口态势的最主要因素。其结果之一是引发人口空间格局发生变动，即改变劳动力资源空间配置、影响人口规模的空间集聚疏散、重塑人口年龄构成（本书关注人口老龄化）的空间分布基本格局；结果之二是促使经济生产活动的空间集中；因而，人口与经济活动在空间上的运动及其关系的变化，可以视作是人口和劳动力迁移这一过程或者能量释放所形成的结果。人口经济运动及其关系发生变化，势必会对社会生产过程中的生产、分配、交换和消费各个环节都将产生影响，进而对整体宏观经济产生影响；且由于人口和劳动力的迁移集聚具有一定的规律性和方向性，故其对人口迁入地和迁出地的经济发展影响效应是不同的。

二、本书的研究假设

根据研究目标、现在文献研究的成果和理论分析框架，本书提出以下6个可以由实证数据进行检验的理论假设：

假设1：中国国内地区不平衡和经济生产活动集聚带动了人口集聚；

假设2：中国国内目前的集聚过程，表现为规模经济效应（Economies of scale）大于规模不经济效应（Diseconomies of scale）；

假设3：人口迁移变动已取代自然变动，成为塑造中国人口规模空间分布格局的主要力量；

假设4：人口迁移变动已取代自然变动，成为改变中国劳动力资源空间配置的主要力量；

假设5：以劳动力为主体的年龄选择性人口大迁徙已取代出生和死亡，成为重塑中国人口老龄化空间分布特征的主要力量；

假设6：中国国内以劳动力为主体的人口迁移集聚整体上促进了经济增长，但对迁入地和迁出地的效应有所不同。

第二章 中国人口与经济活动空间格局变动的宏观背景与相关政策

在经济转型、社会转轨和人口转变的历史进程中，当前中国的经济发展和人口格局都进入了新的常态。本章内容首先对国民经济发展和全国人口格局的历史进程和新的常态进行描述和分析，以为全书研究人口与经济活动空间布局的集聚疏散奠定宏观经济发展和人口变动背景；其次，简要回顾和梳理我国人口迁移政策、区域经济发展战略的演变历程。

第一节 国民经济发展的新常态

经历了几十年的发展，中国经济当前已进入"新常态"，正在经历着从传统增长稳态向新增长稳态的转换过程，是经济结构重构和发展动力重塑的过程。这意味着经济增速从高速增长转为中高速增长，经济结构不断调整，推动经济增长的动力逐渐从要素驱动、投资驱动转向创新驱动、消费拉动。

一、经济总量稳步攀升，增速从高速增长转为中高速增长

改革开放以来，中国的经济发展取得举世瞩目的成绩，经济总量连上新台阶，国内生产总值（Gross Domestic Product，GDP）[①] 从 1978 年的 3645 亿元迅速跃升至 2016 年的 744 127 亿元。其中，从 1978 年上升到 1986 年的

[①] 按照我国国内生产总值（GDP）数据修订制度和国际通行做法，国家统计局根据修订后的 2013 年 GDP 数据和有关历史资料，对 2012 年及以前年度的 GDP 历史数据进行了系统修订。主要包括以下 3 个方面：一是因国民经济行业分类标准和三次产业划分标准的修订，对 2012 年及以前年度的 GDP 历史数据进行了新旧行业分类和三次产业划分的转换；二是第三次全国经济普查后，因基础统计资料变化，对 2009—2012 年的 GDP 历史数据进行了修订；三是因金融业增加值核算方法调整，对 2008 年及以前年度的金融业增加值进行了修订。

1万亿元用了8年时间,上升到1991年的2万亿元用了5年时间,此后10年平均每年上升近1万亿元,2001年超过10万亿元大关,2002—2006年平均每年上升2万亿元,2006年超过20万亿元,之后每两年上升10万亿元,2016年已达到74万亿元(见图2-1)。1978年,我国经济总量仅位居世界第10位;2008年超过德国,居世界第3位;2010年超过日本,居世界第2位,成为仅次于美国的世界第二大经济体。

当前,中国国民经济仍处于增长过程中,若以1978年改革开放为界,这一增长周期已持续了30多年。这一长周期的增长过程中,以增长速度为特征可以将国民经济增长划分为两个阶段,一是1978—2011年的高速增长阶段,GDP年平均增长率高达9%以上,远远高于同期世界经济年均增长速度;二是2012年以后从高速增长转为中高速增长阶段,GDP年平均增长率在7%以上,仍远高于同期世界2.5%左右的年均增速(图2-1)。国民经济增长速度从高速增长转为中高速增长是经济"新常态"的主要特征,但并非唯一特征,这是实现更有质量的增长的必然结果。

图2-1　中国国内生产总值及其增长速度(1995—2016年)

数据来源:相应年份的《中国统计年鉴》;中华人民共和国2015年和2016年国民经济和社会发展统计公报;国家统计局官方网站上的"国家数据"(National Data)。

二、人均GDP提高至中等收入国家水平

人均GDP是发展经济学中衡量经济发展状况的指标,常用于衡量一国

宏观经济发展水平。过去 30 多年，我国的人均国内生产总值不断提高，成功实现从低收入国家向上中等收入国家的跨越。1978 年人均国内生产总值仅有 381 元，1987 年达到 1112 元，1992 年达到 2311 元，2003 年超过万元大关至 10 600 元，2007 年突破 2 万元至 20 337 元，2010 年再次突破 3 万元大关至 30 567 元，2013 年突破 4 万元大关至 43 320 元，2016 年人均国内生产总值达到 53 980 元。从增长速度来看，与 GDP 的增长率相应，21 世纪以来，我国人均 GDP 先经历了 2000—2007 年的加速增长阶段，2007 年以来增速有所放缓（图 2-2）。

根据世界银行数据，我国人均国民收入已超过上中等收入国家门槛值 3000 多美元，且在上中等收入国家中的位次不断提高。一个经济体从中等收入向高收入迈进的过程中，既不能重复又难以摆脱以往由低收入进入中等收入的发展模式，很容易出现经济增长的停滞和徘徊，陷入所谓"中等收入陷阱"阶段。按照国民经济总体发展趋势，中国将在 2020—2023 年，跨越"中等收入陷阱"，进入高收入国家行列。这就意味着，如何成功跨过"中等收入陷阱"是当前中国国民经济发展的关键。

图 2-2　中国人均国内生产总值及其增长速度（1995—2016 年）

数据来源：同图 2-1。

三、产业结构不断调整

改革开放以来的 30 多年，我国产业结构在经济持续较快增长中不断调整，逐步从工业主导的产业体系转向服务业主导的现代产业体系。30 多年以来，我国三次产业①在调整中均得到长足发展，农业基础地位不断强化，工业实现持续快速发展，服务业迅速发展壮大。三次产业增加值在国内生产总值中所占的比例由 1978 年的 28.2 : 47.9 : 23.9 调整为 2016 年的 8.6 : 39.8 : 51.6。与 1978 年相比，2016 年第一产业比重下降 19.6 个百分点，第二产业比重下降 8.1 个百分点，第三产业比重大幅上升 27.7 个百分点。随着我国经济发展水平的提高，对生产性和生活性服务的需求不断扩大，服务业在国民经济中的地位上升。2012 年，我国第三产业增加值占国内生产总值的比重上升到 45.5%，首次超过第二产业成为国民经济第一大产业（图 2-3）。从更加持久的增长动力来看，未来将仍需更好地依靠新型工业化、新型城镇化、信息化、农业现代化和基础设施现代化来拉动经济增长。此外，第三产业吸纳就业能力逐年提高，1994 年第三产业吸纳的就业人员数量超过第二产业，2011 年又超过第一产业就业人数，成为中国三次产业中吸纳就业人数最多的产业。

四、内需特别是消费对经济增长贡献增强

内需包括投资需求和消费需求，对推动经济增长起着决定性作用，出口则是借助外部市场来推动经济增长的重要方式。消费、投资、出口三大需求常被称作拉动经济增长的"三驾马车"，消费需求是实现经济增长的主要动力，投资需求是重要的推动力量，出口贸易则是经济平稳增长的调节器。近年来，我国在扩大内需战略的带动下，需求结构已逐步从投资为主、消费为辅向消费为主、投资为辅转变，消费的基础性作用和投资的关键性作用得到发挥，特别是消费结构升级带动居民消费潜力有序释放，消费成为拉动经济增长的主动力。2011—2014 年，最终消费对经济增长的年均贡献率为

---

① 依据国家统计局 2012 年制定的《三次产业划分规定》：第一产业是指农、林、牧、渔业（不含农、林、牧、渔服务业）；第二产业是指采矿业（不含开采辅助活动），制造业（不含金属制品、机械和设备修理业），电力、热力、燃气及水生产和供应业，建筑业；第三产业即服务业，是指除第一产业、第二产业以外的其他行业。

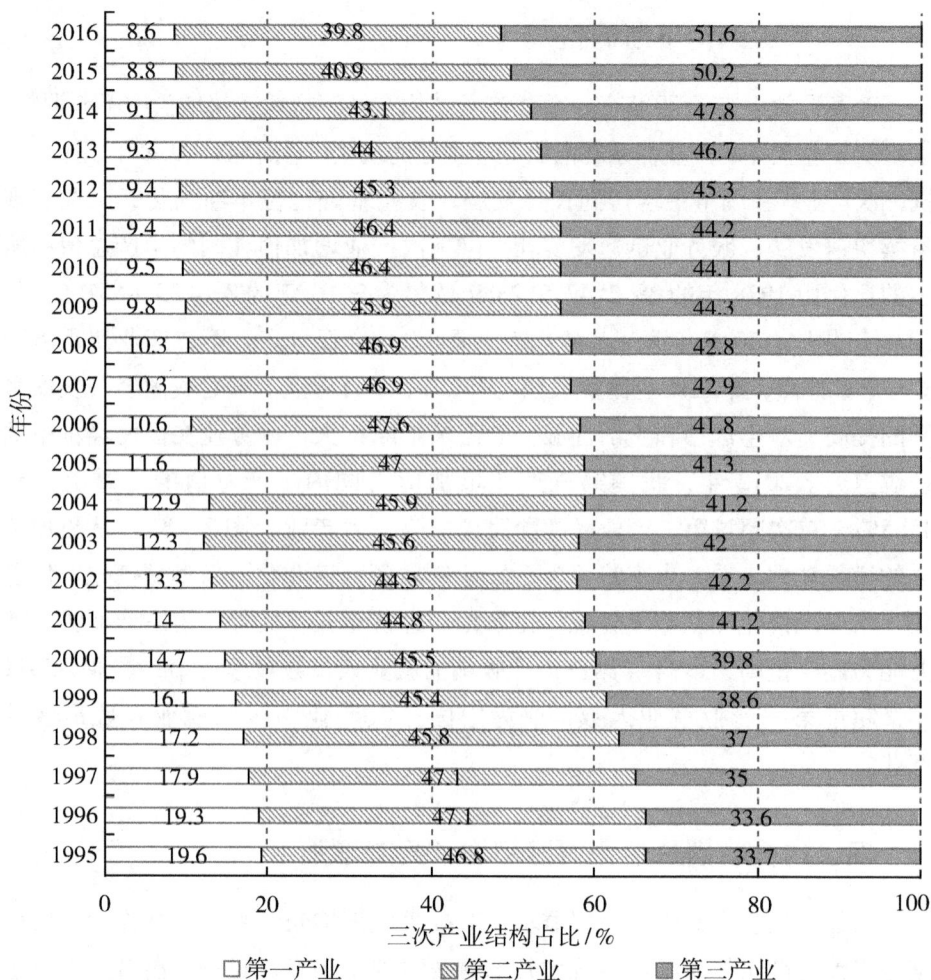

图 2-3 中国三次产业结构调整与变动 (1995—2016 年)

数据来源：相应年份的《中国统计年鉴》；国家统计局官方网站上的"国家数据"（National Data）。

54.8%，高于投资贡献率 7.8 个百分点。2016 年，最终消费对经济增长的贡献率为 64.6%（图 2-4）。从长远来看，未来仍需一一破除导致国内消费不足的症结，不断提高居民消费率，充分激发巨大的国内市场需求，发挥消费需求在经济增长中的基础作用；继续扩大有效投资，特别是扩大具有长期性、公共性、互联性的基础设施投资，以及开发性新技术、新产品、新业态、新商业模式的投资，继续发挥投资需求对经济增长的推动作用。

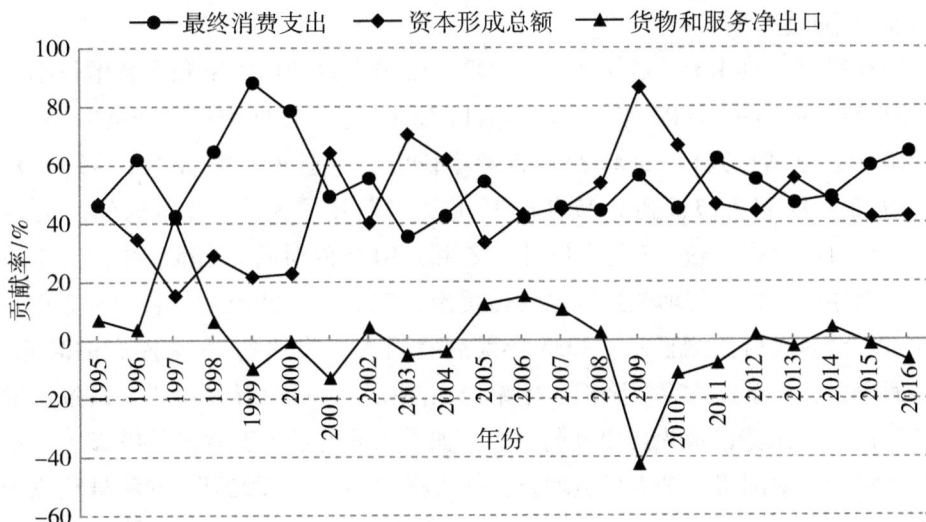

图 2 - 4   三大需求对国内生产总值增长的贡献率（1995—2016 年）

数据来源：国家统计局官方网站上的"国家数据"（National Data）。

第二节   中国人口格局的新常态

中华人民共和国成立以来的 60 多年，中国人口经历了相当剧烈而曲折的变动过程，与经济发展进入"新常态"相适应，中国人口格局也迎来了一系列新的常态：生育水平持续走低、人口总量进入低速增长阶段、人口迁移流动日益频繁、人口城市化程度不断提高、少子老龄化日益加剧。这些都需要我们加以深入认识，充分把握其中的规律性。

一、人口总量进入缓慢增长阶段

人口变动表现为三大形态，即出生、死亡和迁移，也是塑造人口格局的三大动力。在中国人口过去 60 多年的变动历程中，这三者在不同时期发挥的作用重要程度是不同的，可以粗略地划分为 3 个阶段。第一个 20 年（20世纪 50 年代至 60 年代）中国处于人口转变起初，人口态势主要以死亡率下降为主导力量；第二个 20 年（20 世纪 70 年代至 80 年代）处于人口转变过程之中，出生率下降成为主导人口态势的因素；20 世纪 90 年代以来，死亡率和出生率都已降到一个相对低的水平，人口迁移流动在决定人口格局中扮演着中心角色。

在经历了前几十年的快速增长之后，中国人口的出生率和自然增长率自1987年持续下降，2000年，全国总人口12.67亿，自然增长率降至7.58‰，2010年，全国总人口13.41亿，自然增长率已降至4.79‰（图2-5）。从1989年的11亿人口日到1995年的12亿人口日用了大约6年的时间，从12亿人口日到2005年的13亿人口日，则用了10年的时间。当前，中国人口总量虽然还在增长，但增长速度已相当缓慢，年增长量已经大大减少至700万左右。众多人口预测显示，2035年前后我国人口将达到15亿左右的高峰。总而言之，由于死亡率下降但出生率仍保持在高水平而形成的"人口过快增长"的人口态势已成为历史性的过去。如果当前的低生育水平持续下去，不远的将来，中国将迎来人口负增长，并将将"第一人口大国"的称号让位于印度。

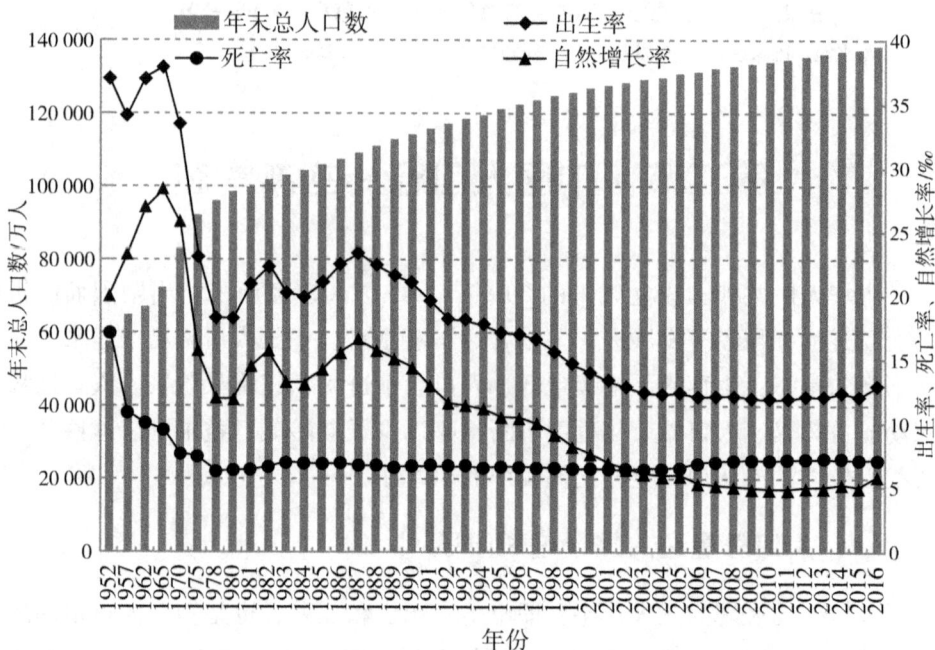

图2-5 中国人口总量及自然变动状况（1952—2016年）

数据来源：《中国统计年鉴2017》；《中国统计年鉴1999》。

二、人口迁移流动成为塑造中国人口格局的主导力量

改革开放以来，中国人口的流动性不断增强。由于城乡之间的巨大差

异，城市的经济发展、就业机会等形成巨大的吸引力，农村向城市的流动无疑是人口流动中的主流，但城市与城市之间的流动亦日益频繁。中国的人口迁移流动呈现全面开花的局面。1982 年改革开放之初，我国的流动人口仅为657 万人，经过 20 世纪 80 年代的较缓慢的增长，至 1990 年突破 2000 万人，达到 2135 万人；20 世纪 90 年代的 10 年，流动人口的数量开始迅速增长，至 2000 年已突出了 1 亿人；21 世纪以来，流动人口规模扩张势头依旧强势，2005 年，已经近 1.5 亿，超过中国总人口的 11%。2010 年第六次全国人口普查主要数据公报显示，中国大陆 31 个省、自治区、直辖市的人口中，居住地与户口登记地所在的乡镇/街道不一致且离开户口登记地半年以上的人口为 2.61 亿人，其中市辖区内人户分离的人口为 0.4 亿人，不包括市辖区内人户分离的人口为 2.21 亿人，即全国有 1/5 的人口在流动。2016 年，全国人户分离人口已达到 2.92 亿人，其中流动人口 2.45 亿（图 2-6）。

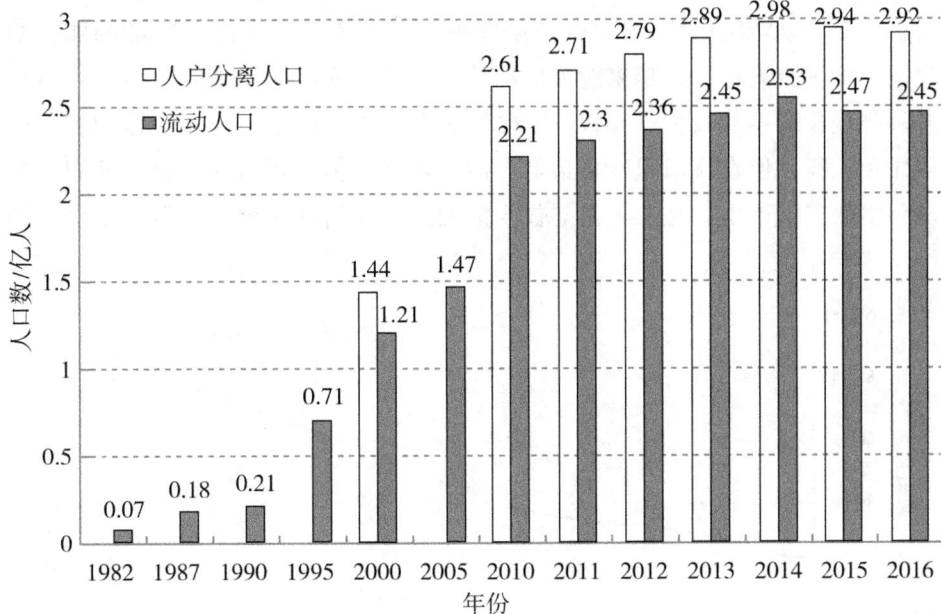

图 2-6　我国流动人口规模变动趋势（1982—2016 年）

数据来源：1982—1995 年数据来自段成荣等（2008），2000—2016 年数据来自《中国统计年鉴 2017》，其中人户分离人口只收集到 2000 年和 2010—2016 年的数据。

中国的人口流动已成为人类历史上在和平时期前所未有的、规模最大的人口迁移活动，正在超越生育和死亡成为主导中国人口态势的最主要的人口因素（顾宝昌，2010）。鉴于城乡之间的二元体制结构，流动人口这一特殊的人口群体还将长期存在于我国工业化、城镇化的进程之中。大规模的人口迁移流动已成为我国经济社会发展过程中最突出的人口现象，也是引发社会变革的主要驱动力之一。可以说，离开了对人口流动和迁移的认识，几乎不可能对其他人口现象做出中肯分析，这一点笔者将在分区域、分省市、分地级市的分析中进一步明晰。

三、人口城市化的程度不断提高

人口城镇化是指非城镇人口不断向城市转化和集中，城镇人口占总人口的比重逐渐提高的动态过程。人口城市化在国家社会经济全面发展过程中具有重要作用。我国的人口城市化历来进展迟缓，但从 20 世纪 80 年代以来不断加快，约以每年 1 个百分点的趋势上升。至 2011 年年末，我国城镇人口首次超过农村人口，城镇化率突破 50%，2016 年城镇化率达到 57.25%（图 2-7）。尽管我国当前的城市化进程中存在"浅度城市化"的问题，即我国新增城市人口中，越来越大的部分（主要是农村向城市的迁移者）由于各种制度障碍不能成为"市民"（被看成是"外来常住人口"），他们在城市居住和工作，但在城市只保持最低限度的消费。但不可否认的是，他们的的确确生活在城市里，且在城市居住生活的人口还将继续增加，带动了巨大的

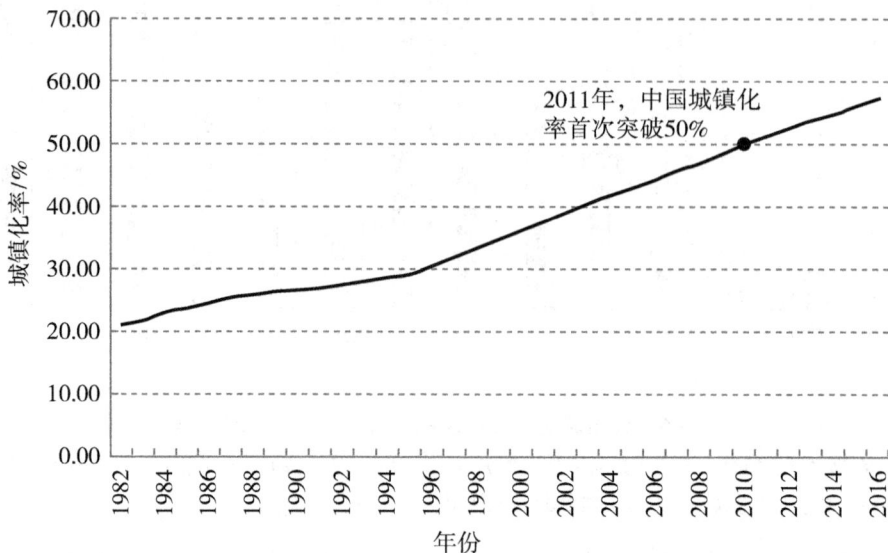

图 2-7　中国人口城镇化进程（1982—2016 年）

数据来源：《中国统计年鉴 2017》。

投资和消费需求,而实际上生活在农村里的人口日渐稀少。一个以城市为主导的都市社会毕竟取代中国几千年的农业社会,产生的影响将是全方位的、历史性的。可以预见的是,随着都市社会的建立,中国的社会结构、治理模式、生活形态、观念习俗都将发生巨大的变化,将是确定无疑的。

四、"少子化"与"老龄化"并存

少子老龄化是生育率持续下降和寿命延长的必然结果,它们在时间上存在滞后性,在过程上存在必然性。1982 年至今,我国 0～14 岁少年儿童人口比重不断下降,1982 年降到 1/3,到 1990 年降到 1/4,到 2000 年降到 1/5,到 2010 年降到 1/6,2016 年仅占全国总人口的 16.6% (图 2-8)。根据人口统计学标准,当一个社会 0～14 岁人口占总人口的比重达到 15%～18%时,即为"严重少子化"。青少年人口的急剧减少,必然意味着我国的劳动力特别是年轻劳动力的急剧减少,将对未来的消费、劳动力供应、创新等经济活动产生重大的负面影响。

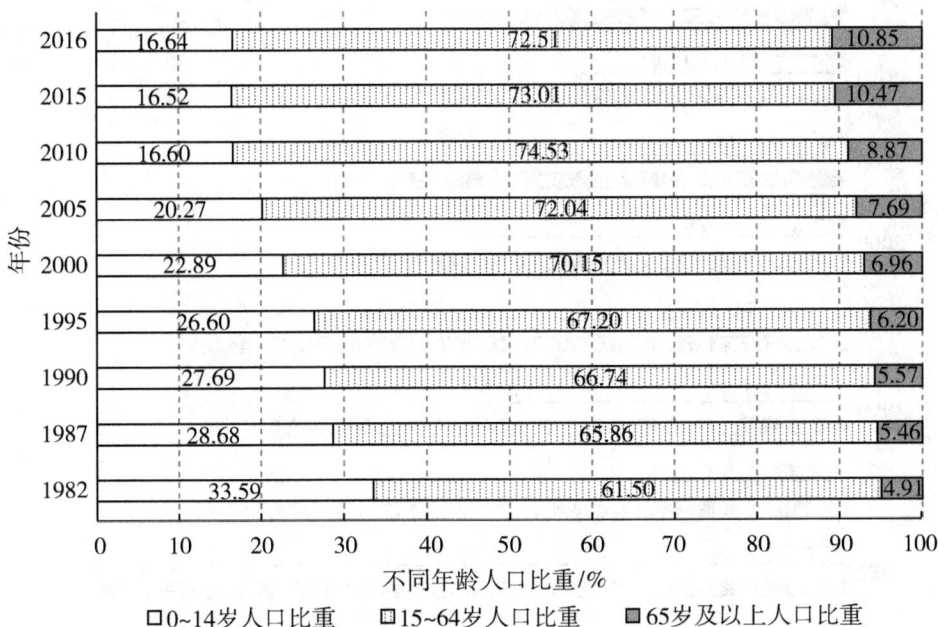

图 2-8 中国人口年龄结构 (1982—2014 年)

数据来源:各年份数据均来自国家统计局网站上的"国家数据"(National Data)。其中,1982年、1990年、2000年、2010年为人口普查数据,1995年、2005年、2016年为年度统计数据。

与此同时，我国 65 岁及以上老年人口比重不断上升，在 2000 年时已达到 7%，按照国际惯例，此时我国完成了从成年型人口向老年型人口的转变，跨入老龄化社会。2016 年，65 岁及以上老年人口比重已达到 10.9%，中国已经处于深度老龄化阶段（图 2-9）。老年抚养比是从经济角度反映人口老化社会后果的指标之一。过去 30 多年，我国老年抚养比逐步上升，已从 1982 年的 8 上升至 2016 年的 15（图 2-9）。中国人口的老龄化不仅体现为程度高、老龄群体规模大，还体现为老化速度快。尤其是 20 世纪 60 年代第二次婴儿潮时期出生的人口进入老年后，老龄化将更是加速推进。根据世界卫生组织预测，到 2050 年，中国将有 35% 的人口超过 60 岁，成为世界上老龄化最严重的国家。

另一个正在敲响的警钟是劳动年龄人口的净减少。国家统计局公布的数

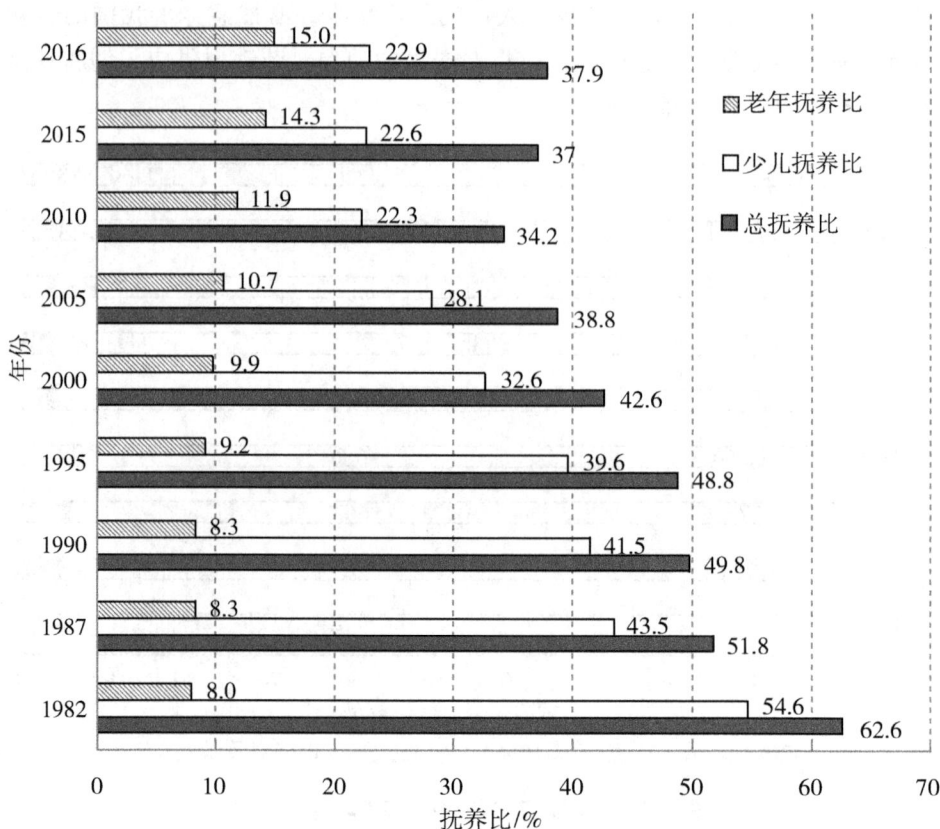

图 2-9　中国人口抚养比（1982—2016 年）

数据来源：同图 2-8。

据显示，2012 年我国 15~59 岁劳动年龄人口在相当长时期里第一次出现了绝对下降，比上年减少 345 万人，且此后连续 3 年以每年数百万的幅度净减少。更为严峻的是，现存的劳动年龄人口内部也出现老化现象，年轻劳动力减少更甚。2010 年以前，我国人口总抚养比处于下降趋势，但在 2010 年出现拐点，此后开始上升，2010 年是最低点 34.2，2014 年已上升至 36.1（图 2-9）。劳动力供应不再充裕得"取之不竭"，支撑近几十年经济持续快速增长创造奇迹的"人口红利"已经接近尾声。更为迫在眉睫的是，老龄化与少子化并存的人口结构叠加劳动年龄人口净减少，给养老带来的严峻挑战。

第三节 中国人口迁移政策及区域经济发展战略演化

在从区域级、省级、地级市级层面上分析我国人口与经济活动空间集聚疏散的特征之前，本节首先简要回顾和梳理我国人口迁移政策、区域经济发展战略的演变历程。

一、区域经济发展战略演化历程简述

我国历史悠久、土地疆域广阔，不同区域之间的自然禀赋、气候环境等差异巨大，加之历史、文化、社会等各方面因素的影响，地区间经济发展存在巨大差异的现象自古有之。中华人民共和国成立以来，我国区域经济发展战略经历了 3 次重大调整，对区域经济发展程度及地区差距产生着不可或缺的影响。

（一）1949—1977 年：区域经济均衡发展战略

中华人民共和国成立至 1978 年，我国实行高度集权的计划经济和区域经济均衡发展战略。各种投资政策和财政转移支付明显地向边远和落后地区倾斜，区域间差距呈缩小趋势。这段时期实施平衡发展战略，有其历史的合理性。从实施效果来看利弊并存，"利"表现为推动了内地工业化，促进了内地经济发展；"弊"表现为片面追求平衡发展目标，制约了沿海老工业基地发展和潜力发挥。

（二）1978—1990 年：向东部沿海地区倾斜的非均衡发展战略

改革开放之初至 1990 年，中国政府的区域经济发展战略从均衡发展战略转变为向东部沿海地区倾斜的非均衡发展战略。国家投资、产业布局的重心转向东部沿海地区，发展和开放的政策明显向沿海地区倾斜。不平衡发展战略的理论依据主要是增长极理论、梯度推移理论等欧美区域经济不平衡发展理论，其目标是追求经济增长的效率。从我国实践来看，其成效是形成了一条从南到北沿海岸线延伸的沿海开放地带，经济特区、沿海经济技术开发区、沿海经济开放区等特殊经济区成为重要的增长极，有力地推动了沿海地区经济快速发展，珠三角、长三角、环渤海地区成为推动中国经济高速增长的"发动机"、引领中国经济发展的重心，但集聚效应大于扩散效应，也导致地区间的差距不断扩大。

（三）1990 年至今：非均衡协调发展战略

1990 年至今，我国实施的是以"均衡（公平）优先、兼顾增长（效率）"为目标导向的非均衡协调发展战略，经历了 1990—1998 年的启动阶段，以及以 1999 年西部大开发战略实施为标志的全面实施阶段。进入 20 世纪 90 年代后，为了防止地区差距不断扩大可能引发的"两极分化"态势，我国逐步开始关注并强调区域经济的协调发展，区域发展战略调整为以"均衡（公平）优先、兼顾增长（效率）"为目标导向的非均衡协调发展战略，在推动珠三角、长三角、环渤海地区经济发展的同时，启动西部大开发、东北振兴、中部崛起几大战略。这意味着中国区域经济由非均衡发展战略时期的"单极增长"进入到更加强调互动协调发展的"多轮驱动"的协同发展时代（任建军 等，2010）。

二、人口迁移政策变迁的回顾与梳理

中华人民共和国成立以来，随着社会经济各方面的发展，我国的人口迁移政策经历了一系列的变化，经过梳理大致可以分为 5 个阶段：政治性迁移及控制阶段、严格控制人口迁移阶段、允许人口迁移阶段、控制人口盲目迁移阶段、促进社会融合及推进户籍制度改革阶段（尹德挺 等，2009；胡琪等，2012）。

（一）1949—1977 年：政治性迁移及控制阶段

中华人民共和国成立初期，百废待兴，经济实力严重不足，当时的首要任务是实现政权更替，恢复经济发展，而相关人口流动管理思路和政策体系尚未成型，由乡村向城市的自发性人口流动作为一种社会现象而悄然存在。

随着我国第一个五年计划的实施，政府部门明确提出重工业优先发展的战略构想，并派生出一系列政策：1953年的粮食统购统销制度、1957年的城市人口疏散下放政策及自1958年《中华人民共和国户口登记条例》正式实施以后逐步形成的以户籍制度为依托的人口流动控制制度等。这一系列政策的目的都是为了补充和稳定农村劳动力，为城市人口创造充足、低价的农产品，最大限度地压低重工业发展成本，尽快提升我国经济实力。

这一阶段流动人口管理主要是以公安、农村合作社为主体，实行的是将城乡人口割裂开来的户籍制度及与之配套的城市劳动就业制度、基本消费品供应的票证制度、排他性的城市社会保障和福利制度等；运行机制是自上而下的政治性推动，国家计划经济和特定意识形态相联系的政府垄断管理。在这样的制度安排下，最终的政策后果是自1958年以后的较长一段时间里，我国一直处于人口城乡隔离的状态，基本阻滞了农民由农村向城市的迁移，流动人口的势能积累强烈，劳动力要素空间配置效率偏低。

（二）1978—1983年：严格控制人口迁移阶段

改革开放之初，农村富余劳动力向城市迁移的大门尚未开启，人口流动依然受到严格限制。农村地区家庭联产承包责任制的推行，释放出规模巨大的农村富余劳动力资源，但当时城市就业制度改革尚未触及，横断于城乡之间的户籍制度及以此为基础建立起来的二元社会体制也被视为不可侵犯之"物"。虽然，国务院在1981年发布的《关于严格控制农村劳动力进城务工和农业人口转为非农业人口的通知》及《关于广开门路，搞活经济，解决城镇就业问题的若干决定》中，提出了城市实行合同工、临时工、固定工相结合的多种就业形式的思路，但在这些文件里同时又进一步强化了对农村劳动力流动的管理，即严格控制从农村招工，认真清理企事业单位使用的农村劳动力及加强户口和粮食管理等。

这一阶段流动人口管理部门主要是国务院和各级人民政府领导下的公安机关、劳动部门和各类企业等，基于户籍制度和城市就业制度的二元社会体制及政府与企业共同努力下的政府统筹规划和调控。值得指出的是，尽管在这个阶段国家各项政策都在强调"严格"，但从人口流动的总体情况来看，已经开始出现对流动人口这一劳动力要素的政策松动。

（三）1984—1988年：允许人口迁移阶段

这一阶段，整个国家的客观形势开始发生显著变化，改革开放已经由农村发展到城市，城市的"保障就业和安置就业制度"开始受到冲击。1984
年，国务院发布的《关于农民进入集镇落户问题的通知》规定："除县城外
的各类县镇、乡镇、集镇，包括建制镇和非建制镇，全部对农民开放"，"凡
申请到集镇务工、经商、办服务业的农民和家属，在集镇有固定住所、有经
营能力或在乡镇企业单位长期务工的，公安部门应准予落常住户口，及时办
理入户手续、发给《自理口粮户口簿》，统计为非农业人口"；1985 年公安
部颁布了《关于城镇暂住人口管理的暂行规定》，对那些不能加入城市户籍
的农民实行暂住证制度，从法律上正式给予农民进城许可，意味着公民开始
拥有在非户籍地居住的合法性。这项政策的颁布实施，成为人口迁移流动政
策变动的一个重要标志，它表明实行了 30 年的限制城乡人口流动的就业管
理制度开始松动，因此，这个阶段具有历史性的进步意义。

　　大量流向城镇的劳动人口补充了城镇稀缺的劳动力，缓解了农村富余劳
动力的压力，加快了城镇化进程。然而，由于人口流动政策刚刚开启，政府
对于即将到来的流动人口浪潮没有做好足够的心理准备，缺乏有效的引导和
充分的应对措施，因此，人口的盲目流动及由此造成的城市基础设施和公共
资源的供给短缺，骤然成为当时我国社会的重大社会问题。控制人口盲目流
动的政策应运而生。

（四）1989—1999 年：控制人口盲目迁移阶段

　　基于城市基础设施和公共资源供给短缺的严峻现实和客观约束，政府对
前一个时期实行的农村劳动力流动政策进行了局部调整，加强了对盲目流动
的管理。1989 年 3 月，国务院办公厅正式发出《关于严格控制民工外出的紧
急通知》，从此揭开了我国流动人口管制政策的序幕。1994 年 11 月，劳动部
发布了《农村劳动力跨省流动就业管理暂行规定》，正式对人口跨省流动实
施严格管制，包括：实行流动就业证制度，控制流动人口跨省流动；采取本
地就业优先原则，限制流动人口跨省流动；严格控制招收方式等。1995 年，
在厦门召开的全国流动人口管理工作会议确定了"因势利导，宏观控制，加
强管理，兴利除弊"的流动人口指导思想；同年 9 月，中央社会治安综合治
理委员会还颁布了《关于加强流动人口管理工作的意见》，对流动人口管制
工作进行全面部署。

　　控制人口盲目流动政策并非人口城乡隔离政策，最终目的是为了实现人
口有序流动，但从实施效果来看却不尽如人意。在此阶段初期，政府通过强

制遣送、劝返等管制措施，在一定程度上抑制了人口大规模流动。然而，随着市场经济的发展，城镇化进程的逐步推进，特别是 1997 年 5 月《小城镇户籍管理制度改革试点方案》的颁布，劳动力作为生产要素在市场调节下表现得更为活跃，人口流动的浪潮变得势不可挡。因此，在控制人口盲目流动阶段的后期，人口流动规模开始攀升。1994 年我国流动人口超过了管制前的规模，达到 8000 万左右，1997 年已逾 1 亿。面对这样的客观现实，政府部门开始思考：如何对流动人口管理理念和手段进行创新，从根本上扭转流动人口管理上的被动局面，变"堵"为"疏"在此历史背景下，以人为本、促进融合成为流动人口管理理念变革的必然趋势。

（五）2000 年至今：促进社会融合及推进户籍制度改革阶段

进入 21 世纪，我国经济社会发展水平和人口形势都发生了翻天覆地的变化，以人为本，贯彻落实科学发展观的理念变化及国家经济实力的不断增强，为我国政府部门在全国范围内加快社会融合步伐，推进基本公共服务均等化战略创造了有利的客观条件。2000 年，为了推进小城镇健康发展，中共中央、国务院发布的《关于促进小城镇健康发展的若干意见》规定：从 2000 年起，允许我国中小城镇对有合法固定住所、稳定职业或生活来源的农民给予城镇户口，并在子女入学、参军、就业等方面给予与城镇居民同等的待遇，不得实行歧视性政策，不得对在小城镇落户的农民收取城镇增容费或其他费用。此项文件的出台标志着我国流动人口政策开始进入融合阶段。此后，中央政府还颁布了一系列政策法规，为流动人口的社会融合扫清障碍，并开始完善流动人口的就业、就医、子女就学、社会保障等公共服务，逐步实现流动人口与户籍人口同等的公平对待。

为了促进有能力在城镇稳定就业和生活的常住人口有序实现市民化，稳步推进城镇基本公共服务常住人口全覆盖，2014 年，国务院出台了《关于进一步推进户籍制度改革的意见》，贯彻落实十八大、十八届三中全会和中央城镇化工作会议对进一步推进户籍制度改革提出的要求。该意见明确提出了进一步推进户籍制度改革，落实放宽户口迁移政策，推动大中小城市和小城镇协调发展，全面放开建制镇和小城市落户限制、有序放开中等城市落户限制、合理确定大城市落户条件、严格控制特大城市人口规模。

这一阶段流动人口管理的"成员"是包括综合治理委员会、公安、劳动、财政、农业、建设、卫生计生、教育等在内的多个部门；"规则"主要体现在为加强流动人口服务和管理工作而出台的一系列惠民政策及与此相关的各项法律法规上；而"机制"则表现为流入地和流出地各有关部门沟通协作的立体式服务管理，不过，从协调机制上来看，目前还处于部门之间自行协调的状况。

总之，我国人口迁移政策一方面是经济社会发展外部环境变化的必然选择，另一方面也是政府执政理念由"管理型"向"服务型"转变，政策内容与行政资源状况、政治经济体制相适应的必然结果。人口迁移流动的管理政策在主观管理理念和客观约束的不断变化中逐步完善和推进：从限制人口迁移流动到允许人口流动，从控制盲目流动到引导人口有序流动，最终将逐步实现城乡统筹就业以及城乡劳动力市场一体化的发展，有序实现流动人口市民化，推动城市化的进程。

第四节　本章小结

在改革开放之初，中国政府将经济改革与人口控制作为"基本国策"并举，体现了力图从经济和人口两方面同时着手向前推动的战略思路。近 40 年的进程中，中国已成功转型为市场经济，并取得了令人瞩目的经济成就。限制生育的人口政策无疑加快了中国的人口转变历程，使得中国在很短时间内就实现了欧洲国家用 100 多年时间才完成的人口转变，"中国人口数量过多，会阻碍经济发展"这样的认识也从深入人心到逐步淡出公众话语（王丰等，2006）。这种被认为加速了的人口转变过程，使中国在其经济发展的关键时段内获取了相对较多的"人口红利"（王德文 等，2006）。

中国经济历经了几十年的快速发展，经过不断地调整，目前已经进入经济增速放缓、经济结构优化、主导动力转换的新常态。经济发展进入"新常态"已形成一种共识，而对于人口格局"新常态"的认识则远远不及。事实上，中国在经历了快速的人口转变之后，人口格局也进入了一种新的常态：生育率持续走低、人口总量低速增长且即将迎来负增长、人口迁移流动日益频繁、少子老龄化问题日益严峻、人口城市化不断加速。随着中国长期以来支撑经济高增长的"人口红利"开始衰减，未来中国经济将面临劳动力供给下降、劳动力成本提升的生产要素成本周期性上升的阶段。尤为严重的是，与美欧等发达经济体边富边老不同，中国的趋势明显为未富先老。领取养老金的人数将不断攀升和对社保体系的要求也将不断升级，中国经济未来的内需状况可能会有所恶化。

中华人民共和国成立以来我国的区域发展战略经历了三次大调整，历经了区域经济均衡发展战略到向东部沿海地区倾斜的非均衡发展战略，再到非均衡协调发展战略。与之相适应的是，中国的人口迁移政策也经历了一系列的调整。随着市场经济体制的建立和发展，计划经济条件下形成的传统户籍制度像一条无形的绳索束缚着最重要生产要素——劳动力的自由流动，阻碍着市场对资源的有效配置。为适应新的形势，我国先后对户籍制度进行了一些必要的调整和改革，对公民迁徙权逐步放开。20世纪80年代初期，户籍制度开始允许农民向小乡镇流动，但依然严格限制农民流入县镇、大城市。1984年，国务院颁布了《关于农民进入集镇落户问题的通知》，紧接着1985年公安部出台了《关于城镇暂住人口管理的暂行规定》，给予了农民进城许可，明确了中国公民在非户籍地长期居住的合法性，标志着实行了30年的限制城乡人口迁移的就业管理制度开始松动。此后，我国人口与劳动力的流动性不断增强，跨地区的大规模人口迁移浪潮逐步掀起，至今方兴未艾。

在对全局国民经济和人口变动"新常态"的认识下，不得不关注地区间经济发展和人口变动的巨大差异性。经济活动的空间分布具有集中性的特点，人口的空间分布与演化亦是如此。我国东南沿海地区经济相对发达，西北内陆经济发展则较为落后。同时，区域间面临的人口问题也迥异，例如，人口老龄化进程在全国分布非常不均匀。区域间的互动与联结将在未来中国人口和经济的变化过程中占有越来越重要的地位（王丰 等，2006），也有观点认为，中国区域经济发展的差异化提供了经济增长的机遇，我国自身可以形成一个较完整的雁阵发展模式，长三角、珠三角等东部地区是领头雁，中、西部地区是尾雁①。中国人口与经济活动的空间布局有何特征，二者之间有何关系，相互作用的机理如何，在经济发展与人口格局的"新常态"下，中国人口与经济活动的空间布局将会发生怎样的变化，正是本研究需要回答的重点所在。

---

① 来源于中研网：http://www.chinairn.com/news/20140630/09234048.shtml，《中国经济将进入中高速发展"新常态"》一文，查于2015年10月18日。

第三章 中国人口与经济活动空间格局的省际特征

本章从四大地区和省级层面上分析人口与经济活动空间布局变动及其规律性，共分为四节。第一节分析地区经济发展不平衡的特征及其演化。第二节探讨地区发展不平衡背景下的跨省人口迁移特征及规律性。第三节和第四节探析人口总量集聚疏散、劳动力资源空间配置、人口老龄化空间分布格局变化的省际特征及跨省人口迁移对这三方面产生的影响。

第一节 经济发展不平衡及地区差异的省际特征

本节重点分析 1995 年以来的 20 多年，在非均衡协调发展战略的指导下，东部、中部、西部和东北四大地区和 31 个省级层面的经济发展趋势及地区差距。经济发展的巨大差异不仅体现在经济总量的差距，更主要的是人均经济变量的巨大差距，还表现在产业结构的差异等。

一、四大地区经济发展趋势及地区差距演化

（一）东、中、西、东北四大地区经济发展趋势

1995 年出台的《中共中央关于制定国民经济和社会发展"九五"计划和 2010 年远景目标的建议》中强调，"坚持区域协调发展，逐步缩小地区发展差距"是社会和经济发展必须贯彻的重要方针。经济总量发展主要从绝对数和相对数两个方面加以测量，其中，绝对数采用各年度 GDP 总量，相对数采用指数 $R_{gdp_{it}}$ 的变动状况，其计算方式如下：

$$R_{gdp_{it}} = \frac{gdp_{it}}{GDP_t} \times 100\% \tag{3-1}$$

指数 $R_{gdp_{it}}$ 表示 t 年份 i 地区/省份 GDP 占全国 GDP 比重,其中,gdp_{it} 表示 t 地区/省份 i 年度的 GDP,GDP_t 为相应年度 t 时的全国 GDP。

1995—2016 年的 20 多年,我国四大区域的 GDP 总量均有增长,其中,东部地区从 1995 年的 29 846 亿元增长至 2016 年的 410 186 亿元,增长率为 12.7%;中部地区从 11 286 亿元增长至 160 646 亿元,增长率为 13.2%;西部地区从 10 589 亿元增长到 156 828 亿元,增长率为 13.8%;东北地区从 5922 亿元增长到 52 410 亿元,增长率为 7.9%。就增长率而言,中西部地区高于东部地区,东北为最低(图 3-1)。从增长率的角度来看,中西部地区对东部地区呈现追赶之势,中部崛起和西部大开发战略的实施效果、劳动力资源空间配置优化效果已有初步体现,但是这也与东部地区 GDP 的体量大有关。在振兴东北老工业基地战略的支持下,2007—2010 年东北经济增速一直高于东部地区。然而,从 2011 年开始,"十一五"期间增速靠前的东北开始陷落。

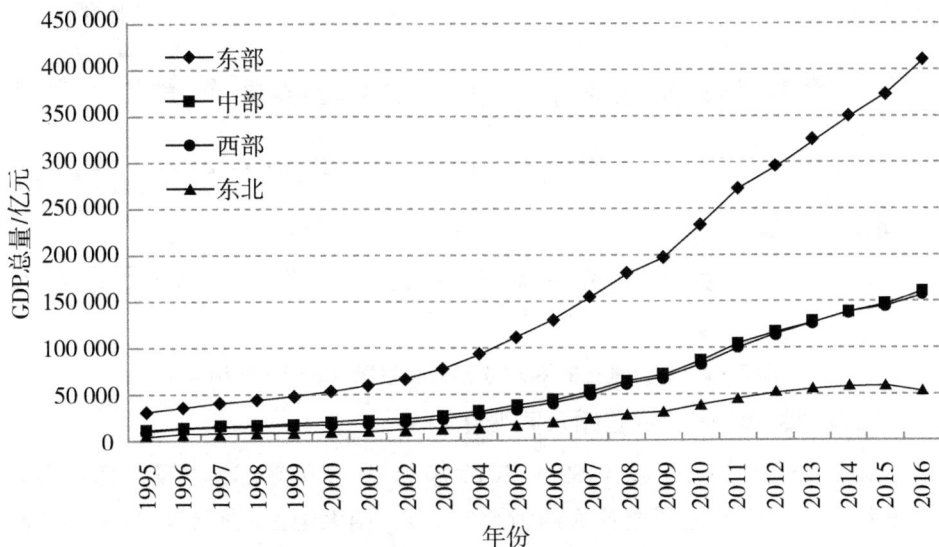

图 3-1　四大地区 GDP 总量变化趋势(1995—2016 年)

进一步地,各地区 GDP 占全国 GDP 总量的比重及其变化趋势比各地区 GDP 总量的增长趋势更能反映各地区的经济发展相对于全国平均水平的情况。东部地区的 GDP 占全国 GDP 总量的比重,即指数 $R_{gdp_{it}}$ 呈现先上升后下降趋势,从 1995 年的 51.8% 上升至 2005 年的 55.5% 再下降至 2014 年的 51.2%,近两年有所回升,2016 年为 52.6%。中西部地区呈现先下降后上升态势,中部地区从 1995 年的 18.4% 下降至 2005 年的 18.8% 再回升至

2016 年的 20.6%；中部地区从 1995 年的 19.6% 下降至 2005 年的 17.1% 再回升至 2016 年的 20.1%。这说明西部大开发战略、中部崛起战略的效果在 2005 年左右开始显现。然而，东北地区的 $R_{gdp_{it}}$ 则一路下滑，从 1995 年的 10.3% 下降至 2014 年的 6.7%，振兴东北老工业基地的战略实施成效不明显（图 3 - 2）。东北地区结构转型尽管推进很多年，但目前仍以重化工业、大型国企为主，近年来重化工业下行，石油产量的放缓、煤炭价格的大跌，经济受到的冲击较大。

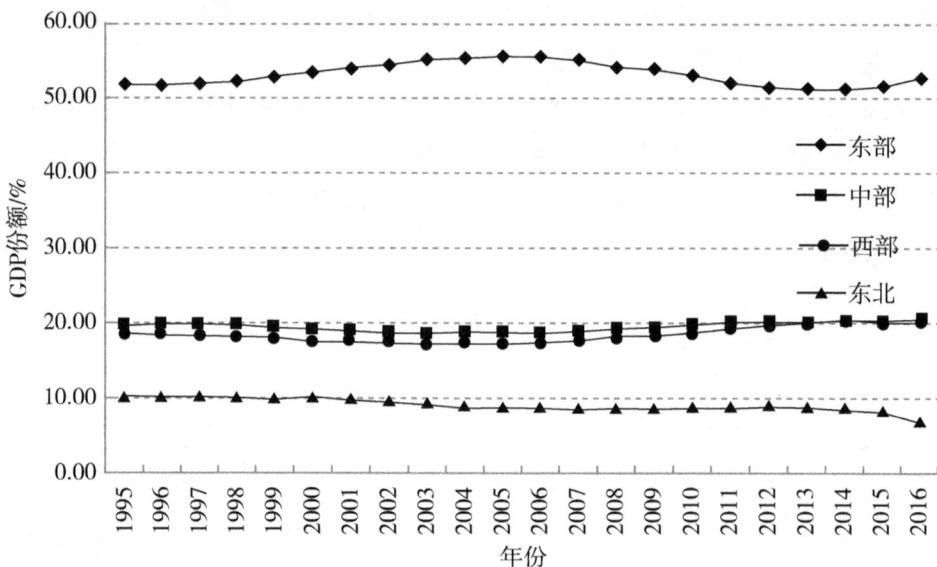

图 3 - 2　四大地区的 GDP 份额变化情况（1995—2016 年）

（二）四大地区经济差距及其变化趋势

从大的经济格局来看，1995—2016 年的 20 多年东部、中部、西部和东北四大地区的 GDP 总量之比大约为 5∶2∶2∶1，四大地区之间经济总量的差距很大，东部地区的 GDP 总量远高于其他 3 个地区（图 3 - 1、图 3 - 2 和图 3 - 3）。地区差距的变化趋势非常值得关注，在一定程度上可以反映非均衡协调发展战略的实施效果。

首先，东部与中西部间的差距呈先扩大后缩小趋势。东部与中部地区之间的差异在 1995—2003 年呈现扩大趋势，1995 年东部 GDP 总量是中部的 2.64 倍，此后一直上升至 2003 年的 2.98 倍；2003—2014 年东部和中部之间的差距呈缩小趋势，2016 年东部地区 GDP 总量是中部地区的 2.55 倍。东部与西部地区之间的差异在 1995—2005 年呈现扩大趋势，1995 年东部 GDP 总量是西部的 2.82 倍，此后一直上升至 2005 年的 3.24 倍；2005—2016 年东部和西部之间的差距呈缩小趋势，2016 年东部地区 GDP 总量是西部地区的 2.62 倍（图 3-3）。东部与中西部地区差距先扩大后缩小的趋势，进一步佐证了中部崛起和西部大开发战略的实施效果。

其二，东部与东北的地区差距则经历了先扩大后缩小再有所扩大的趋势（图 3-3）。东部地区与东北地区之间差异在 1995—2007 年呈现扩大趋势，1995 年东部 GDP 总量是东北的 5.04 倍，此后一直上升至 2007 年的 6.54 倍；2007 年以后东部与东北之间的差距呈现波动，总体呈现先缩小后扩大趋势，2016 年东部地区 GDP 总量是东北地区的 7.83 倍。东北地区 GDP 20 多年来增长率低于中西部和东部，同时与东部的地区差距并没有像中西部那样呈现持续缩小趋势。

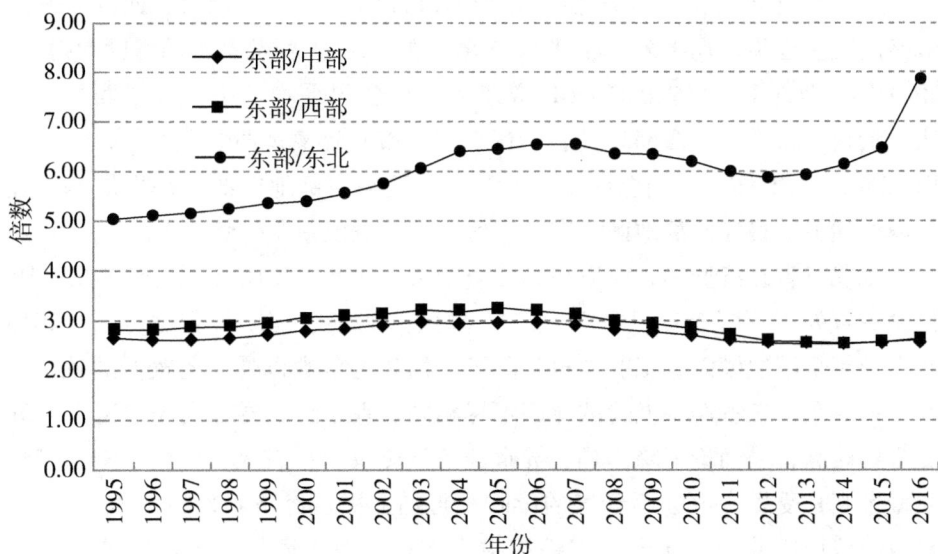

图 3-3　东部 GDP 总量是中部、西部、东北的倍数（1995—2016 年）

二、经济总量水平和趋势的省际差异

东部地区的广东、江苏、山东、浙江等几省的 GDP 份额在过去 20 多年一直都是全国最高的，东部地区在我国经济发展中的强势地位没有改变。目前，东部地区 10 个省市中，人口流入大省广东省的 GDP 份额是东部地区最高的，也是全国最高的。2005 年以后，在区域经济发展战略从向东部地区倾斜的非均衡发展战略转向非均衡协调发展战略的引领下，东部部分省份的

GDP 份额有所下降，比较优势有所减弱。

河南省是我国的人口大省和农业大省，经济总量占全国的份额在全国排第 5 位、中部地区第 1 位，但 2005—2014 年河南省的 GDP 份额有所下降，近两年略有回升。河南一直以来都是劳动力资源大省，也是人口流出大省，大量的劳动适龄人口外出到外省务工经商，这与河南省的工业基础薄弱，城市化的发展动力不足，居民的人均可支配收入在全国排名靠后密切相关。山西省是全国的能源基地，煤炭、炼焦、冶金和电力是山西省的四大传统支柱产业。2005 年以后山西省的 GDP 份额有所下降，与以煤炭、冶金、电力、焦炭、化工为主的能源原材料工业总体疲软，特别是山西最大的支柱产业煤炭供过于求、价格下跌、效益锐减有关。山西 2014 年 GDP 增速仅为 4.9%，是全国 31 个省市中最低的。

人口大省四川省的 GDP 份额是西部最高的，2005 年以后，西部大开发战略的效应逐步显现出来，西部 12 个省市的 GDP 份额都有不同程度的提升。2014 年，西部 12 个省市的 GDP 增速均高于全国平均水平，其中西藏、重庆、贵州、新疆几个西部省（自治区、直辖市）还实现两位数增长，且西藏以 12% 的 GDP 增速位列全国第一。当然，这与西部地区的经济发展基础比较薄弱相关，目前西部地区与东部地区的经济发展差距仍然很大。

东北三省经济低迷，尤以黑龙江省最甚。1995—2016 年黑龙江省的 GDP 份额一直处于下降趋势，从 3.45% 下降到 1.97%。据统计数据分析，2015 年上半年全国规模以上工业增速，除了山西省为负数以外，比较低的就是东北三省。东北三省经济低迷的原因不尽相同。黑龙江主要是大庆油田占 GDP 比重比较高，受油价下降影响，导致经济下降幅度比较大，鸡西、鹤岗等煤炭城市则是受煤炭市场不景气的影响，再加上民营经济不发达，人才外流，导致经济增速放缓。辽宁以钢铁为主要产业，由于原材料市场和价格不景气，对经济负面影响比较大，再加上之前的延边经济带投资拉动乏力，导致经济增速大幅下滑。相比之下，吉林相对好一点，原因在于吉林主要以农业、汽车、医药化工等产业为主，受目前外部经济形势的影响相对较小。

三、人均国内生产总值的省级差异及其变动

（一）各省市人均 GDP 差距大，东部八省市的人均 GDP 排名始终位于全国前列

区域经济差异通常是指一定时期内全国各区域之间人均意义上的经济水

平非均等化现象,人均国内生产总值是用于测度区域经济差异的重要指标
(谢健,2003)。表3-1展示了1995—2016年我国各省市的人均GDP变化情
况及各年度的排名情况(括号内为排名)。过去20多年,我国31个省、自
治区、直辖市的人均GDP都有不同程度的提高,1995年、2000年、2005
年、2010年和2016年31个省市的人均GDP的均值分别为5172元、8520
元、16 203元、33 350元、56 766元。不过,不同省份的差距仍然较大。在
东部10个省市中,除河北省和海南省以外,其余八省市历年人均GDP排名
都在前10名以内,其中北京、上海、天津一直名列前3位。内蒙古自治区、
陕西省的排名上升明显,黑龙江省、海南省的排名下降比较显著,贵州省的
排名一直是靠后。

在经济学领域,人均GDP达到1万美元是一个重要的分水岭,一般来
说,标志着经济社会的整体发展达到中等发达国家水平。2016年,我国人均
GDP排名前10位的省市均已超过或接近这一水平。2013年,世界上共有65
个国家和地区人均GDP超过1万美元,大多属于发达国家和地区。另一方
面,贵州、甘肃、云南、西藏、广西五省(自治区)的人均GDP排名最靠
后,与排名前10位的省市差距很大。

表3-1 我国各省市人均GDP及排名(1995—2014年)

单位:元

	1995年	2000年	2005年	2010年	2016年
东部地区:					
北京	12 690 (2)	24 122 (2)	45 444 (2)	73 856 (2)	118 198 (1)
天津	9769 (3)	17 353 (3)	35 783 (3)	72 994 (3)	115 053 (3)
河北	4444 (13)	7592 (11)	14 782 (11)	28 668 (12)	43 062 (19)
上海	17 779 (1)	29 671 (1)	51 474 (1)	76 074 (1)	116 562 (2)
江苏	7319 (6)	11 765 (6)	24 560 (5)	52 840 (4)	96 887 (4)
浙江	8149 (4)	13 416 (4)	27 703 (4)	51 711 (5)	84 916 (5)
福建	6526 (8)	11 194 (7)	18 646 (9)	40 025 (10)	74 707 (6)
山东	5701 (9)	9326 (9)	20 096 (7)	41 106 (9)	68 733 (9)
广东	8129 (5)	12 736 (5)	24 435 (6)	44 736 (7)	74 016 (7)
海南	5063 (11)	6798 (14)	10 871 (19)	23 831 (23)	44 347 (17)

中部地区：					
山西	3515 (18)	5722 (17)	12 495 (15)	26 283 (18)	35 532 (27)
安徽	3070 (25)	4779 (26)	8670 (28)	20 888 (26)	39 561 (25)
江西	2896 (28)	4851 (25)	9440 (24)	21 253 (24)	40 400 (23)
河南	3297 (23)	5450 (19)	11 346 (17)	24 446 (21)	42 575 (20)
湖北	3671 (17)	6293 (16)	11 431 (16)	27 906 (13)	55 665 (11)
湖南	3359 (21)	5425 (20)	10 426 (20)	24 719 (20)	46 382 (16)
西部地区：					
内蒙古	3772 (16)	6502 (15)	16 331 (10)	47 347 (6)	72 064 (8)
广西	3304 (22)	4652 (28)	8788 (27)	20 219 (27)	38 027 (26)
重庆	3931 (15)	5616 (18)	10 982 (18)	27 596 (14)	58 502 (10)
四川	3043 (26)	4956 (24)	9060 (26)	21 182 (25)	40 003 (24)
贵州	1826 (31)	2759 (31)	5052 (31)	13 119 (31)	33 246 (29)
云南	3083 (24)	4769 (27)	7835 (29)	15 752 (30)	31 093 (30)
西藏	2358 (29)	4572 (29)	9114 (25)	17 027 (28)	35 184 (28)
陕西	2965 (27)	4968 (23)	9899 (23)	27 133 (15)	51 015 (13)
甘肃	2316 (30)	4129 (30)	7477 (30)	16 113 (29)	27 643 (31)
青海	3513 (19)	5138 (22)	10 045 (22)	24 115 (22)	43 531 (18)
宁夏	3448 (20)	5376 (21)	10 239 (21)	26 860 (17)	47 194 (15)
新疆	4701 (12)	7372 (12)	13 108 (14)	25 034 (19)	40 564 (21)
东北地区：					
辽宁	6880 (7)	11 177 (8)	18 983 (8)	42 355 (8)	50 791 (14)
吉林	4402 (14)	7351 (13)	13 348 (13)	31 599 (11)	53 868 (12)
黑龙江	5402 (10)	8294 (10)	14 434 (12)	27 076 (16)	40 432 (22)

注：括号内是各省市相应年度人均 GDP 的排名情况。数据来源：相应年份的《中国统计年鉴》；国家统计局官方网站。

（二）地区发展不平衡程度大

笔者计算了各年度 31 个省市人均 GDP 的最大值与最小值之差（极差），最大值是最小值的倍数，标准差、变异系数等统计指标。其中，前两个指标可以非常直观地看出人均 GDP 水平最高的省市与最低的省市之间的差距。

标准差（Standard Deviation，SD）可以反映各省市人均 GDP 指标值与相应年度人均 GDP 的均值之间的偏离程度，其值越大表示各省市的人均 GDP 绝对差异越大，但标准差不能够剔除测量尺度和量纲的影响，在纵向趋势比较有缺陷。变异系数（Coefficient of Variation，CV）是标准差与均值之比，反映各区域人均 GDP 偏离平均水平的相对差距，可以消除测量尺度和量纲的影响，是表征经济差异的常用指标（覃成林 等，2011；谢健，2003）。计算公式为：

$$\sigma = \sqrt{\frac{\sum_i (y_i - \bar{y})^2}{N}} \qquad (3-2)$$

$$CV = \sigma / \bar{y} \qquad (3-3)$$

其中，σ 为标准差，y_i 为 i 省市的人均 GDP，$\bar{y}$ 为相应年度 31 个省市的人均 GDP 的均值，N 等于31。

表 3-2 各项统计指标显示，1995—2016 年，我国 31 个省市的人均 GDP 的极差在扩大，从 1995 年的 15 953 元上升至 2016 年的 90 555 元，最大值是最小值的倍数呈现先扩大后缩小的趋势，1995 年上海市的人均 GDP 是贵州省的 9.7 倍，2000 年上升至 10.8 倍，之后开始下降，2005 年为 10.2 倍，2010 年为 5.8 倍，2016 年北京市的人均 GDP 是甘肃省的 4.3 倍。图 3-4 展示了过去 20 多年我国省际人均 GDP 的变异系数 CV 的变化趋势。可见，从 1995—2002 年省际经济差异缩小，2003—2014 年省际经济差距显著扩大，2015—2016 年省际经济差距又有缩小。

表 3-2　我国各省市人均 GDP 各项统计指标（1995—2016 年）

	1995 年	2000 年	2005 年	2010 年	2016 年
最大值/元	17 779	29 671	51 474	76 074	118 198
最小值/元	1826	2759	5052	13 119	27 643
极差/元	15 953	26 912	46 422	62 955	90 555
最大值/最小值	9.7	10.8	10.2	5.8	4.3
均值/元	5172	8520	16 203	33 350	56 766
标准差/元	3368	5939	10 948	17 154	25 721

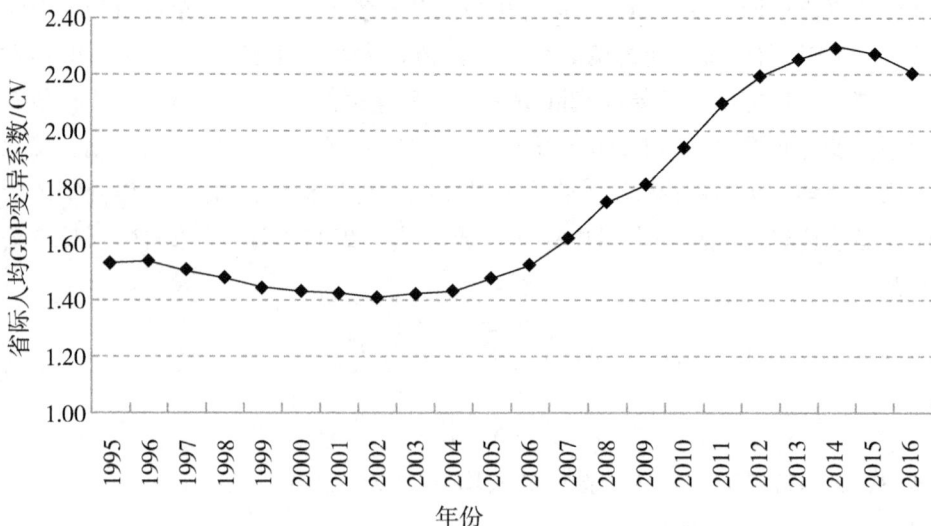

图 3-4 我国省际经济差异的变化趋势（1995—2016 年）

四、居民人均可支配收入的省际、城乡差距

（一）东部省份居民人均收入显著高于其他地区

地区居民收入差距既用来研究分析收入分配问题，也用来衡量地区经济发展差距。中国地区之间、城乡之间的经济差别与人口大规模跨区域流动迁移及其特点密切相关。经济增长与收入增长为正相关关系。从全国来看，居民人均可支配收入和人均 GDP 的增速同步放缓。《2016 年国民经济和社会发展统计公报》显示，2016 年全年全国居民人均可支配收入 23 821 元，比上年增长 8.4%，扣除价格因素，实际增长 6.3%。按常住地分，城镇居民人均可支配收入 33 616 元，比上年增长 7.8%，扣除价格因素，实际增长 5.6%；城镇居民人均可支配收入中位数 31 554 元，增长 8.3%。农村居民人均可支配收入 12 363 元，比上年增长 8.2%，扣除价格因素，实际增长 6.2%；农村居民人均可支配收入中位数 11 149 元，增长 8.3%。

分省市来看，2016 年居民人均可支配收入最高的 10 个省（自治区、直辖市），依次是上海、北京、浙江、天津、江苏、广东、福建、辽宁、山东、内蒙古，且居民人均可支配收入高于全国平均水平的也正是这 10 个省（自治区、直辖市）。除辽宁和内蒙古以外，其余八省市都属于东部地区。其中，上海城镇居民人均可支配收入最高，达到了 57 692 元；紧随其后的北京，城镇居民人均可支配收入为 57 275 元；浙江位列第 3，为 47 237 元；江苏排第 4 位，为 40 152 元。这 4 个省市也是全国仅有的城镇居民人均可支配收入突破 4 万元大关的地区。广东、天津、福建、山东、内蒙古、辽宁、湖南 7 个省（自治区、直辖市）的城镇居民人均可支配收入已突破 3 万元。

西藏、甘肃、贵州、云南、青海是居民人均可支配收入最低的 5 个省（自治区），居民人均可支配收入分别仅有 13 639 元、14 670 元、15 121 元、16 720 元、17 302 元，这 5 个省都地处西部地区。其中，居民人均可支配收入最低的西藏，居民人均可支配收入仅相当于上海市的 25%。此外，甘肃、西藏、青海、贵州、黑龙江五省（自治区）的城镇居民人均可支配收入在全国排名最靠后。其中，甘肃省的城镇居民人均可支配收入最低，为 25 693 元，仅相当于上海市的 44.5%（表 3-3）。

（二）城乡居民收入差距大，且贫穷省份尤甚

分城乡居民来看，尽管全国 31 个省市的农村居民人均可支配收入增速均快于城镇居民，但城乡收入的差距仍然普遍存在。2016 年，全国城乡居民人均可支配收入倍差为 2.7。甘肃、贵州、云南、青海、西藏、陕西、内蒙古、新疆、宁夏、广西十省（自治区）的城乡居民人均可支配收入倍差超出全国平均水平，其中，甘肃省以城乡居民人均可支配收入倍差 3.45 位列第一，其农村居民人均可支配收入 7457 元也是全国最低水平。2016 年，城乡居民人均可支配收入倍差最小的省市是天津市，为 1.8，也是全国唯一一个城乡居民收入倍差小于 2 的省市。

若以城镇居民人均可支配收入最高的上海市与农村居民人均可支配收入最低的甘肃省相比，前者高达后者的 7.8 倍。换言之，常住地为上海城镇的居民的人均可支配收入高达生活在甘肃农村的居民的 7.8 倍。城市之别、地区之差的差别效应叠加之后，可以看出我国最富裕地区与最贫穷地区居民人均收入的巨大差距（表 3-3）。地区和城乡之间巨大的收入差距，是全国大规模人口迁移流动的主导动力。大量的劳动力从收入低的省市向收入高的省市迁徙，从农村向城市迁徙。

表 3 - 3　2016 年全国各省市居民人均可支配收入

省市	居民人均可支配收入/元	城镇居民人均可支配收入/元	农村居民人均可支配收入/元	城乡收入倍差
北京	52 530	57 275	22 310	2.6
天津	34 074	37 110	20 076	1.8
河北	19 725	28 249	11 919	2.4
山西	19 049	27 352	10 082	2.7
内蒙古	24 127	32 975	11 609	2.8
辽宁	26 040	32 876	12 881	2.6
吉林	19 967	26 530	12 123	2.2
黑龙江	19 839	25 736	11 832	2.2
上海	54 305	57 692	25 520	2.3
江苏	32 070	40 152	17 606	2.3
浙江	38 529	47 237	22 866	2.1
安徽	19 998	29 156	11 720	2.5
福建	27 608	36 014	14 999	2.4
江西	20 110	28 673	12 138	2.4
山东	24 685	34 012	13 954	2.4
河南	18 443	27 233	11 697	2.3
湖北	21 787	29 386	12 725	2.3
湖南	21 115	31 284	11 930	2.6
广东	30 296	37 684	14 512	2.6
广西	18 305	28 324	10 359	2.7
海南	20 653	28 453	11 843	2.4
重庆	22 034	29 610	11 549	2.6
四川	18 808	28 335	11 203	2.5
贵州	15 121	26 743	8090	3.3
云南	16 720	28 611	9020	3.2
西藏	13 639	27 802	9094	3.1
陕西	18 874	28 440	9396	3.0
甘肃	14 670	25 693	7457	3.4
青海	17 302	26 757	8664	3.1
宁夏	18 832	27 153	9852	2.8
新疆	18 355	28 463	10 183	2.8
全国平均	23 821	33 616	12 363	2.7

（三）基尼系数反映出我国居民收入分配差距大

基尼系数由意大利经济学家基尼（Corrado Gini，1884—1965 年）于 1912 年提出，是国际上用来综合考察居民内部收入分配差异状况的一个重要分析指标。基尼系数是一个比值，数值在 0 和 1 之间，数值越低，表明财富在社会成员之间的分配越均匀，反之则表明收入分配越是趋向不平等。按照国际一般标准，通常把基尼系数为 0.4 作为收入分配差距的"警戒线"，0.4 以上的基尼系数表示收入差距较大，当基尼系数达到 0.6 时，则表示收入差距悬殊。发达国家的基尼指数一般在 0.24 ~ 0.36。

由于缺乏城乡统一的住户调查制度，中国国家统计局在 2013 年以前只公布过农村基尼系数。从 2012 年 12 月份开始，我国实现了城乡住户调查一体化。根据新的统一标准，国家统计局对历史数据进行了整理、计算，并于 2013 年首次公布了 2003 年以来的全国基尼系数。2003—2008 年，我国的基尼系数逐步扩大，2008 年以来呈现逐渐缩小的走势，2016 年为 0.465。不过，2003 年以来，我国的基尼系数一直位于 0.46 ~ 0.49 的水平，高于 0.4 的警戒线，反映出我国收入分配差距较大，需警惕步入"中等收入陷阱"。当然，基尼系数测算的不是地区间和城乡间的收入差距，但也可以从基尼系数的偏高反映出城乡和省际居民人均收入的巨大差异。

五、产业结构的省际差异

产业结构是指各产业的构成及各产业之间的联系和比例关系。在经济发展过程中，由于分工越来越细，因而产生了越来越多的生产部门。这些不同的生产部门，受到各种因素的影响和制约，会在增长速度、就业人数、在经济总量中的比重、对经济增长的推动作用等方面表现出很大的差异。各产业部门的构成及相互之间的联系、比例关系不尽相同，对经济增长的贡献大小也不同。产业结构的变动与经济总量的增长是统一的，产业结构的差异也是影响地区经济差异的主要因素。同时，产业结构也影响就业人员数量和结构，吸引不同构成的劳动力资源。

笔者采用三次产业增加值分别占地区生产总值的比重作为产业结构，并构建产业结构高度化指数 H，其计算公式为：

$$H = \sum_{i=1}^{3} W_i I_i \qquad (3-4)$$

其中，I_i 为第 i 产业增加值比重，W_i 为权重，一产、二产、三产的权重分别为1、2、4。

改革开放以来的30多年，我国产业结构在经济持续较快增长中不断调整，逐步从工业主导的产业体系转向服务业主导的现代产业体系。2012年我国第三产业增加值占国内生产总值的比重上升到45.5%，首次超过第二产业成为国民经济第一大产业。分省市来看，所有31个省市的一产比重均是三次产业中最低的，无一例外，这说明各个省市的主导产业都不是农业。

通过计算三产与二产增加值之比发现，北京、海南、上海、黑龙江、甘肃、山西、西藏、天津、辽宁、云南、广东11个省（自治区、直辖市）的三产增加值与二产增加值之比大于等于1.2，即三产比重明显高于二产和一产，表明这些省（自治区、直辖市）的经济增长中第三产业的作用较大。新疆、四川、浙江、贵州、江苏、湖南、重庆、山东、湖北、宁夏、内蒙古、吉林12个省（自治区、直辖市）的三产增加值与二产增加值之比为0.9~1.2，说明这几个省（自治区、直辖市）三产比重和二产比重相差不多，第二产业和第三产业在经济增长中发挥的作用相当。青海、江西、河南、福建、广西、河北、陕西、安徽8个省（自治区）的三产增加值与二产增加值之比小于0.9，说明这8个省（自治区）的二产比重高于三产，第二产业是这些省（自治区）的主导产业。31个省（自治区、直辖市）中产业结构高度化指数最高的是北京、上海和天津3个直辖市，最低的是广西、安徽和河北3个省（自治区）。

产业结构调整包括产业结构合理化和高级化两个方面。产业结构合理化是指各产业之间相互协调，有较强的产业结构转换能力和良好的适应性，能适应市场需求变化，并带来最佳效益的产业结构，具体表现为产业之间的数量比例关系、经济技术联系和相互作用关系趋向协调平衡的过程。产业结构高级化，又称为产业结构升级，指经济发展重点或产业结构重心由第一产业向第二产业和第三产业逐次转移的过程，标志着经济发展水平的高低和发展阶段、方向。产业结构高级化往往具体反映在各产业部门之间产值、就业人员、国民收入比例变动的过程上。产业结构高级化以产业结构合理化为基础，产业结构合理化的过程，使结构效益不断提高，进而推动产业结构高级化发展，以此强调经济发展过程中产业结构变化的特点。

我国31个省（自治区、直辖市）的产业结构差异较大，北京、上海等市的第三产业比重非常高，服务业已成为经济增长的支撑性产业，而中、西部和东北的一些省份的第二产业在经济增长中起主导作用。从吸纳就业来看，第三产业吸纳就业的能力强于第一、二产业，因此北京、上海等市吸纳了大批外市人员务工经商。同时，在城市的发展过程中，以建筑业为主的第二产业也吸纳了大量的农村转移劳动力。产业结构的省际差异性对区域经济发展地区差距的形成起着不容忽视的影响，也造成了劳动力的迁徙和流动。

六、小结

中华人民共和国成立以来我国的区域发展战略经历了三次大调整，历经了区域经济均衡发展战略到向东部沿海地区倾斜的非均衡发展战略，再到非均衡协调发展战略。总的来看，1995—2016 年的 20 多年，我国四大区域的经济发展趋势和地区差距的规律可以归纳为以下几点：GDP 总量均有增长，中、西部增长率高于东部，东北地区增长率最低；东部地区的 GDP 占全国 GDP 总量的比重呈现先上升后下降趋势再有所回升，中、西部地区呈现先下降后上升态势，东北地区则呈现一路下滑之势；同时，东部与中、西部间的差距呈先扩大后缩小趋势，与东北的地区差距则经历了先扩大后缩小再有所扩大的趋势。

从产业的空间转移和资本的流动规律来看，随着中、西部地区投资环境的不断改善和东部地区资本报酬率相对下降，许多东部的企业和闲置资金会向中、西部进行转换或者转移。目前来看，西部大开发战略和中部崛起战略的效果开始初步显现，东部地区对中、西部的辐射扩散效应也开始显现。但是，东北地区的经济增长乏力日益明显，其问题的症结在于东北三省长久以来形成的产业结构不够优化，很多产业过分聚集到煤电油运等资源型行业，受国家大宗商品价格下跌影响大，与全国钢铁、煤炭及重工业的不景气和产能过剩密切相关。同时，东北作为装备制造业和能源原材料基地，整个中国工业发展快，对其需求大时它就增长快；但是目前，产能过剩问题比较突出，对以装备制造业为特色的东北的影响就更大。

不过，我国"东强西弱"的区域经济发展格局并未发生根本性转变。东部与中部、西部、东北的经济总量体量差距较大，尽管东部地区 2005 年以后由于经济增速的放缓导致其经济要素占全国的比重降低，但东部地区经济总量基数大，经济增量规模仍然占全国增量规模的较大比重，东部地区的经济地位并未随着增速减缓而降低，经济要素向东部地区集聚的状态并未发生根本变化（蒋子龙，2014）。总而言之，在历史因素、自然资源禀赋、经济市场化、国家宏观区域经济发展战略等多方面的作用下，我国区域经济社会发展程度有着巨大的差异，形成了不同地区、省份之间经济水平、收入水平、就业机会的巨大势能差。

第二节　跨省人口迁移的特征及其规律性

伴随着限制人口自由迁徙的体制逐步松动，区际开放、国际开放的不断扩大加深，劳动力作为生产要素在市场调节下表现得更为活跃。20 世纪 90 年代以后，我国国内人口迁移浪潮逐步掀起且势不可挡。本节主要分析经济发展不平衡背景下，我国跨省人口迁移流动的特征及规律。

一、农村劳动力向外转移是我国人口迁移的主体

根据调查时点上居住地与户口登记地所在的乡镇/街道不一致，且离开户口登记地半年以上这一口径，可以统计出历次人口普查时人户分离和流动人口数量。进一步地，将调查时点上户口登记地为乡或镇的村委会的人口归为乡村流出人口；将户口登记地为镇的居委会或街道的人口归为城镇流出人口。根据 2005 年全国 1% 人口抽样调查数据推算显示，全国乡村流出人口占总流动人口的 61.3%（杜旻，2013）。2010 年"六普"数据，乡村流出人口占总流动人口的 63.0%（杜旻，2013）。因此，我国流动人口中乡村流出人口的比重在上升，农村劳动力向城市/城镇转移是我国人口流动的主要流向。当然，应当看到，城—城流动人口亦占有一定比例，人口流动呈现比过去更为复杂的局面，不再是单一的从农村向城市的流动，城市与城市之间的人口流动也日益频繁。

二、跨省人口迁移具有明显的方向偏好性

（一）"六普"时点上跨省流动人口的存量分析

人口迁移推力－拉力理论认为，迁移行为的发生是迁出地的推力（或称排斥力）与迁入地的拉力（或称吸引力）共同作用下的结果。地区间资源配置失衡是导致人口大规模迁移的根本原因，人们为了寻求更好的生存发展机会必然会选择向经济发达地区迁移集聚。正因如此，我国国内跨省人口迁移具有明显的方向偏好性，主要是由中西部地区的欠发达省份迁往东部地

区发达省份。

　　表3-4展示的是"六普"时全国31个省市常住人口、户籍人口、跨省流入人口、跨省流出人口、净流入人口，以及常住人口迁入率和户籍人口流出率。其中，常住人口流入率以常住人口作为分母，外来常住人口作为分子计算得到；户籍人口流出率以户籍人口作为分母，户籍人口中流出人口作为分子计算得到。图3-5展示的是2010年"六普"时全国31个省级行政区划单位的净迁入人口数和人口净迁入率，净迁入人口数由迁入人口数减去迁出人口数，净迁入率由净迁入人口数除以常住人口数，用这两个指标来反映净迁入的规模与强度。如果是人口净迁入区，则净迁入人口数和人口净迁入率均为正数，反之则为负数。从表3-4和图3-5中可以看出，31个省份中人口净迁入区有14个，多是经济社会发展水平高的东部省份，人口净迁出地区有17个，净流失人口数超过200万的省份已有11个，其中除河北、黑龙江外全部是中西部省份。

　　东部10个省市中除河北、山东以外均是人口净迁入区，且广东、浙江、江苏、福建4个省，北京、上海、天津3个直辖市都是人口强势吸引中心。从净迁入人口规模来看，广东是净流入人口最多的省，净迁入人口达到2061.7万；从净迁入强度来看，上海、北京、天津是人口净流入率最高的省级行政单位，分别达到37.9%、34.5%和21%。中部地区的山西、安徽、江西、河南、湖南和湖北六省都是人口净流失区，且人口净迁出规模均非常大。其中，河南、安徽两省的净迁出人口规模最大，分别高达803.4万人、890.5万人，且这两个省也是全国净迁出人口数最多的省。江西、安徽两省的净迁出人口强度最高，人口净迁出率分别高达11.64%和14.97%，即有约15%的安徽籍的人、近12%的江西籍的人在全国其他省市居住生活。同时，这两个省也是全国人口净迁出率最高的省。西部地区的11省中，内蒙古、西藏、青海、宁夏和新疆五省（自治区）是人口净迁入区，但人口净迁入规模非常小，其中，新疆是西部地区人口净迁入规模最大的自治区；其余六省（自治区）均是人口净流失区，其中，尤以四川为人口净流失大省，净迁出人口达到777.7万人，广西、贵州两省（自治区）的人口净迁出规模也比较大。东北三省中，黑龙江省的净迁出人口规模高达204.7万人，在17个人口净迁出省中排第10位，吉林省的净迁出人口数也达到91.6万人，辽宁省是人口净迁入区，但净迁入人口规模不大。

表 3 - 4   "六普"时全国跨流动人口分析

	常住人口/万人	户籍人口/万人	流入人口/万人	流入地分布/%	流出人口/万人	流出地分布/%	净流入人口/万人	常住人口流入率/%	户籍人口流出率/%
北京	1961.2	1255.4	704.5	8.2	27.4	0.3	677	35.92	2.14
天津	1293.9	992.0	299.2	3.5	27.3	0.3	271.8	23.12	2.67
河北	7185.4	7191.0	140.5	1.6	349.8	4.1	-209.4	1.95	4.73
山西	3571.2	3472.9	93.2	1.1	108.3	1.3	-15.2	2.61	3.02
内蒙古	2470.6	2440.8	144.4	1.7	106.8	1.2	37.7	5.85	4.39
辽宁	4374.6	4253.4	178.7	2.1	101.4	1.2	77.3	4.08	2.36
吉林	2745.3	2714.8	45.6	0.5	137.3	1.6	-91.6	1.66	4.84
黑龙江	3831.4	3823.8	50.6	0.6	255.4	3.0	-204.7	1.32	6.33
上海	2301.9	1418.5	897.7	10.5	25.0	0.3	872.7	39.00	1.75
江苏	7866.1	7496.3	737.9	8.6	305.9	3.6	432.0	9.38	4.11
浙江	5442.7	4733.2	1182.4	13.8	185.2	2.2	997.0	21.72	4.17
安徽	5950.0	6862.0	71.7	0.8	962.3	11.2	-890.5	1.21	14.07
福建	3689.4	3537.2	431.4	5.0	166.7	1.9	264.6	11.69	4.87
江西	4456.8	4713.4	60.0	0.7	578.7	6.7	-518.7	1.35	11.63
山东	9579.3	9547.9	211.6	2.5	309.6	3.6	-98.0	2.21	3.2
河南	9403.0	10428.1	59.2	0.7	862.6	10.0	-803.4	0.63	8.45
湖北	5723.8	6176.0	101.4	1.2	589.0	6.9	-487.6	1.77	9.48
湖南	6570.1	7078.1	72.5	0.8	722.9	8.4	-650.4	1.10	10.01
广东	10432.0	8502.5	2149.8	25.0	88.1	1.0	2061.7	20.61	1.05
广西	4602.4	5159.2	84.2	1.0	418.5	4.9	-334.3	1.83	8.48
海南	867.1	848.6	58.8	0.7	27.6	0.3	31.3	6.79	3.3
重庆	2884.6	3315.0	94.5	1.1	350.7	4.1	-256.2	3.28	11.17
四川	8041.8	8998.1	112.9	1.3	890.6	10.4	-777.7	1.4	10.1
贵州	3474.9	4160.0	76.3	0.9	404.9	4.7	-328.5	2.2	10.64
云南	4596.7	4563.1	123.7	1.4	148.2	1.7	-24.6	2.69	3.21
西藏	300.2	289.4	16.5	0.2	5.5	0.1	11.0	5.51	1.91
陕西	3732.7	3840.3	97.4	1.1	196.1	2.3	-98.6	2.61	5.12
甘肃	2557.5	2716.7	43.3	0.5	159.3	1.9	-116	1.69	5.96
青海	562.7	552.1	31.8	0.4	24.2	0.3	7.6	5.66	4.36

	常住人口/万人	户籍人口/万人	流入人口/万人	流入地分布/%	流出人口/万人	流出地分布/%	净流入人口/万人	常住人口流入率/%	户籍人口流出率/%
宁夏	630.1	632.3	36.8	0.4	22.6	0.3	14.3	5.85	3.67
新疆	2181.6	2025.6	179.2	2.1	29.7	0.3	149.4	8.21	1.46
总计	133 281.1	133 737.7	8587.7	100	8587.7	100	0	6.44	6.44

注：全国常住总人口未包括现役军人人数。本表数据转引自乔晓春、黄衍华（2013）。

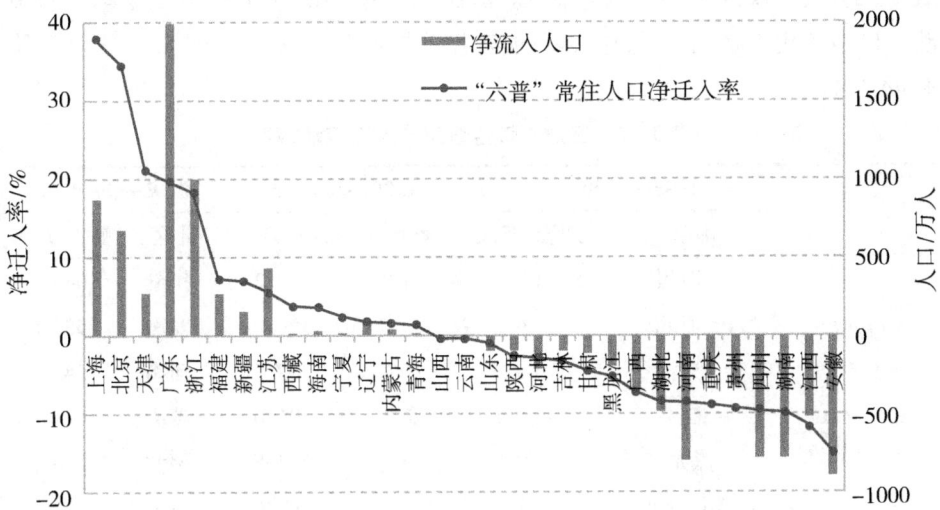

图3-5 "六普"时各省份净迁入人口及其常住人口净迁入率

（二）几次人口普查跨省流动人口的流量分析

此处根据"四普""五普"和"六普"三次普查调查表中的"5年前常住地为省内还是省外"这一项，分析1985—1990年、1995—2000年、2005—2010年3个时期按常住地址变动衡量的跨省人口流动的流量。表3-5展示了三次普查前的5年，跨省流出人口最多的5个省市及其流出人口规模，以及跨省流入人口最多的五个省市及其流入人口规模。其中，重庆市在1997年成为直辖市，为纵向比较，在1995—2000年、2005—2010年的分析中仍将四川与重庆合并，记为"川渝"。总的来看，20世纪80年代以来国内人口迁移流向自西向东未变，且迁入地越发集中。

从流入地来看，广东、上海、江苏、北京3个时期都位于人口流入最多的5个省市之列。浙江在1995—2000年以后代替山东成为人口流入最多的5

个省市之一，且跨省流入人口规模仅次于广东，位居第二。该五省市跨省人口流入量增加的同时，其占全国跨省流动人口中的比重也逐步上升，从32.8%上升到62.5%，再上升至65.1%。这说明跨省流动人口的目的地越发集中于这5个省市。从流出地来看，1985—1990年流出人口最多的省份分别是四川、河北、浙江、江苏和黑龙江，1995—2000年分别是川渝、湖南、江西、安徽和湖北，2005—2010年分别是川渝、安徽、河南、湖南和湖北。四川（川渝）一直是跨省人口流出最多的省份，安徽在2005—2010年跨省流出人口规模仅次于四川（川渝）。流出人口最多的5个省市在全国跨省流动人口中的比重经历了先升后降的变化，先从31.4%上升到52.9%后又降至44.3%。

表3-5　历次人口普查跨省人口流动情况

	1985—1990 年		1995—2000 年		2005—2010 年	
	地区	规模/万人	地区	规模/万人	地区	规模/万人
人口迁出最多5个省市及迁出人口数量	四川	131.6	川渝	610.2	川渝	683.2
	河北	64.6	湖南	358.8	安徽	552.6
	浙江	63.2	江西	309.0	河南	543.0
	江苏	62.1	安徽	301.6	湖南	459.2
	黑龙江	60.8	湖北	254.5	湖北	380.4
	前5位比重/%	31.4	—	52.9	—	44.3
人口迁入最多5个省市及迁入人口数量	广东	125.8	广东	1 217.6	广东	1389
	江苏	79.1	浙江	277.9	浙江	840.7
	北京	67.3	上海	225.2	上海	493.4
	上海	66.6	江苏	198.9	江苏	489.5
	山东	60.9	北京	195.1	北京	385.1
	前5位比重/%	32.8	—	62.5	—	65.1

注：本表数据转引自杜旻（2013）。

三、以长三角两省一市为例探讨人口迁移的特征及规律

（一）长三角地区人口流入的总体态势

长三角地区在我国经济社会发展的最前沿，经济起飞早、社会转型快、城市化水平高。经过江、浙、沪两省一市多年来的整合与发展，长三角地区

两省一市现已成为我国沿海规模最大、综合实力最强的经济区。与此同时，长三角地区的人口不断集聚，已成为我国仅次于珠三角地区的第二大人口迁移圈。"六普"时，长三角地区两省一市的常住人口合计 15 610.70 万人，户籍人口合计 13 647.98 万人，分别占全国总人口的 11.7% 和 10.2%，从江、浙、沪以外的省市流入长三角地区的流动人口总量为 2549.50 万人。

从流入长三角地区的人口来源地（户籍登记地）分布来看（表 3-6 和表 3-7），一方面，作为全国综合实力最强地区，长三角地区对全国各地都有辐射作用。流入人口的来源地十分广泛，遍及大陆所有省、直辖市和自治区。另一方面，受到空间距离上的邻近性、迁出地社会经济发展状况及其历史人口迁移传统等多种因素的影响，流入人口主要来自华东各省和人口流出大省。首先，分区域来看，从江、浙、沪以外省市流入长三角地区的人口最主要来自华东地区，达到 1128.27 万人，占流入人口总量的 44.26%，其次是西南地区（23.79%）和华中地区（23.19%），来自其他几个地区的相对较少。其二，分省市来看，距离江、浙、沪比较近的省份流入长三角地区的人口比较多，如安徽和江西二省，其中以距离较近，经济发展水平与江、浙、沪差距较大的安徽最多，且远高于其他省市，达到 746.21 万人，占总流入人口的 29.27%；距离江、浙、沪虽远但经济发展相对落后、具有人口迁出历史传统的人口大省流入长三角地区的人口也比较多，如河南、四川两省。

表 3-6　两省一市以外的省市流入长三角地区人数（分区域）

户籍登记地	人数/万人	比重/%
华北地区	44.60	1.75
东北地区	48.22	1.89
华东地区	1128.47	44.26
华中地区	591.16	23.19
华南地区	42.54	1.67
西南地区	606.40	23.79
西北地区	88.10	3.46
合计	2 549.50	100.00

注：华东地区包括山东、安徽、福建、江西，华南地区包括广东、广西、海南，华中地区包括湖北、湖南、河南，华北地区包括北京、天津、河北、山西、内蒙古，西北地区包括宁夏、新疆、青海、陕西、甘肃，西南地区包括四川、云南、贵州、西藏、重庆，东北地区包括辽宁、吉林、黑龙江。

表 3 - 7　两省一市以外的省市流入长三角地区人数（分省市）

户籍登记地	人数/万人	比重/%	排名	户籍登记地	人数/万人	比重/%	排名
安徽	746.2	29.3	1	黑龙江	22.3	0.9	15
河南	302.3	11.9	2	河北	19.4	0.8	16
四川	251.6	9.9	3	广东	17.1	0.7	17
江西	228.2	9.0	4	吉林	13.2	0.5	18
贵州	192.3	7.5	5	辽宁	12.8	0.5	19
湖北	170.7	6.7	6	山西	12.1	0.5	20
湖南	118.1	4.6	7	新疆维吾尔自治区	6.5	0.3	21
重庆市	99.9	3.9	8	内蒙古自治区	5.9	0.2	22
山东	97.5	3.8	9	北京市	4.5	0.2	23
云南	62.2	2.4	10	青海	3.3	0.1	24
福建	56.6	2.2	11	天津市	2.7	0.1	25
陕西	50.1	2.0	12	宁夏回族自治区	2.3	0.1	26
甘肃	25.9	1.0	13	海南	2.1	0.1	27
广西壮族自治区	23.4	0.9	14	西藏自治区	0.4	0.0	28

（二）江、浙、沪两省一市人口流动态势

2010 年"六普"资料显示，江、浙、沪两省一市的流入人口以省市外流入为主。江苏的流入人口总量达到 1368.2 万人，其中省外流入人口占 53.9%，高于省内流动人口的 46.1%。浙江的流入人口总量高于江苏，达到 1 527.4 万人，其中省外流入人口的比重高达 77.4%，远高于省内流动人口。可见，浙江对省外流入人口的吸引力度强于江苏。对于上海市而言，流动人口一般指的是外省市来沪人口，按照"六普"的口径，其总量达到 897.7 万人。

表 3 - 8 展示了长三角区域内江、浙、沪两省一市之间的人口流动情况。从中可以看出，其一，江、浙、沪两省一市之间的人口流动以江苏至上海、浙江至上海为主要方向，其中以江苏至上海的流动为最主要，户籍登记地在江苏、现居住地在上海的人口总量达到 150.4 万人，占外省市来沪人口总量的 16.7%，高于从浙江流入上海的人口总量（45.1 万人）。其二，江苏和浙江两省之间的人口流动相对也比较频繁，户籍登记地在江苏、现居住地在浙江的人口总量为 34.2 万人，户籍登记地在浙江、现居住地在江苏的人口总

量为 26.9 万人。其三，从上海流入江苏和浙江的人口数量相对较少，户籍登记地在上海、现居住地在江苏和浙江的人口总量分别为 8.3 万和 3.9 万人。因此，就两省一市间的人口流动而言，上海是长三角区域内的强吸引中心。

表 3-8 江、浙、沪两省一市流入人口的来源构成情况

| 现居住地 | 户籍登记地 | | | | | | | | 合计 |
| | 上海 | | 江苏 | | 浙江 | | 两省一市以外省市 | | |
	规模/万人	比重/%	规模/万人	比重/%	规模/万人	比重/%	规模/万人	比重/%	
上海	—	—	150.4	16.7	45.1	5.0	702.3	78.2	897.7
江苏	8.3	1.1	—	—	26.9	3.6	702.8	95.2	737.9
浙江	3.9	0.3	34.2	2.9	—	—	1144.4	96.8	1182.4

四、人口迁移具有年龄选择性，劳动力是迁移的主体

人口迁移的一般规律还显示，迁移行为的发生并非均衡地分布于人的整个生命周期，而是具有明显的年龄选择性，通常青壮年时期的迁移率较高（Ravenstein，1885；Rogers，1984）。我国国内人口迁移亦遵循这一规律性，劳动力是迁移人口的主体。2005 年 1% 人口抽样调查数据显示，我国流动人口中 0~14 周岁少年儿童人口占 12.45%，15~64 周岁劳动年龄人口占 84.03%，65 周岁及以上老年人口占 3.52%，平均年龄为 30.36 岁，年龄中位数为 29 岁（段成荣 等，2008）。图 3-6 展示的是"五普"和"六普"全国总人口及流动人口的年龄结构分布图，从中可以看出，两次普查时流动人口的年龄结构均比总人口要年轻，流动人口主要是年龄在 20~49 岁的中青年劳动力。"六普"时，全国 20~29 岁流动人口占流动人口总量的 27.7%，其次是 30~39 岁的流动人口，占比为 21.3%，再次是 40~49 岁的流动人口，占比为 16.0%。20~49 岁青壮年流动人口占全部流动人口的 65.0%。国家卫生计生委发布的《中国流动人口发展报告 2016》中指出 2015 年流动人口的平均年龄为 29.3 岁。

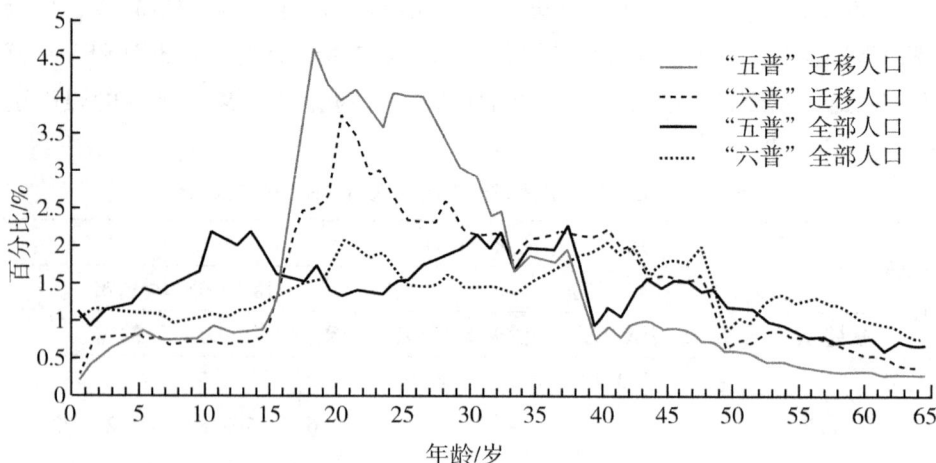

图 3 – 6 "五普"和"六普"全国总人口与流动人口年龄结构

图转引自：钟水映、赵雨、任静儒（2015）。

五、人口迁移以经济动机为主

流动原因可以分为经济型原因和社会型原因，其中，经济型原因包括工作调动、分配录用、务工经商、学习培训等；社会型原因是指因婚姻迁入、随迁家属、投亲靠友和退休退职等。据此可以将流动人口分为经济型流动人口和社会型流动人口两类。我国最初的流动人口以社会型流动人口为主体，但是，1990 年之后，经济型流动人口的比重逐渐上升，并且占绝对地位。"四普"数据表明，1990 年，务工经商者占全部流动人口的比例迅速提高至50.16%，经济型流动人口占 60.2%（段成荣 等，2008）。"六普"数据显示，务工经商是人们选择迁移流动的最主要原因，45.1% 的流动人口为了务工经商而选择迁移，因学习培训、工作调动原因而流动的分别占 11.4%、3.9%，三者合计构成经济型原因，占比为 60.4%。与"五普"时相比，因务工经商而流动的人口比重增加了 14.4%，这说明务工经商作为导致人口流动的首要因素作用更加突出。

人口迁移的推力拉力理论认为，迁移行为发生的原因是迁出地与迁入地的推力（或称排斥力）和拉力（或称吸引力）共同作用的结果。无论是莱文斯坦基于英国和欧洲二十国的研究（Ravenstein，1885），还是中国国内目前正在经历的大规模人口迁移，均显示人口迁移以经济动机为主，人们为改善生活条件而进行的迁移占全部迁移的绝大多数。地区间经济发展水平的差距是中国国内客观存在的事实，是引发大规模的以劳动力为主体的人口迁移的动因。

此处以全国 31 个省市为总体单位，来分析经济发展程度、居民收入水平与人口迁入迁出的相关关系。图 3 – 7 的 4 张散点图及拟合线分析了经济发展程度/居民收入水平与迁入率/迁出率的关系，经济发展程度用各省人均GDP 加以衡量，居民收入水平分别用城镇居民人均可支配收入和农村居民人均纯收入，均是 2010 年度的数据。其中，左上图反映的是城镇居民人均可支配收入与常住人口迁入率之间的关系，可见呈明显正相关关系，城镇居民人均可支配收入越高，常住人口迁入率越高。显著性检验结果显示 P 值为0.000，表明结果统计学意义是显著地，拟合优度 R^2 达到 0.83，说明城镇居民人均可支配收入对常住人口迁入率的解释力度很高。这表明，一个地区的收入水平越高，越具有吸引力，该地区人口迁入率越高。

右上图反映的是农村居民人均纯收入与户籍人口迁出率之间的关系，可见呈负相关关系，农村居民人均纯收入越低，人口迁出率越高。不过，拟合优度 R^2 仅为 0.13，说明导致人口外流的因素，除了农村居民人均纯收入以外，还有很多其他因素，显著性检验的结果 P 值为 0.043，若以 0.05 的水平为界，则刚刚通过显著性检验。左下图反映的是人均 GDP 与常住人口迁入率之间的关系，可见呈明显正相关关系，人均 GDP 越高，常住人口迁入率越高，拟合优度 R^2 达到 0.75，说明人均 GDP 对常住人口迁入率的解释力度很高。右下图反映的是人均 GDP 与户籍人口迁出率之间的关系，可见呈负相关关系，人均 GDP 越低，户籍人口迁出率越高，拟合优度 R^2 达到 0.24，比农村居民人均纯收入对户籍人口迁出率的解释力度要高一些。

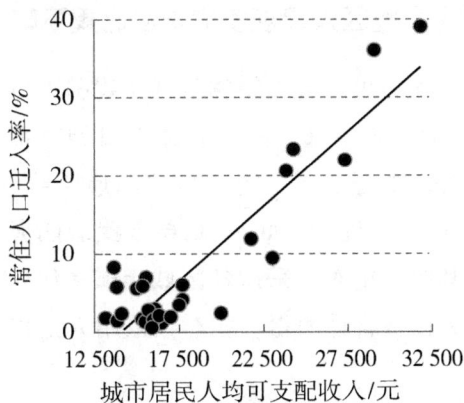

a

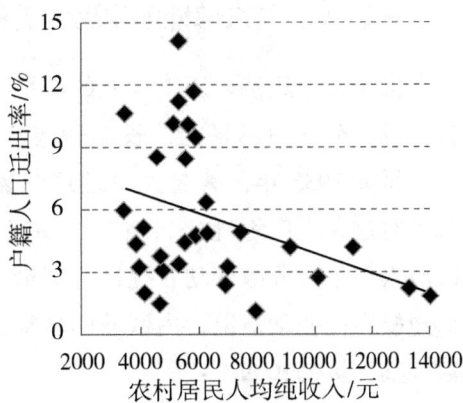

b

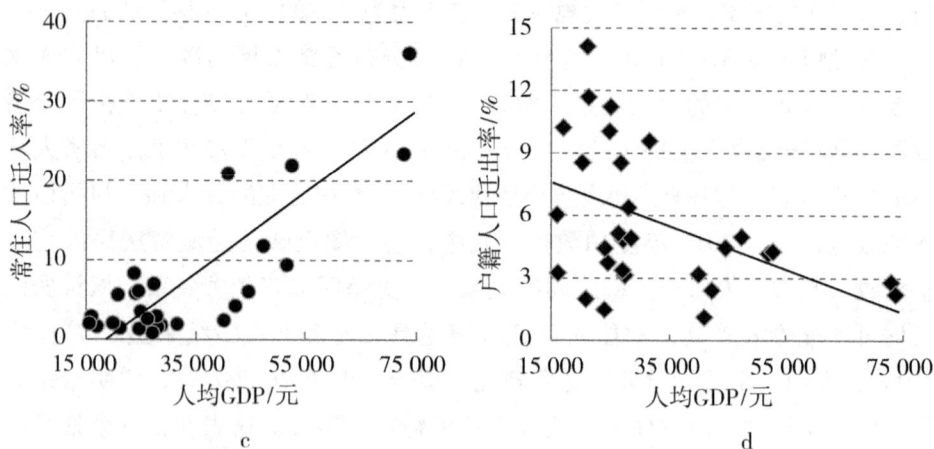

图 3-7 经济发展程度/居民收入水平与迁入率/迁出率的关系分析

第三节 跨省人口迁移对省域人口和劳动力规模的重塑

区域经济发展程度的巨大差距形成的吸引力和排斥力，是导致国内人口大规模迁移的主要原因。大规模的人口（主要是劳动力）从一个省份迁移到另一个省份，势必会打破原有的人口格局，重塑各人口规模。本节从省级层面上分析跨省人口迁移对省际人口和劳动力规模变动的影响。

一、人口向东部地区集聚，其他 3 个地区人口规模增长但比重下降

由于各地经济、历史发展的不平衡性和地理环境的特殊限制，我国人口自古以来分布很不平衡，长期偏集于国土的东南部，而西北部人口相对稀少。早在 1935 年，著名人口地理学家胡焕庸先生提出的著名"胡焕庸线"就是对这种人口地理分布格局的高度概括。此处对 1982—2016 年我国四大区域人口集聚分散变动状况进行测量。其中，绝对数采用各区域年末常住人口规模纵向变动情况，由区域内各常住人口数合计而得；相对数采用 $R_{pop_{it}}$ 指数，其计算公式如下：

$$R_{pop_{it}} = \frac{pop_{it}}{POP_t} \times 100\% \qquad (3-5)$$

$R_{pop_{it}}$ 指数即区域常住人口数占全国人口数的比重，其中，$R_{pop_{it}}$ 为 i 区域/省份 t 年度的年末常住人口数，POP_t 表示相应 t 年度的全国人口数。

过去 30 多年，中国人口分布东密西疏的态势基本未变。1982—2016 年，东部地区人口规模总量不断上升，从 1982 年的 34 086 万人上升至 2016 年的 52 951 万人，扩大了 1.55 倍；东部地区人口规模占全国总人口的比重也在逐步升高，从 34% 上升至 38.4%，提高了 4.4 的百分点。中部和西部的人口总量及其增长趋势在过去 30 多年极其相似，均从 1982 年的略低于 2.9 亿人上升至 2016 年的 3.7 亿人左右，均扩大了近 1.3 倍，且 2000 年以后的增速要慢于 2000 年以前；中、西部地区人口规模占全国总人口的比重均略有下降，中部从 28.3% 下降至 26.6%，西部从 28.7% 下降至 27.1%。东北地区的人口规模在过去 30 多年增长缓慢，仅从 1982 年的 9095 万人增长到 2016 年的 10 910 万人，扩大了 1.2 倍；东北地区人口规模占全国人口的比重从 9.1% 下降至 7.9%，下降了 1.2 个百分点（图 3−8 和图 3−9）。

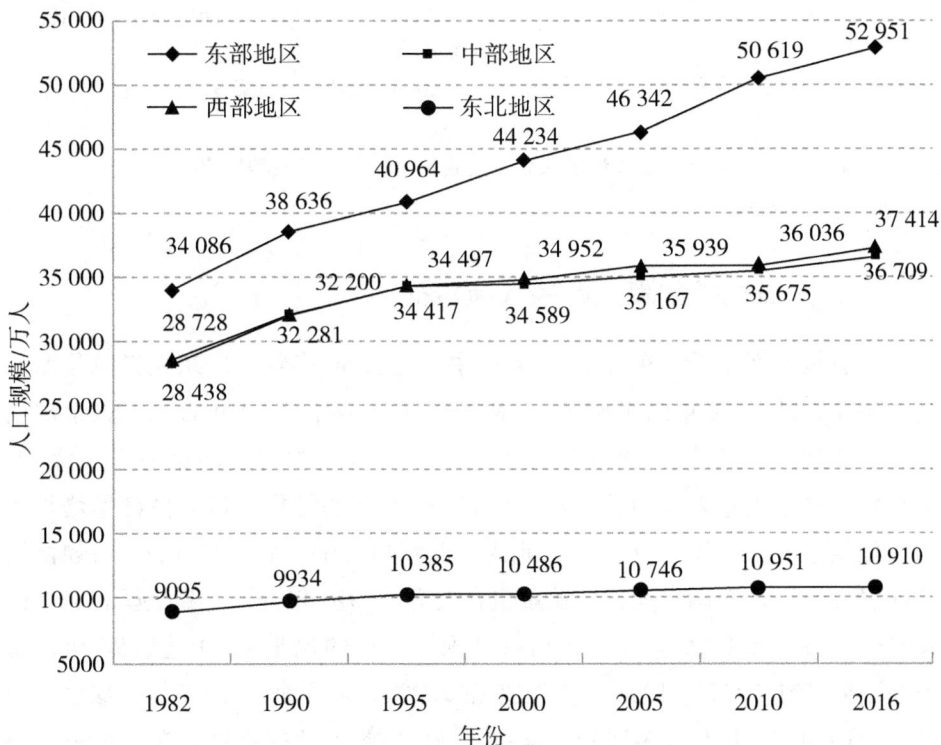

图 3−8　四大地区常住人口规模（1982—2014 年）

注：四大区域常住人口规模由相应年份区域内各市常住人口数量相加而得。

年份	东部地区	中部地区	西部地区	东北地区
2016	38.4	26.6	27.1	7.9
2010	38.0	26.8	27.0	8.2
2005	36.1	27.4	28.0	8.4
2000	35.6	27.8	28.1	8.4
1995	34.1	28.6	28.7	8.6
1900	34.2	28.6	28.5	8.8
1982	34.0	28.3	28.7	9.1

人口比重/%

□ 东部地区　□ 中部地区　▨ 西部地区　■ 东北地区

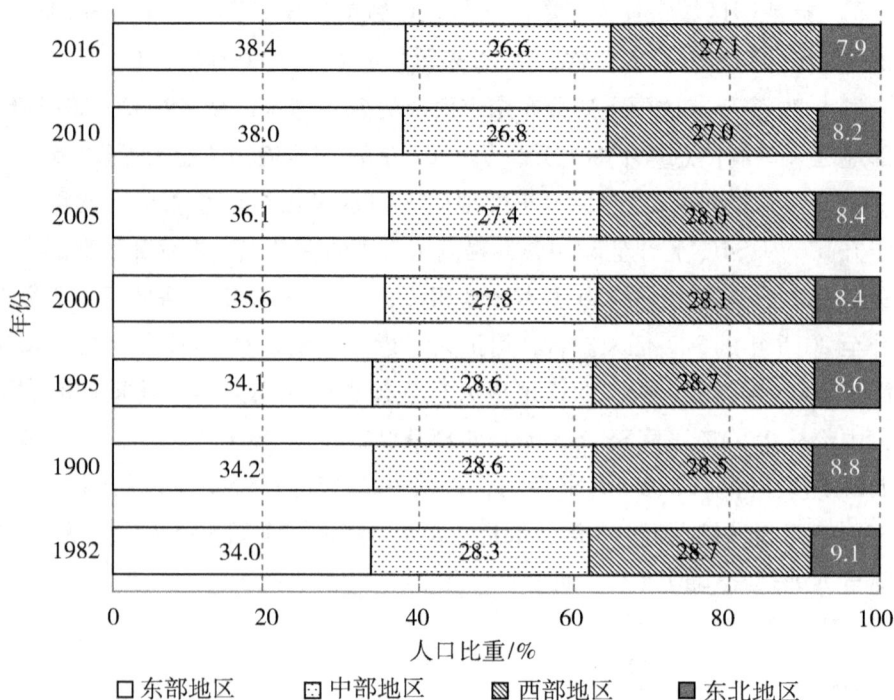

图 3 - 9　四大地区人口比重变化情况（1982—2014 年）

数据来源：同图 3 - 8。

二、人口规模集聚疏散的省际特征

从省级层面来看，东部 10 个省市中，过去 30 多年，广东人口总量增长速度最快，从 1982 年的 5363 万人增长至 2016 年的 10 999 万人，人口规模扩大了 2 倍。2010 年"六普"数据显示，广东已成为我国第一人口大省，人口规模占全国总人口的近 8%。东部其他九市的常住人口规模都呈增长态势，但增速不一。2005 年以后，北京、上海和天津 3 个直辖市的人口规模增速明显加快，占全国总人口的比重也在上升，2016 年分别占到全国总人口的 1.6%、1.8% 和 1.1%。山东人口占全国总人口的比重在 20 世纪 90 年代初有所下降，在 1995 年以后一直维持在 7.2% 左右的水平，江苏、福建、河北、海南四省人口比重变动幅度微小。浙江的情况比较特别，在 1982—1995年，该人口占全国人口总量的比重有所下降，1995 年之后开始逐步上升，这与浙江的经济发展模式变化及经济增长速度较快密切相关。

中部地区六省的人口规模30多年均有所增长，但是增长幅度均不大，其中安徽、江西在2000年前后，经历了人口小幅下降的过程，湖南和湖北在2005年左右也经历了一个微小的下降。从占全国总人口的比重来看，山西和江西的人口比重基本未变，河南、安徽、湖南、湖北均有所下降。其中，河南从20世纪90年代后期最高点的7.6%已下降至2016年的6.9%，下降了0.7个百分点；安徽1995年以前大致在5%，1995年以后开始下降，至2016年已降到4.5%；湖北2000年之前一直维持在4.8%，此后开始下降，2016年降至4.3%；湖南在1995—2005年，下降得比较快，从5.3%下降至4.9%。

西部11个省中，包含重庆市在内的四川，无疑是西部人口规模最大的，其人口规模绝对数经历了1982—1995年的增长、1995—2010年的下降、2010年以后的微幅上升；占全国总人口的比重则是一路下滑，从1982年的9.9%下降至2010年的8.2%，下降了1.7个百分点。其余十省无论是人口规模绝对数还是占全国人口的比重变化幅度均不是很大。东北三省常住人口规模排序依次是辽宁、黑龙江、吉林，这3个省在过去30多年常住人口规模均有所增加，但占全国总人口的比重均处于不断下降的趋势之中，辽宁从3.6%下降至3.2%，黑龙江从3.3%下降至2.8%，吉林从2.2%下降至2.0%（附表1和附表2）。

三、人口迁移对各人口总量变动影响分析

上述对东部、中部、西部和东北四大区域及区域内各市的人口规模和占全国人口份额的分析充分显示出了，大规模和高强度的跨省人口迁移改变了各省人口规模，甚至重塑了省际人口空间分布格局。2010年"六普"数据显示，如果以常住人口为统计口径，中国人口规模最大的省是广东，人口总量为1.04亿，排第2位的是山东，第3位是河南。但如果按照户籍人口口径，人口第一大省是河南，户籍人口总量为1.04亿，第二大省为山东，第三大省为四川，广东只能排第4，户籍人口总量为0.85亿。河南在2000年"五普"时是全国人口第一大省，"六普"时已将这一桂冠让位于广东。

图3-10展示的是全国31个省市2000—2014年年均人口自然增长数和年均迁移增长数。从中可以明确看出，黑龙江、安徽、江西、河南、湖北、湖南、广西、四川、贵州、云南、陕西、甘肃和青海13个省（自治区）的人口年均迁移增长数为负，这些省份基本上属于人口净疏散区，多位于中、

西部和东北地区；其余 18 个省的人口年均迁移增长数为正，这些省份基本上属于人口集聚区，多位于东部地区。

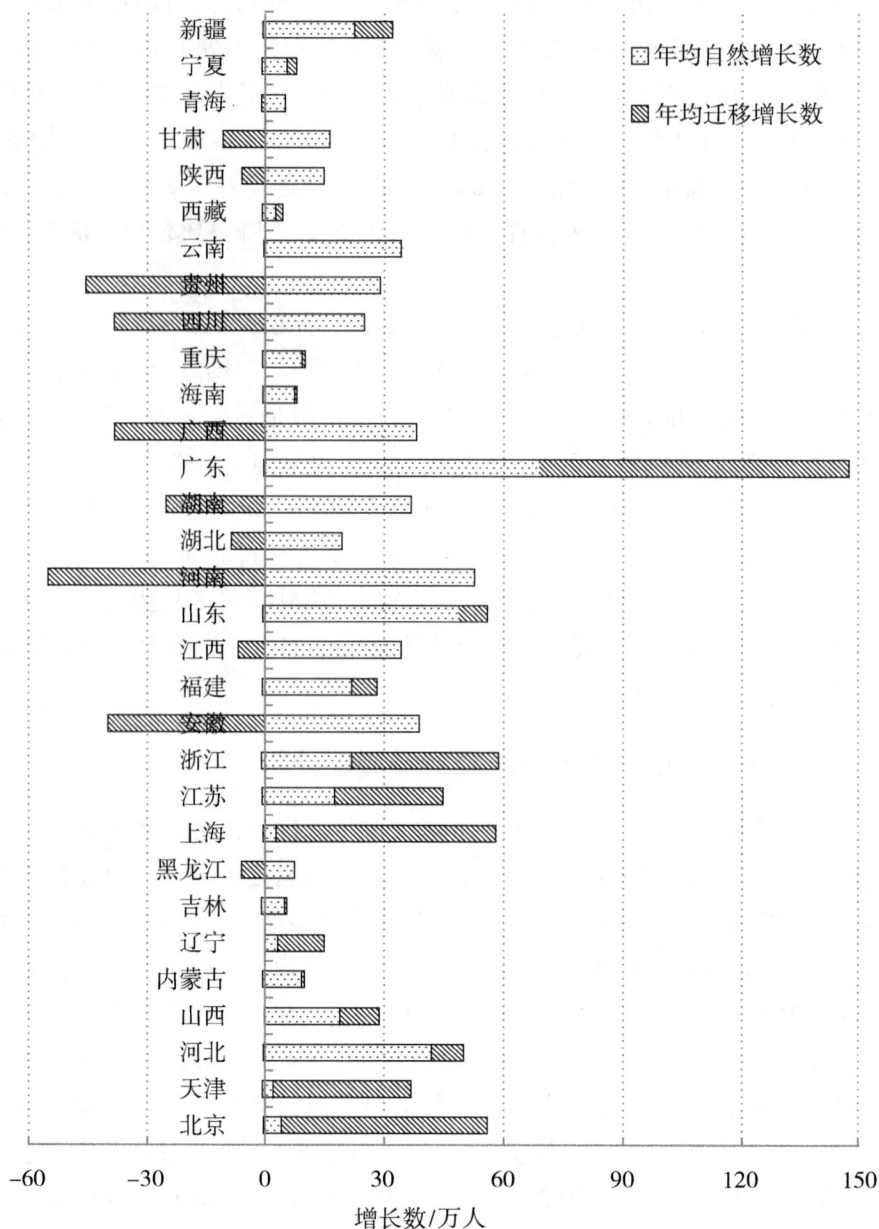

图 3-10　31 个省市人口年均自然增长数和年均迁移增长数

　　图3-11和图3-12分别展示了2000—2014年全国31个省市的人口迁移增长和人口自然增长与人口增长总量的相关关系。其中，年均人口增长量是历年人口增长量的均值，年均人口自然增长量是历年人口自然增长量的均值，人口迁移增长量则用人口增长量减去自然增长量之后再求均值。显然，人口自然增长和人口迁移增长与人口总增长都是正向关系。不过，迁移增长变动对总人口增长变动的作用明显强于自然增长变动。这可以通过图3-11的拟合线的斜率明显比图3-12的陡峭，非常直观明显地看出来，也可以通过两条拟合线的方程的判定系数 r^2 的大小进行直接比较，人口迁移增长变动对总人口增长变动的解释力度高达71.04%，而人口自然增长变动对总人口增长变动的解释力度仅为14.47%。

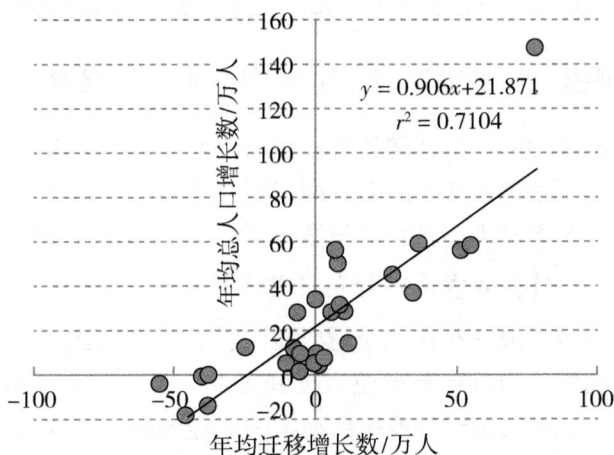

图3-11　31个省市迁移增长数与总人口增长数的关系

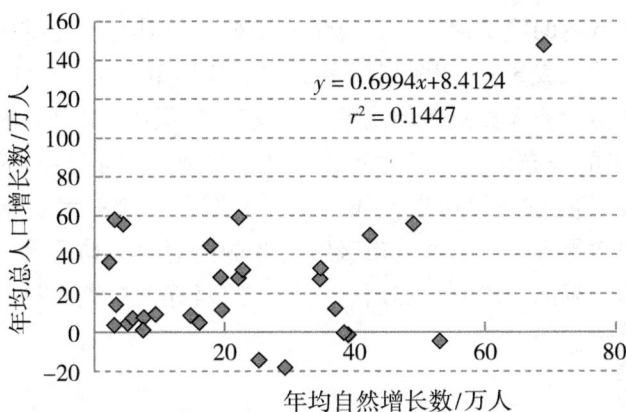

图3-12　31个省市自然增长数与总人口增长数的关系

从全国层面来看，由于出生率和死亡率均已降低到相当低的水平，当前我国人口总量已进入低速增长的新常态，甚至不久的将来就会迎来人口负增长。但是，从各省市层面来看，由于国内大规模的人口迁移流动，打破了原有的人口格局，迁移增长（减少）已经代替自然增长（减少）成为各省市总人口增长（减少）的主导因素。可以预期，在中国国内快速城市化过程中，在区域之间经济发展程度的巨大差距尚未显著缩小的情势下，人们仍然会继续"用脚投票"，大规模的、广泛的人口迁移流动还将继续。经济发展程度高的省市多是人口净迁入区，经济欠发达的省市多是人口净迁出区。因此，可以预判，在全国"东强西弱"的基本经济格局没有发生根本性改变的情势下，由于经济集聚效应的存在，人口会继续向经济发达区域集聚，而经济欠发达区域的人口总量势必会从"相对减少"进一步演化为"绝对减少"。

四、大规模人口迁移改变了劳动力资源空间配置

当前，中国国内的人口迁移具有较强的年龄选择性，劳动力是迁移的主力军，迁移的主要目的是务工经商，即找到合适的就业岗位。因而，跨省人口迁移对各省市的劳动力资源总量与结构等将产生巨大的影响。

（一）就业人员在各省市的分布及其增长变动情况

经济活动人口一般是指在 16 周岁及以上[①]，有劳动能力，参加或要求参加社会经济活动的人口，包括就业人员和失业人员。就业人员指在 16 周岁及以上，从事一定社会劳动并取得劳动报酬或经营收入的人员。这一指标反映了一定时期内全部劳动力资源的实际利用情况，是研究就业状况、经济发展的重要指标。一个区域的就业状况不仅与其经济发展水平、产业结构密切相关，也与区域内的经济活动人口总量、结构，及其与产业结构、就业岗位的匹配程度相关。表 3-9 前两列展示了"五普"和"六普"时各省市就业人员数量占全国就业人员总量的比重，即反映了两次人口普查时全国就业人员在 31 个省市的分布情况。从中可以看出，就业人员存在向部分省市集中的趋势，主要是向东部发达市，如北京、上海、天津三大直辖市，以及浙江、广东、福建等省份。这些省市吸纳就业的能力强，均是人口迁入主要的目的地。安徽、湖南、湖北、四川、贵州、广西等人口流出省份的就业人员占比呈下降趋势。

---

① "六普"长表数据第四卷就业部分数据为 16 岁及以上人口数据，其余部分涉及有关就业方面的数据均为 15 岁及以上人口数据。

表3-9　"五普"和"六普"时各省市就业人员分布及其构成

省市	2000年就业人员占全国比重/%	2010年就业人员占全国比重/%	2000年外来就业人员占该省市就业人员比重/%	2010年外来就业人员占该省市就业人员比重/%
北京	1.0	1.4	18.1	45.9
天津	0.7	0.8	6.5	23.9
河北	5.7	5.6	1.3	1.9
山西	2.4	2.4	1.5	2.8
内蒙古	1.9	1.8	1.7	6.3
辽宁	3.3	3.3	2.1	4.5
吉林	2.0	2.0	0.9	1.5
黑龙江	2.5	2.6	0.9	1.2
上海	1.2	1.7	19.2	52.6
江苏	6.3	6.3	3.6	12.0
浙江	3.9	4.6	9.2	30.1
安徽	4.8	4.0	0.8	1.4
福建	2.5	2.7	7.1	15.4
江西	2.8	3.1	0.9	1.1
山东	8.1	8.0	1.1	2.1
河南	8.0	7.0	0.6	0.6
湖北	4.3	4.2	1.0	1.6
湖南	4.9	4.7	0.6	0.9
广东	6.6	7.7	23.5	32.0
广西	3.6	3.4	0.9	1.9
海南	0.6	0.6	4.3	7.2
重庆	2.4	1.9	1.8	3.7
四川	6.8	6.6	0.9	1.3
贵州	2.8	2.3	1.0	2.8
云南	3.7	3.7	2.2	2.7
西藏	0.2	0.2	4.2	8.3
陕西	2.8	2.8	1.1	2.5
甘肃	2.1	2.0	0.8	1.7
青海	0.4	0.4	2.0	6.7
宁夏	0.4	0.5	2.8	6.9
新疆	1.5	1.6	7.6	9.5

图 3-13 描述了两次人口普查期间各省市就业人员的增长变动情况。从中明显可以看出，主要的人口迁入省市的就业人员增长率较高，例如，上海市在 21 世纪的第一个 10 年，就业人员增长率达到 54.2%，是全国所有省份中最高的，北京、浙江、广东等省市亦是紧随其后。而中、西部人口流失大省的就业人员增长率明显偏低，甚至河南、安徽、贵州、重庆等几个省市的就业人员已呈现负增长。

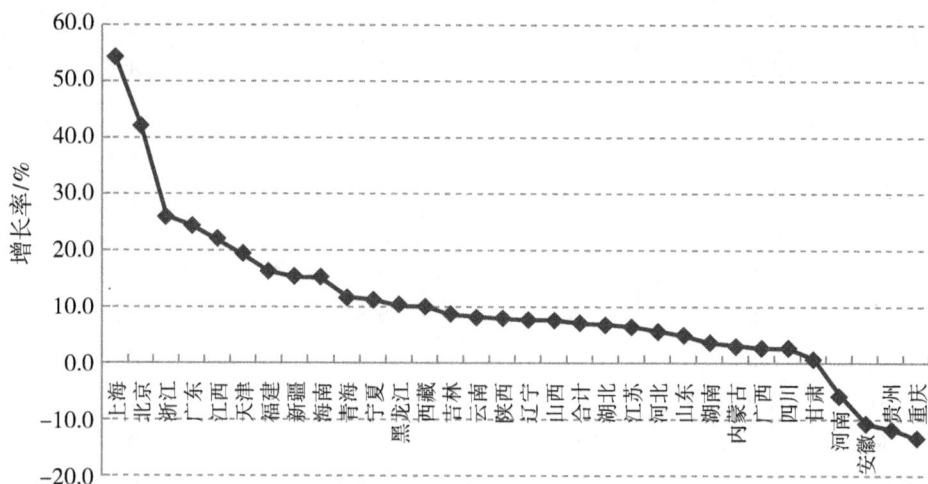

图 3-13　"五普"至"六普"期间各省市就业人员增长率

（二）各省市就业人员中外来就业人员的比重及构成

大规模劳动力跨省迁移使得部分省份的劳动力市场得到充实，而部分省份的劳动力增长缓慢，甚至绝对数量有所减少。从各省市就业人员中户籍登记地在外省的人员的构成情况，可以非常清晰地看出外来就业人员对各省市就业市场的影响（表 3-9）。首先，2000—2010 年的 10 年，我国跨省就业的情况越发多见，31 个省市的就业人员中外来就业人员的比重均有不同程度的提高。其二，外来就业人员比重较高的省市主要是几大典型的人口净迁入省市。表 3-9 中数据显示，北京、天津、上海、江苏、浙江、福建、广东等几省市的外来就业人员比重，在 2000—2010 年均有较大幅度的提升，2010 年均超过了 10% 以上。其中，上海的外来就业人员的比重甚至超过了一半，达到 52.6%；北京也高达其就业人员总量的 45.9%，广东和浙江也均占到三成以上。这充分说明了，外来劳动力对这些人口净迁入省市就业市场的大量补充。其三，其余省市中外来就业人员的比重相对较低，河北、吉林、黑龙江、安徽、江西、河南、湖南、湖北、广西、四川、甘肃等省（自治区）"六普"时外来就业人员的比重均在2%以下。这些省份多属于经济欠发达省份，产业结构中第一产业和第二产业的占比较高，第三产业比重相对较低，就业岗位和机会相对较少，吸引外来人员就业的能力较差。

（三）大规模人口迁移对省际就业人员空间格局的影响

以上分析均显示，各省市就业人员的增长变动情况与人口迁入迁出密切相关。此处进一步分析二者之间的相关关系，并构建人口迁移对各省市就业人员增长变动影响的一元回归方程。图3－14反映的是31个省市的人口净迁入与其就业人员增长率之间的关系。其中，就业人员增长率指的是"五普"与"六普"两次人口普查之间各省市15～64岁就业人口数增长率；年均净迁移率用2000—2010年各省市历年常住人口增长率减去自然增长率再求均值计算得到。

从中可以看出，年均人口净迁入率与就业人员增长率之间呈正向相关关系。以年均净迁移率为解释变量、就业人员增长率为被解释变量构建的一元回归方程结果如图3－14所示。方程的回归系数为10.685，也说明人口净迁移率对劳动力资源增长率具有正向影响；方程的拟合优度 R^2 为0.757，说明年均人口净迁移率对各省市就业人员增长率变动具有较好的解释力度。这充分说明，人口的大规模迁移流动改变了就业人员的空间分布格局，人口净迁

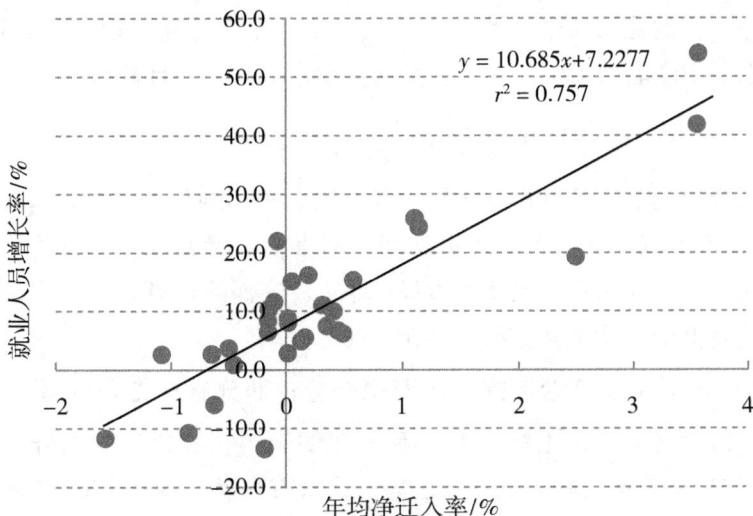

$$y = 10.685x + 7.2277$$
$$r^2 = 0.757$$

图3－14　人口迁移对各省市就业人员增长变动的影响

入率越高的省市，就业人员增长率也越高，人口净流失率越高的省市，就业人员增长率越低，甚至为负。

第四节　跨省人口迁移对省域人口老龄化程度变动的影响

从全国层面来说，中国于 2000 年完成了从成年型人口向老年型人口的转变，跨入老龄化社会，但是从省级层面来看，不同省市跨入老龄化社会的时间并不一致。对一个开放的区域而言，人口的出生、死亡、迁移三大变动过程都必将作用于人口结构，不断塑造和改变人口结构。人口流动和迁移具有选择性，一般而言，劳动年龄人口更容易发生迁移和流动。这对于迁入（流入）地而言，有助于缓解人口老龄化的压力，而对于迁出（流出）地而言，则会加剧人口老龄化的趋势。本节分析跨省人口迁移对省际人口老龄化程度变动的影响。

一、人口老龄化水平变动的省际特征

附表 3 展示了 1990—2014 年的 20 多年，我国分区域、各省市人口老年抚养比的变化情况。老年人口抚养比是从经济角度反映人口老化社会后果的指标之一，指的是人口中非劳动年龄人口中老年部分对劳动年龄人口之比，用以表明每 100 名劳动年龄人口要负担多少名老年人，计算公式为：

$$ODR = \frac{POP（age65 +）}{POP（age15 \sim 64）} \times 100 \qquad (3-6)$$

需要指出的是，笔者计算老年抚养比时，采用的仍是常住人口口径；同时，采用 65 岁以上老年人口数除以 15～64 岁劳动年龄人口数计算老年抚养比。事实上，在我国目前退休年龄设计下[1]，这样的计算方法得出的老年人口抚养比要低于实际意义上的老年抚养比。

（一）东部十省市老年抚养比变化态势：部分省份先升后降

就东部地区而言，上海、北京和浙江的老年抚养比呈先上升后下降趋势，上海自 1995 年左右呈现下降趋势，北京市和浙江省自 2005 年左右开始

---

① 根据人社部的数据，我国是目前世界上退休年龄最早的国家，平均不到 55 岁。

呈现下降趋势。广东的老年抚养比一直处于波动状态，但总体趋势是20多年几乎没有增减，大致在9.0左右的水平，2000年和2010年广东的老年抚养比均为8.9，从2000年以后广东就是东部十省市中老年抚养比最低的。天津、福建和海南也有一些波动，但是总体呈上升态势。江苏、山东和河北的老年抚养比呈现持续上升趋势，且2010年江苏的老年抚养比是东部十省市中最高的，达到14.3。东部地区人口年龄结构的这种复杂变动局面与上述分析的人口流入密切相关。人口迁移以劳动年龄人口为主，流入的劳动年龄人口规模越大，越可以抵消本原户籍人口的老龄化趋势。因此，诸如北京、上海、浙江等省市的老年抚养比降低了；反之，流出的劳动年龄人口规模越大，则越会加重人口老龄化程度，如河北。

（二）中、西部省份老年抚养比变化态势：总体呈上升态势

1990年，除了河南的老年抚养比略高（为9.0）以外，其余五省的老年抚养比基本相当，都处于8.1～8.4的水平，此后的20多年，中部地区的6个省份的老年抚养比都呈现上升趋势。其中，尤以安徽和湖南上升的快，安徽2010年老年抚养比达到14.2，湖南为13.5，是中部六省中最高的两个省。这除了与生育、死亡水平相关，自然也与中部地区的劳动年龄人口流出密切相关。

1990年，西部地区11省的老年抚养比已存在一些差距，大致来看，西北区域低于西南区域。此后20多年，除了西藏以外的各省老年抚养比都在提高，提高的幅度有别，因此，到了2013年各省之间的老年抚养比差距变大。20多年，提高幅度最大的是四川（含重庆市在内），从1990年的8.0提高至2013年的18.2，上升了10.2，尤其是2000年以后提高速度非常快，四川在2000年以后一直是西部地区老年抚养比最高的省。西藏在过去20多年，老年抚养比有小幅波动，几乎没有增减，1990年为7.7，2000年为7.4，2010年为7.2。新疆的老年抚养比在2005年之前经历了提升的过程，2005年达到9.3，此后有所下降，2010年为8.9，2013年为8.8。西藏和新疆的老年抚养比变化过程显示的特征，除了与这两个自治区的生育水平相对较高有关以外，也与其是人口净流入区域相关。2010年，广西和贵州的老年抚养比分别为13.4和13.2，仅次于四川，分别排在西部所有省市的第2位和第3位，很大程度上是因为这两个省的劳动年龄人口迁出规模大。

（三）东北三省老年抚养比变化态势：呈持续上升态势

东北三省的人口老龄化程度无一例外地不断加深。辽宁的老年抚养比从

1990 年的 8.0 上升至 2013 年的 12.9，吉林从 6.5 提高至 12.3，黑龙江从 5.4 提高至 11.3。东北三省的人口危机、人口老龄化问题已经引起广泛的关注和讨论。首先，这是东北三省的超低生育率的必然结果。按照"六普"数据，黑龙江总和生育率 1.03，吉林 1.03，辽宁 1.0，远低于全国 1.5%，比江苏、浙江等经济更发达地区都低，仅高于北京、上海等极少城市，甚至比基本同纬度的韩国和日本要低（2013 年韩国女性的总和生育率为 1.19，日本为 1.34）。另一方面，劳动年龄人口的大量流出也是加快东北三省老龄化步伐的主要因素。

二、年龄选择性人口迁移对各老龄化程度变动影响分析

图 3 – 15 反映的是 31 个省市的人口净迁入率与其人口老龄化水平的变化程度的关系。其中，人口老化水平的变化程度用"六普"时各省市 65 岁以上人口数占总人口的比重减去"五普"各省市 65 岁以上人口数占总人口的比重。年均人口净迁入率用 2000—2010 年各省市历年常住人口增长率减去自然增长率再求均值计算得到。从中可以看出，年均人口净迁入率与人口老龄化水平的提高程度呈反向关系，即各省人口净迁入率提高（或下降）缓解（促进）人口老龄化程度。正是由于劳动力大规模的外迁，中部、西部、东北的各省老年抚养比在过去 20 多年呈现上升趋势，相应的由于中青年人口的净迁入，东部地区则呈现比较复杂的局面——有升、有降，广东、上海、北京、浙江、福建等省市的人口老年抚养比在 2005 年以后呈现下降趋势。

大规模的年龄选择性人口迁移使得我国的人口老龄化空间分布格局已经发生了本质改变，重塑了各省人口年龄构成，打破了原有的认识，且这种变化趋势还在继续。在 2000 年以前，中国人口老龄化的空间格局可以概括为："总体上，中国各地区老龄化程度与经济发展水平具有一致性，自西向东呈阶梯上升，但地区间差距较大"（邬沧萍 等，2004）；但是在 2000 年以后，尤其是 2005 年以后中国人口老龄化的空间分布情况发生了本质性的变化，具体表现为，"经济发达地区老龄化程度不一定高，而经济欠发达地区老龄化程度也不一定低"（钟水映 等，2015）。我国经济发展"东强西弱"的基本经济格局未变，各地区的相对经济地位并未发生显著改变。可以预测，这将导致我国欠发达地区普遍的"相对老龄化"，甚至绝对老龄化，即欠发达地区比发达地区人口老龄化程度越来越深（钟水映 等，2015）。

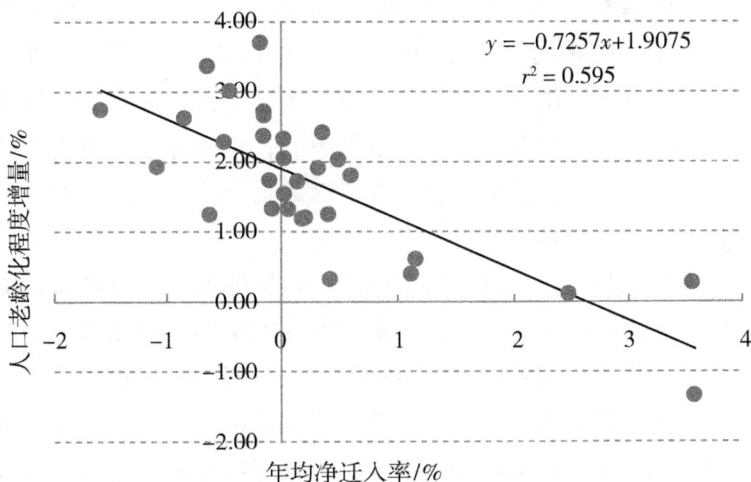

$$y = -0.7257x + 1.9075$$
$$r^2 = 0.595$$

图3-15　人口迁移对人口老龄化的影响

人口快速并大规模地向东部少数地区集聚的现象，本质上体现的是地区间资源配置失衡，经济发展、收入水平、就业机会的差距。同时，也使由于低生育率必将带来的老龄化问题，在经济发达地区得到缓解，而在经济欠发达地区比预期的要提前到来。对于劳动力大规模输出区域而言，由于年轻人口的迁出，不仅导致人口总量"相对减少"，甚至是在可预期的未来出现"绝对减少"，而且加快了其人口老龄化程度速度，使其呈现"相对老龄化"，甚至绝对老龄化的状况。同时，随着这些区域人口老龄化程度的加深和年轻人口的绝对减少，势必会导致人口世代更替难以实现，人口总量会进一步加速减少，甚至在某些区域由于老年人口的陆续死亡，会出现整片区域的消失。在后续章节中，笔者将从全国地级市层面加以分析，随着研究空间的缩小，某些区域内人口总量减少、人口老龄化程度加深的现象将会更加凸显。

第五节　本章小结

人往高处走。在国内地区差距客观存在的背景下，随着人口迁移政策的逐步放开，国内大规模的人口迁移逐步掀起，并处于长时间持续进行中。20世纪90年代以来，尤其是1995年以来，我国中、西部地带人口主要选择流向东部地带的基本区域模式十分稳定（王桂新，2003），流动人口越来越向东部地区集中，越来越向东部和南部沿海地区集中（段成荣 等，2009），主要是向广东、江苏、浙江、福建、北京、上海、天津少数省市集中，逐步形成了北京、上海、广东几个强势的吸引中心；中西部地区属于人口流失区域，其中以四川、河南、安徽几省的人口流失最为严重；东北地区中的黑龙江和吉林是人口净流出区。

对于一个封闭的人口而言，出生和死亡是塑造人口的总量和结构的两种力量。当前，我国人口正处于低出生率和低死亡率的低自然增长态势，大规模人口迁移已替代出生和死亡成为影响我国人口变动的最重要因素，成为重塑各省人口总量集聚疏散、劳动力资源空间配置、人口老龄化空间格局的主导力量，打破原有的人口空间分布结构，十分深刻地影响着区域经济和社会发展的各个方面，成为区域经济发展中极为重要的现实问题和理论问题。

西方发达国家的城市化历史表明，一国国内人口大规模流动是城市化过程中的必然现象。从世界城镇化进程来看，城镇化率从 36% 提高到 60% 的过程属于城市化加速期。一个处于城市化快速增长阶段的国家，居民在较多就业机会、良好生活预期、先进城市文明等因素的引导下，会"用脚投票"，在不同区域、不同产业、城乡之间大规模流动，从而促使国家由落后的农业国转变为先进的工业国，由传统的农业社会走向现代城市社会，完成一个国家的工业化、城市化和现代化进程。中国的城镇化率还将不断提高，因此，未来一段时间人口的大规模、频繁流动还将继续。

第四章　地级及以上城市的人口与
经济活动空间格局分析

本章分析地级及以上城市人口与经济活动空间布局变动及其规律性,分析思路与第三章类似,共分为五节。第一节分四大地区、不同规模城市、不同城市等级、三大城市群,来探讨21世纪的第一个10年区域地级城市层面上的经济差距及集聚变动趋势。第二节分析城市间人口迁移特征及规律性。第三、四、五节分别探讨城市层面上人口规模变动、劳动力资源的空间配置、人口老龄化变动状况及人口迁移对这三方面产生的影响。

第一节　地级市层面上经济发展
不平衡及空间集聚的分析

本节从东部、中部、西部、东北几大地区,小城市、中等城市、大城市、特大城市、超大城市几个不同规模城市,直辖市、计划单列市、副省级城市、一般省会城市几个不同城市等级,长三角、珠三角、京津冀三大城市群视角,研究新世纪的第一个10年城市经济发展不平衡态势。

一、数据来源与分析方法

本节以全国287个地级及以上城市作为基本研究单元,数据来源于《中国城市统计年鉴》,从绝对数和相对数两个角度,通过纵向和横向比较,来描述经济要素的空间集疏状况及变动过程。绝对数采用的是GDP总量等数据,相对数采用各地级市GDP占全国或者全省GDP总量的比重,记为指数$R_{gdp_{it}}$,并将$R_{gdp_{it}}$10年的变动情况记为指数Z_e。具体计算方式如下:

$$\Delta gdp_i = gdp_{it_2} - gdp_{it_1} \tag{4-1}$$

若 $\Delta gdp_i > 0$，则表示从 t_1 年到 t_2 年，城市 i 的人口规模增大；

若 $\Delta gdp_i = 0$，则表示从 t_1 年到 t_2 年，城市 i 的人口规模不变；

若 $\Delta gdp_i < 0$，则表示从 t_1 年到 t_2 年，城市 i 的人口规模减小。

$$R_{gdp_{it}} = \frac{gdp_{it}}{GDP_t} \times 100\% \qquad (4-2)$$

$$Z_e = R_{gdp_{it_2}} - R_{gdp_{it_1}} \qquad (4-3)$$

其中，gdp_{it} 表示城市 i 分年度 t 的 GDP，GDP_t 为相应年度 t 的全国 GDP 总量，$R_{gdp_{it}}$ 表示各城市 GDP 占全国 GDP 总量的比重。Z_e 是 t_2、t_1 两个年份的指数 $R_{gdp_{it}}$ 之差。

若 $Z_e > 0$，则表示从 t_1 年到 t_2 年，城市 i 的 GDP 占全国 GDP 的总量提高；

若 $Z_e = 0$，则表示从 t_1 年到 t_2 年，城市 i 的 GDP 占全国 GDP 的总量不变；

若 $Z_e < 0$，则表示从 t_1 年到 t_2 年，城市 i 的 GDP 占全国 GDP 的总量下降。

此外，本节还采用了变异系数等其他统计分析方法。

二、按四大地区分的城市经济发展水平

（一）所有城市经济水平都有增长，半数已达中等偏上国家水平和富裕国家水平，仅二市仍处于低收入国家水平

根据 2010 年世界银行对不同国家收入水平的分组标准：按人均 GNI（国民总收入）计算，1005 美元以下是低收入国家；1006~3975 美元是中等偏下水平；3976~12 275 美元是中等偏上水平；12 276 美元以上为富裕国家。GNI（国民总收入）指一个国家（或地区）所有常住单位在一定时期内收入初次分配的最终结果。GNI 是收入概念，而 GDP 是生产概念。我国富裕程度是按人均 GDP 计算，国内外要素收入略有差别，但可大致作为参考。笔者借鉴此标准，根据各城市 2000 年、2010 年的人均 GDP 及当年的美元汇率，将全国的地级及以上城市分为 4 组，结果如表 4-1 和表 4-2 所示。

2000 年全国有完整经济统计数据的 262 个地级及以上城市中，179 个（68.32%）城市的人均 GDP 处于低收入国家水平，76 个（29.01%）城市处于中等偏下国家水平，仅有 6 个城市处于中等偏上国家水平（分别是克拉玛依市、大庆市、广州市、珠海市、厦门市和上海市），1 个城市处于富裕国家水平（广东省深圳市）。此时，全国 97.33% 的地级及以上城市的经济发展水平处于低收入国家水平和中等偏下国家水平。

表 4-1　按不同人均 GDP 水平分组的全国各地级及以上城市（2000 年）

地区	低收入国家水平	中等偏下国家水平	中等偏上国家水平	富裕国家水平	合计
东部城市数量/个	40	42	4	1	87
占东部城市总数的比重/%	45.98	48.28	4.60	1.15	100
占全国该类型城市总数的比重/%	22.35	55.26	66.67	100	—
中部城市数量/个	70	10	0	0	80
占中部城市总数的比重/%	87.50	12.50	0.00	0.00	100
占全国该类型城市总数的比重/%	39.11	13.16	0.00	0.00	—
西部城市数量/个	46	14	1	0	61
占西部城市总数的比重/%	75.41	22.95	1.64	0.00	100
占全国该类型城市总数的比重/%	25.70	18.42	16.67	0.00	—
东北城市数量/个	23	10	1	0	34
占东北城市总数的比重/%	67.65	29.41	2.94	0.00	100
占全国该类型城市总数的比重/%	12.85	13.16	16.67	0.00	—
全国城市数量/个	179	76	6	1	262
占全国城市总数的比重/%	68.32	29.01	2.29	0.38	100
占全国该类型城市总数的比重/%	100	100	100	100	—

　　2010 年的 283 个地级及以上城市中，仍处于低收入国家水平的城市仅有 2 个，分别是甘肃省的定西市和陇南市，140 个（49.47%）城市处于中等偏下国家水平，130 个（45.94%）城市处于中等偏上国家水平，还有 11 个城市已经达到富裕国家水平，分别是鄂尔多斯市、包头市、嘉峪关市、苏州市、东营市、无锡市、佛山市、广州市、大庆市、克拉玛依市、深圳市。可见，2010 年，绝大多数城市的经济发展水平已是相当于或超出中等偏下国家水平。这 10 年，经济发展水平相当于低收入国家水平的城市数量大量减少，2010 年是几乎已经没有城市仍处于该水平。

表 4-2　按不同人均 GDP 水平分组的全国各地级及以上城市（2010 年）

地区	低收入国家水平	中等偏下国家水平	中等偏上国家水平	富裕国家水平	合计
东部城市数量/个	0	22	59	6	87
占东部城市总数的比重/%	0.00	25.29	67.82	6.90	100

续表

地区	低收入国家水平	中等偏下国家水平	中等偏上国家水平	富裕国家水平	合计
占全国该类型城市总数的比重/%	0.00	15.71	45.38	54.55	—
中部城市数量/个	0	51	30	0	81
占中部城市总数的比重/%	0	62.96	37.04	0	100
占全国该类型城市总数的比重/%	0	36.43	23.08	0	—
西部城市数量/个	2	53	22	4	81
占西部城市总数的比重/%	2.47	65.43	27.16	4.94	100
占全国该类型城市总数的比重/%	100	37.86	16.92	36.36	—
东北城市数量/个	0	14	19	1	34
占东北城市总数的比重/%	0.00	41.18	55.88	2.94	100
占全国该类型城市总数的比重/%	0.00	10.00	14.62	9.09	—
全国城市数量/个	2	140	130	11	283
占全国城市总数的比重/%	0.71	49.47	45.94	3.89	100
占全国该类型城市总数的比重/%	100	100	100	100	—

（二）七成多东部城市、五成多东北城市已达中等偏上国家水平和富裕国家水平，中、西部均有六成多城市处于中等偏下国家水平

分东部、中部、西部和东北四大地区来看，2000 年，东部地区的 87 个城市中，45.98% 的城市处于低收入国家水平，是四大地区中最低的，也低于全国的这一比例（68.32%），其余 54% 的城市均已处于中等偏下国家水平及以上。中、西部地区则是绝大部分城市处于低收入国家水平。其中，中部地区处于低收入国家水平的城市比例是四大地区中最高的，高达 87.5%，西部地区次之，为 75.41%。东北地区有 67.65% 的城市处于低收入国家水平，与全国平均水平相当。

2010 年，全国仅有的 2 个处于低收入国家水平的地级市，均属于西部地区的甘肃省。同时，东部地区的城市中经济发展水平相当于中等偏上国家水平或者富裕国家水平的城市比例是最高的（74.71%），绝对数量也是 4 个地区中最多的（65 个）。中部地区和西部地区的地级及以上城市中以相当于中等偏下国家水平的城市为大多数，2010 年分别有 62.96% 和 65.43% 的城市处于中等偏下国家水平，即有三成左右的城市的经济水平处于中等偏上国家

水平，这一比例低于全国平均水平（45.94%）。东北地区的城市的经济发展水平基本上都相当于中等偏下国家水平（41.18%）和中等偏上国家水平（55.88%），与全国的平均水平基本相当。

（三）东部城市经济水平高于中、西部和东北，地区间的经济差距有所缩小

表4-3是按照东部、中部、西部和东北四大地区分别计算的地级及以上城市人均GDP均值和变异系数。从中可以看出，东部地级及以上城市的人均GDP水平是最高的，也远高于全国平均水平，2010年东部地区人均GDP水平是中部地区的1.69倍，是西部的1.57倍，是东北的1.25倍；其次是东北地区的城市，其人均GDP水平接近于全国平均水平；西部地区和中部地区均低于全国平均水平，但是西部高于中部。2000年，东部地区人均GDP水平是中部地区的2.41倍，是西部的2.11倍，是东北的1.55倍。可见，这10年，中、西部和东北与东部的经济差距在缩小。从2000—2010年的增长情况来看，中部地区的增长率是最高的，2010年中部地区81个城市的人均GDP均值已是2000年的4.49倍，次之是西部地区（4.21倍），然后是东北地区（3.89倍），最后是东部地区（3.14倍），这主要是因为东部地区的基数大，人均GDP已达到一定高度后提升速度不如低水平时来得快。

笔者采用人均GDP的变异系数来测量地级市层面上的经济差距，并纵向比较其在2000—2010年的10年的变化情况。从全国范围来看，人均GDP的变异系数从2000年的1.15下降至2010年的0.681，表明全国200多个地级市之间经济发展差距在21世纪的第一个10年，总体趋势是在缩小的。

表4-3 2000年和2010年各城市人均GDP均值、标准差和变异系数

区域范围	统计量	2000年	2010年
东部地区	均值/元	14 105	44 220
	标准差/元	15 595	23 625
	变异系数	1.106	0.534
中部地区	均值/元	5846	26 220
	标准差/元	2484	13 505
	变异系数	0.425	0.515

区域范围	统计量	2000 年	2010 年
西部地区	均值/元	6683	28 125
	标准差/元	6635	25 960
	变异系数	0.993	0.923
东北地区	均值/元	9101	35 370
	标准差/元	7451	19 628
	变异系数	0.819	0.555
全国	均值/元	9206	33 398
	标准差/元	10 588	22 751
	变异系数	1.150	0.681

（四） 四大地区区域间的经济差距大于区域内，但西部区域内城市间差距巨大，甚至大于全国所有城市间的差距

区域层面上的分析可以得出非常有意思的结论。首先，2000 年，四大地区内所有地级市的人均 GDP 的变异系数均比全国层面小。这说明，2000 年四大地区区域内各城市间的经济发展差距不如全国范围所有地级市间的差距大，故四大地区区域内的差距小于区域间的差距。不过，从地区内部来看，东部地区地级市间的经济差距在 2000 年是最大的，西部地区次之，中部地区最小。2010 年，这种情况有一些变化。东部、中部和东北 3 个地区的地级市的人均 GDP 的变异系数仍小于全国，但是西部地区则大于全国。这说明，西部地区内部地级市间的经济差距较大，比其他 3 个地区都要大，甚至比放到全国范围内所有城市间的经济差距还要大。此时，中部地区地级市间的经济差距程度仍然是最小的。

纵向来看，2000—2010 年的 10 年，东部地区各地级市之间的差距是在缩小的，变异系数从 1.106 下降到 0.534，东北地区也有明显缩小，西部地区缩小程度不显著。中部地区则是在扩大，变异系数从 0.425 上升至 0.515，不过，即便如此中部地区城市之间的差距仍是 4 个地区中最小的。东部地区地级市间经济差距大幅缩小，使得西部地区成为 2010 年区域内差距最大的地区。

以上分析可以总结为几点发现。21 世纪的第一个 10 年，全国范围地级以上城市之间的经济水平差距是在缩小的，东部、东北和西部地区范围内各城市之间的差距也是在缩小的，其中东部地区和东北地区缩小得非常显著，西部地区只是小幅缩小，中部地区竟然有所扩大。不过，尽管这10年中部地区内部地级市间的差距在扩大，但中部地区仍然是4个地区中区域内部差距最小的；尽管西部地区内部地级市间的差距有所缩小，但时至2010年，其成为区域内经济差距最大的地区；东部地区和东北地区区域内经济差距的大幅缩小对全国范围内各地级市之间经济发展差距缩小的贡献率最大。

附表4和附表5分别列出了2000年和2010年全国人均GDP排名最靠前和最靠后的20个城市，及其所属的省份和地区。这两张表反映的信息，有助于理解上述这几点发现。从表中可以看出，无论是2000年还是2010年，人均GDP排名靠前的城市绝大多数位于东部地区，特别是广东省有几个地级市的人均GDP排名都很靠前，而排名靠后的城市绝大多数位于中、西部地区，特别是2010年排名最后20位的地级市中有15个城市地处西部，另外5个处于中部。非常有意思的是，尽管西部地区排在最后20名的地级市这么多，但是也有5个地级市的人均GDP水平排在全国前20位之列。这进一步佐证了上述分析中提及的西部地区区域内地级市间的经济水平差距较大。

进一步细致的分析发现，2010年，人均GDP位于全国前20强的地级市中，没有属于中部地区的城市，属于西部地区的鄂尔多斯、克拉玛依、包头、嘉峪关、乌海5个地级市，以及属于东北地区的黑龙江省大庆市，基本都是资源型城市。例如，克拉玛依市和大庆市完全是因为资源开采而出现的"先矿后城式"资源型城市。再如，鄂尔多斯境内地下有储量丰厚的能源矿产资源，目前，已经发现的具有工业开采价值的重要矿产资源有12类35种，已探明天然气储量约占全国的1/3，已探明稀土、高岭土储量占全国的1/2。乌海是连接中国西北地区和华北地区的重要枢纽，矿产资源非常丰富，有"塞外煤城"之称，是中国西北地区重要的煤化工基地之一。包头是中国少数民族地区建设最早的一座工业城市，具有明显的资源开发型特征，是中国重要的钢铁工业基地。嘉峪关市位于甘肃省河西走廊西部，是西北最大的钢铁工业基地，钢铁工业也是全市的主导产业，已发展成为中国西部一座典型的资源型城市。资源型城市是依托资源开发而兴建或者发展起来的城市，资源型产业在城市经济中占有主导地位，在支柱产业、地方工业、城市建设等方面深深地烙上了印记，城市可持续发展与资源的有效利用、产业的优化升级密不可分。这些城市在经济发展中面临的挑战和风险，远比依靠多元化产业结构的城市大得多，发展模式也正面临转型。

深圳市在 2000 年时，人均 GDP 在全国所有地级及以上城市中是最高的，达到 133 305 元，是排名第 2 位的克拉玛依市的 2.66 倍，高达全国平均水平的 14.48 倍，是排名第 20 位的大连市的 6.62 倍，高达当时全国人均 GDP 最低的阜阳市的 58.42 倍。2010 年，深圳市的排名有所下降，且人均 GDP 也有所下降，这可能是由于作为分母的人口总量的统计口径有所改变①。2010 年，人均 GDP 最高的地级市是鄂尔多斯市，达到 175 125 元，是全国水平的 5.24 倍，低于 2000 年的该数值（14.48 倍）；是排名第 2 位的克拉玛依市的 1.22 倍，可见这两个地级市人均 GDP 的差距没有 2000 年的排名前两位的深圳市和卡拉玛依市大；是排名第 20 位的杭州市的 2.51 倍，2000 年相应的数值是 6.62 倍；是全国人均 GDP 最低的定西市的 33.01 倍，低于 2000 年的相应数值 58.42 倍。这些比较也进一步佐证了，2000—2010 年的 10 年全国地级市间经济水平差距呈缩小趋势，但是差距仍然较大。

三、城市间经济集聚状态分析

（一）GDP 份额升高的地级市数量少于 GDP 份额下降的地级市

表 4-4 汇总计算了 2000—2010 年全国及四大区域内地级及以上城市 GDP 占全国份额的增减变化情况。首先，从全国范围来看来出，2000—2010 年全国 262 个地级及以上城市中，有 139 个城市的 GDP 占全国 GDP 总量的比重有所下降，占比为 53.1%；其余的 123 个（46.9%）城市的 GDP 比重有所上升，GDP 份额有所上升的地级市数量少于份额有所下降的地级市。139 个经济集中度有所下降的城市中，48 个（34.5%）城市位于东部地区，44 个（31.7%）城市属于中部地区，29 个（20.9%）城市地处西部，18 个（12.9%）城市在东北。123 个经济集中度有所上升的城市中，39 个（31.7%）城市位于东部地区，36 个（29.3%）城市属于中部地区，32 个（26%）城市地处西部，16 个（13%）城市在东北。

---

① 2000 年全国大部分地区计算人均 GDP，分母采用的不是常住人口，而是户籍人口，经过一段时间的讨论，至 2010 年，一般都是选用常住人口作为分母。这在一定程度上，导致部分城市不能够直接进行纵向的比较分析，不过，仍然可以发现一些规律性、趋势性的变化。

表4-4　全国及分区域地级以上城市 GDP 份额增减情况

地区	$Z_e<0$ 的城市	$Z_e>0$ 的城市	合计
东部城市数量/个	48	39	87
占东部城市总数的比重/%	55.2	44.8	100
占全国该类型城市总数的比重/%	34.5	31.7	—
中部城市数量/个	44	36	80
占中部城市总数的比重/%	55.0	45.0	100
占全国该类型城市总数的比重/%	31.7	29.3	—
西部城市数量/个	29	32	61
占西部城市总数的比重/%	47.5	52.5	100
占全国该类型城市总数的比重/%	20.9	26.0	—
东北城市数量/个	18	16	34
占东北城市总数的比重/%	52.9	47.1	100
占全国该类型城市总数的比重/%	12.9	13.0	—
全国城市数量/个	139	123	262
占全国城市总数的比重/%	53.1	46.9	100
占全国该类型城市总数的比重/%	100	100	—

（二）中、西部和东北地区的地级市中 GDP 份额升高的城市占比高于东部，但数量少于东部

分区域来看，2000—2010 年，东部地区 87 个地级及以上城市中，GDP 份额提高的城市有 39 个（44.8%），下降的有 48 个（55.2%）；中部地区 80 个地级市中，GDP 份额提高的城市有 36 个（45%），下降的有 44 个（55%）；西部地区 61 个地级及以上城市中，GDP 份额提高的城市有 32 个（52.5%），下降的有 29 个（47.5%）；东北地区 34 个地级市中，GDP 份额提高的城市有 16 个（47.1%），下降的有 18 个（52.9%）。可见，除了西部地区以外，东部、中部和东北地区均是 GDP 份额升高的城市数量少于 GDP 份额下降的城市。

（三）经济存在向部分城市（主要是东部城市）集聚的趋势，且经济总量的集中速度快于人口的集中速度

进一步地，可以根据 GDP 份额增或减将全国地级及以上城市分为两类，并进行比较分析。首先，就人均 GDP 及其变动进行分析。从人均 GDP

的增长速度来看，对于这 10 年 GDP 份额升高的 123 个城市而言，其在 2000 年的人均 GDP 的均值为 10 141 元，到 2010 年为 41 751 元，增长率为 311.71%；而对于 GDP 份额下降的 139 个城市而言，其在 2000 年的人均 GDP 的均值为 8378 元，到 2010 年为 27 767 元，增长率为 231.42%；前者人均 GDP 的增长速度快于后者。同时，无论是在 2000 年还是 2010 年，GDP 份额升高的城市的人均 GDP 均值高于 GDP 份额下降的城市（表 4-5）。这在一定程度上可以反映出，这 10 年经济总量的集中速度快于人口的集中速度。

其二，就 GDP 占比及其变动进行分析。GDP 份额升高的城市的经济总量之和占全国的比重从 2000 年的 43.98% 上升至 2010 年的 53.34%，而 GDP 份额下降的城市的经济总量之和占全国的比重从 2000 年的 51.36% 下降至 2010 年的 42.64%。对于 GDP 份额升高的城市，其在 2000 年的 GDP 之和占全国 GDP 总量的比重低于 GDP 份额下降的城市，而至 2010 年，已经超过 GDP 份额下降的城市。这说明，这 10 年存在经济向部分城市集聚的趋势，地级市层面上经济的集中程度仍在加强。

表 4-5　按 GDP 份额增减区分的地级市的人均 GDP 和 GDP 占比情况

	$Z_e < 0$ 的城市	$Z_e > 0$ 的城市	合计
2000 年人均 GDP 均值/元	8378	10 141	9206
2010 年人均 GDP 均值/元	27 767	41 751	34 354
$R_{gdp_{2000}}$ 之和/%	51.36	43.98	95.34
$R_{gdp_{2010}}$ 之和/%	42.64	53.34	95.98

四、不同等级城市的经济发展和经济水平分析

城市行政级别越高，就越靠近主导资源分配的权利中心，获得的资源就越多。表 4-6 展示了不同行政级别的城市的人均 GDP 均值和 GDP 占全国的比重。从中可以看出，核心城市的人均 GDP 均值明显高于非核心城市。2000 年，核心城市的人均 GDP 均值是非核心城市的 2.47 倍，2010 年为 1.77 倍，说明二者的平均经济差距在缩小。35 个核心城市 GDP 合计占全国 GDP 总量的 1/3 多。此外，2000 年，35 个核心城市的 GDP 合计占全国 GDP 总量的 35.02%，2010 年这一比例上升至 36.91%，说明经济有在向核心城市集聚的趋势。

　　仅从数据反映的结果看，计划单列市和副省级城市的人均 GDP 均值最高，直辖市次之，然后是普通省会城市。细分来看，四大直辖市的人均 GDP 均值低于计划单列市和副省级城市，主要是由于重庆市的人均 GDP 显著低于其他 3 个直辖市，拉低了平均水平。2010 年，北京市、上海市和天津市的人均 GDP 均高于计划单列市和副省级城市的人均 GDP 均值。直辖市、计划单列市和副省级城市及普通省会城市的人均 GDP 水平均显著高于普通地级市。

　　2000—2010 年，直辖市、计划单列市和副省级城市、普通省会城市的 GDP 份额均有所上升，反映出资源向这些核心城市的集聚。四大直辖市 GDP 份额从 2000 年的 10.39% 上升至 2010 年的 11.08%，其中仅上海市的 GDP 份额有所下降，其余三市都在提高，不过，上海市仍高于其他三市。仅四大直辖市就占据了全国一成多的经济份额。15 个计划单列市和副省级城市的 GDP 份额从 2000 年的 17.76% 上升至 2010 年的 18.24%。16 个普通省会城市的 GDP 份额从 2000 年的 6.87% 上升至 2010 年的 7.58%。资源向核心城市集聚，必然带动这些城市的就业、创业机会多，工资水平高于普通地市，各项公共服务水平也高，从而势必导致以劳动力为主体的迁移人口向这些核心城市集聚，从而重塑了全国人口空间分布格局。

表 4-6　2000 年和 2010 年全国不同等级城市的人均 GDP 均值和 GDP 份额

城市类型	2000 年			2010 年		
	城市数/个	人均 GDP均值/元	GDP 占全国的比重/%	城市数/个	人均 GDP均值/元	GDP 占全国的比重/%
核心城市：	35	18 979	35.02	35	53 956	36.91
直辖市	4	19 984	10.39	4	63 152	11.08
北京市	1	22 381	2.51	1	74 943	3.23
上海市	1	34 436	4.61	1	76 074	3.93
天津市	1	17 975	1.66	1	72 994	2.11
重庆市	1	5143	1.61	1	27 596	1.81
计划单列市和副省级城市	15	26 663	17.76	15	64 175	18.24
普通省会城市	16	11 524	6.87	16	42 078	7.58
非核心城市	227	7699	60.32	248	30 497	61.60
全部城市	262	9206	95.34	283	33 398	98.51

进一步地，附表 6 列出了 2010 年 15 个计划单列市和副省级城市、16 个普通省会城市的人均 GDP 水平，及其人均 GDP 是所属省平均水平的倍数和其占所在省的 GDP 份额。从中可以发现，这些计划单列市、副省级城市和普通省会城市的人均 GDP 水平无一例外都显著高于所在省的平均水平，甚至有些城市的人均 GDP 水平高达所在省的平均水平的 2 倍多。同时，这些城市占所在省的 GDP 份额也都不低。其中，最高的是西宁市（46.52%）和银川市（45.54%），广西壮族自治区和宁夏回族自治区的全省的 GDP 总量中有四成多来自西宁市和银川市。吉林省长春市、黑龙江省哈尔滨市、湖北省武汉市、四川省成都市、陕西省西安市占其所属省的 GDP 份额也高达三成多。这些城市在其所属省的经济地位均很高，且大多数都是所在省的经济中心。毋庸置疑，这些城市也会是所在省的人口强势吸引中心，吸引着省内其他地市的人口向其集聚。

五、三大城市群经济发展和经济水平分析

随着经济的持续快速发展，在大城市、特大城市周围发展一批城市群，是改革开放和经济发展形势下的一种必然趋势，这也是大城市、特大城市的辐射和聚集功能的一种体现。同时，从城市发展规律来讲，城镇化不可能遍地开花，必须考虑到自然基础的差异、地理区位的差异、发展阶段的差异和生态条件的差异。从城市单一发展向组团式城市群发展的战略转变，有利于各城市在经济上取得互补效应，有利于经济聚集效应和辐射作用的充分发挥。当前，中国经济越来越向各个大城市区，特别是向珠江三角洲、长江三角洲、京津环渤海地区这三大城市群集聚，三大城市群也已逐步成长为具有巨大影响力的经济空间。

表 4 - 7 显示 2010 年三大城市群的经济发展总量在社会经济发展中所占比重分别是：珠江三角洲城市群 GDP 占全国 GDP 的 8.62%，长江三角洲城市群占全国 GDP 的 16.17%，京津环渤海城市群约占全国 GDP 的 9.06%，三大城市群 GDP 共占全国 GDP 总量的 33.85%。纵向来看，2000—2010 年，长三角城市群的 GDP 份额略有下降，珠三角城市群和京津冀城市群的 GDP 份额有所上升，三大城市群合计从 2000 年的 32.25% 上升至 2010 年的 33.85%。从人均 GDP 水平来看，三大城市群的人均 GDP 平均水平均高于其他城市，其中，珠三角城市群的人均 GDP 水平最高，长三角城市群次之，京津冀城市群最低。珠江三角洲、长江三角洲和京津冀环渤海地区三大城市

群是中国新一轮财富聚集中心,但其发展程度并不完全一致,珠江三角洲地区发展已趋向成熟,长江三角洲地区也已形成规模,而发展最慢的京津冀环渤海地区还只是具备雏形。

表 4 – 7　三大城市群人均 GDP 水平及其 GDP 份额

城市类型	2000 年		2010 年	
	人均 GDP 均值/元	GDP 占全国的比重/%	人均 GDP 均值/元	GDP 占全国的比重/%
长三角城市群:	17 935	16. 24	62 840	16. 17
上海市	34 436	4. 61	76 074	3. 93
江苏八市	16 936	6. 52	65 147	7. 53
浙江七市	23 103	5. 11	58 312	4. 72
珠三角城市群:	37 427	7. 64	70 381	8. 62
广州市	33 908	2. 41	103 625	2. 46
深圳市	133 305	1. 69	106 880	2. 19
广东其他七市	24 233	3. 54	60 418	3. 97
京津冀城市群:	10 875	8. 37	40 303	9. 06
北京市	22 381	2. 51	75 943	3. 23
天津市	17 975	1. 66	72 994	2. 11
河北八市	8549	4. 21	31 761	3. 71
其他城市	7398	63. 11	30 606	62. 13

三大城市群内的城市也有分化和差异。长三角城市群的核心城市是上海市,其经济水平高于江苏八市和浙江七市,江苏八市的 GDP 份额在上升,而上海市和浙江七市的 GDP 份额有所下降。朱三角城市群的核心城市是广州市和深圳市,其经济水平大大高于其他七市,广州市的人均 GDP 在过去10 年有大幅提升。京津冀都市圈是"8 + 2"的模式,北京市和天津市的经济水平远远高于河北八市。相比较而言,长三角城市群内部城市之间的差距较小,珠三角城市群次之,京津冀城市群城市之间的差距最大,这说明长三角城市群经济发展相对均衡,京津冀城市群相对其他两个城市群而言最不均衡。这三大城市群也是全国人口吸引中心,在城市区内部,首位城市的吸引力更强。

六、小结

本节从四大地区、不同行政级别、三大城市群的城市等视角探讨了城市层面上的经济集聚及经济水平差异，可以总结得出如下几点结论：

其一，21世纪的第一个10年，全国所有地级及以上城市的经济水平都有不同程度的增长。半数地级及以上城市已达中等偏上国家水平和富裕国家水平，仅二市仍处于低收入国家水平。这10年，全国各地级市之间的经济差距呈缩小态势；GDP份额升高的地级及以上城市数量少于GDP份额下降的地级及以上城市。

其二，分四大地区来看，已有七成多东部城市、五成多东北城市已达中等偏上国家水平和富裕国家水平，中、西部均有六成多城市处于中等偏下国家水平。尽管中、西部和东北地区的地级及以上城市中GDP份额升高的城市占比高于东部，但具体城市个数少于东部。东部城市经济水平高于中、西部和东北，四大地区区域间的经济差距大于区域内部差距。需要指出的是，西部区域内城市间差距巨大，甚至大于全国所有城市间的差距，这主要是由于西部地区几座资源型城市的人均GDP水平非常高，而全国人均GDP最低的城市也大多分布在西部地区。存在经济向部分城市，主要是东部城市集聚的趋势，且经济总量的集中速度快于人口的集中速度。2000—2010年，全国各地级及以上城市间的地区差距呈缩小趋势。

其三，行政级别越高的城市，集聚的资源越多，经济发展水平越高，包括直辖市、计划单列市、副省级城市、普通省会城市在内的35个核心城市占全国GDP份额的1/3多，其人均GDP水平也显著高于其余普通地级市。同时，经济发展仍有向核心城市集聚的趋势。

其四，经济越来越向珠三角、长三角、京津冀三大城市群地区集聚，其在全国的GDP份额已超过1/3，人均GDP水平也显著高于其他城市，已成为全国具有巨大影响力的经济空间。三大城市群内部的城市构成也存在分化和差异，内部核心城市的经济实力更强，且京津冀城市群内部发展相对不均衡。

其五，人口持续净迁入城市中，GDP份额上升的城市多于下降的城市；人口持续净流失城市的GDP份额下降的可能性更大，一定程度上反映了人口持续净迁入/净流失，有利于/不利于城市的经济集聚。各城市人口净流入率与其人均GDP水平呈显著正相关关系。

第二节　地级市层面上人口
迁移特征及规律分析

　　人口和劳动力是重要的生产要素。人口和劳动力在空间上的迁移流动既是经济发展过程中要素资源配置不断变动的结果，也可以反映并改变当前中国区域经济发展格局和要素配置的空间特征。本节基于"五普"和"六普"的数据，在地级市层面上分析我国人口迁移的特征及其变动情况。

一、数据来源与分析方法

　　人口迁移数据来源于 2000 年和 2010 年两次人口普查分县资料中地级及以上城市的数据。该资料汇总了两次普查时各地级及以上城市的常住人口、户籍人口及迁入人口。其中，关于迁入人口分了三类：第一类是"本县（市）/本市市区"；第二类是"本省其他县（市）、市区"；第三类是"外省"。本章研究的是地级市层面的人口迁移规律特征，及其对人口规模和人口老龄化空间分布变动的影响，因而，需计算城市的净迁入人口。一般而言，净迁入人口采用的是迁入人口减去迁出人口而得。其中，迁入人口应该是户口登记地不在本市而在本市居住或工作的常住人口，包括外省迁入人口及本省其他地级市迁入人口，不包括本地级市内跨区/县/市迁入人口。因此，如果按该资料中的迁入人口资料来计算，除了需要去掉第一类"本县（市）/本市市区"的迁入人口，还应该将第二类"本省其他县（市）、市区"的迁入人口中所包含的地级市、市内跨区/县/市的迁入人口去掉，但是，因资料所限无法剔除。如果将第二类和第三类相加作为本地级市的迁入人口势必会高估迁入人口数据。同时，该资料中没有户籍登记地在本地级市，而不在本市居住或工作的迁出人口数据。因此，直接的迁入人口和迁出人口数据没有办法获得。不过，可以换一个思路和计算方式，具体过程如下：

$$净迁入人口（nimm）=外来迁入人口（imm）-户籍迁出人口（emm）$$
$$=常住人口-户籍常住人口-户籍迁出人口$$
$$=常住人口-（户籍常住人口+户籍迁出人口）$$
$$=常住人口-户籍人口 \qquad (4-4)$$

$$净迁入率 = 净迁入人口 \div 常住人口 \times 100\% \qquad (4-5)$$

上述这种计算方式，是根据变量之间的关系来演算的，计算过程是合理的。不过，在实际统计中可能存在一些误差，误差的来源是"户籍待定人口"，当然这部分误差是较小的，可以忽略不计。因此，此处分析的是 287 个地级及以上城市的 2000 年和 2010 年两次普查时的净迁入人口，用相应时点上的常住人口数减去户籍人口数计算而得。净迁入率用普查时点上净迁入人口数除以常住人口数而得。

根据国际实证分析经验，当某一区域迁徙人口占到总人口的比重超过 10% 时，就可以认为该区域人口进入到活跃流动期（Huw，1990；Caroline et al.，2000）。按照此阈值，根据"五普"和"六普"时国内各地级及以上城市人口净迁移率的大小，将全国 287 个城市划分为人口净流入活跃区、净流入非活跃区、净流出活跃区、净流出非活跃区 4 种类型，并进行数据分析。

若净迁入率 > 10%，则该城市为净流入活跃区；

若 0 < 净迁入率 ≤ 10%，则该城市为净流入非活跃区；

若 -10% < 净迁入率 ≤ 0%，则该城市为净流出非活跃区；

若净迁入率 ≤ -10%，则该城市为净流出活跃区。

二、城市层面上人口迁移空间特征及其变动分析

（一）国内人口净流入城市数量减少，净流出城市数量增加

从全国范围来看，"五普"至"六普"期间，人口净流入城市从 125 个下降至 103 个，占城市总数量的比重从 43.5% 下降至 35.9%；人口净流出城市从 162 个上升至 184 个，占城市总数量的比重从 56.5% 上升至 64.1%。进一步细分可知，属于净流出活跃区和净流入活跃区的城市数量在增加，前者从 26 个增至 87 个，后者从 27 个增至 50 个；而属于净流出非活跃区和净流入非活跃区的城市数量在减少，前者从 136 个减至 97 个，后者从 98 个减至 53 个（表 4-8）。这在一定程度上可以反映，2000—2010 年的 10 年国内人口向少数城市迁移集中的过程。

表 4 - 8　"五普"和"六普"时全国城市按净流入率的分类

	"五普"		"六普"	
	城市数/个	百分比/%	城市数/个	百分比/%
净流出活跃区	26	9.1	87	30.3
净流出非活跃区	136	47.4	97	33.8
净流入非活跃区	98	34.1	53	18.5
净流入活跃区	27	9.4	50	17.4
合计	287	100	287	100

（二）东、中、西、东北的人口迁移流动越发活跃，人口净流出地区越来越多地集中于中、西部地区，人口净流入地区越来越多地集中在东部

表 4 - 9 和表 4 - 10 分别展示了"五普"和"六普"时四大地区中的城市按净流入率和净流出率的分类，及其变动情况。2000 年，东部地区中属于人口净流出活跃区、净流入活跃区的城市数量和比重高于其他 3 个地区。中部地区在 2000 年尚没有城市属于人口净流入活跃区，绝大多数城市属于人口净流出非活跃区和净流入非活跃区。西部地区虽然已有 10 个城市属于人口净流入活跃区，但大部分城市还是属于人口净流出非活跃区和净流入非活跃区。东北地区在 2000 年时，则是既无人口净流出活跃区也无人口净流入活跃区。这些分析可以看出，2000 年东部地区城市的人口迁移流动比中部、西部、东北地区活跃。

表 4 - 9　"五普"时四大地区城市按净流入率的分类

地区	净流出活跃区	净流出非活跃区	净流入非活跃区	净流入活跃区	合计
东部城市数量/个	13	24	33	17	87
占东部城市总数的比重/%	14.9	27.6	37.9	19.5	100
占全国该类型城市总数的比重/%	50	17.6	33.7	63	—
中部城市数量/个	4	50	27	0	81
占中部城市总数的比重/%	4.9	61.7	33.3	0	100
占全国该类型城市总数的比重/%	15.4	36.8	27.6	0	—
西部城市数量/个	9	44	22	10	85

续表

地区	净流出活跃区	净流出非活跃区	净流入非活跃区	净流入活跃区	合计
占西部城市总数的比重/%	10.6	51.8	25.9	11.8	100
占全国该类型城市总数的比重/%	34.6	32.4	22.4	37	—
东北城市数量/个	0	18	16	0	34
占东北城市总数的比重/%	0	52.9	47.1	0	100
占全国该类型城市总数的比重/%	0	13.2	16.3	0	—
全国城市数量/个	26	136	98	27	287
占全国城市总数的比重/%	9.1	47.4	34.1	9.4	100
占全国该类型城市总数的比重/%	100	100	100	100	—

2010 年，虽然东部地区的城市中属于人口净流出活跃区的城市绝对数量变多了，但是其占全国人口净流出活跃区的总城市数量却降低了，其原因在于其他 3 个地区属于人口净流出活跃区的城市数量大大增加了。东部地区属于人口净流出非活跃区和净流入非活跃区的城市绝对数量均比 2000 年有所减少，净流入活跃区数量从 17 个上升至 30 个。中部和西部地区的城市中，均是属于人口净流出活跃区和净流出非活跃区的城市数量较多。东北地区内属于人口净流入非活跃区的城市数量较多。总体来看，"六普"与"五普"相比，人口净流出地区越来越多地集中于中、西部地区，人口净流入区越来越多地集中在东部，且净流出活跃区多位于中、西部地区，净流入活跃区多处于东部地区。四大地区的人口迁移流动均比 10 年前活跃。

表 4-10 "六普"时四大地区城市按净流入率的分类

地区	净流出活跃区	净流出非活跃区	净流入非活跃区	净流入活跃区	合计
东部城市数量/个	22	20	15	30	87
占东部城市总数的比重/%	25.3	23	17.2	34.5	100
占全国该类型城市总数的比重/%	25.3	20.6	28.3	60	—
中部城市数量/个	27	39	11	4	81
占中部城市总数的比重/%	33.3	48.1	13.6	4.9	100
占全国该类型城市总数的比重/%	31.0	40.2	20.8	8	—
西部城市数量/个	35	26	10	14	85

地区	净流出活跃区	净流出非活跃区	净流入非活跃区	净流入活跃区	合计
占西部城市总数的比重/%	41.2	30.6	11.8	16.5	100
占全国该类型城市总数的比重/%	40.2	26.8	18.9	28	—
东北城市数量/个	3	12	17	2	34
占东北城市总数的比重/%	8.8	35.3	50.0	5.9	100
占全国该类型城市总数的比重/%	3.4	12.4	32.1	4	—
全国城市数量/个	87	97	53	50	287
占全国城市总数的比重/%	30.3	33.8	18.5	17.4	100
占全国该类型城市总数的比重/%	100	100	100	100	—

（三）流动人口集中于三大都市圈与中、西部重要的区域经济中心城市；人口净流失城市集中在人口密集的中部地区、成渝地区等

"五普"和"六普"的数据分析显示，当国内人口自由迁移伊始，首先是深圳、广州等东南部经济特区城市和沿海发达城市成为最主要的流动人口集聚地。伴随着浦东开发开放，长三角地区崛起并成为又一个流动人口集聚地；在21世纪的第一个10年，长三角地区甚至取代了珠三角都市圈成为省际人口流动的最主要地区（王桂新 等，2012；夏怡然 等，2015）。之后，随着非均衡区域政策的深入实施和区域中心城市的发展，北京、天津及中部、西部、东部区域内部的核心城市等开始不断吸纳人口流入。总体而言，人口净流入城市主要集中在珠三角、长三角、京津冀北等东部发达城市地区与中、西部重要的区域经济中心城市；人口净流失量最高的两大区域分别是苏北—鲁西南—河南—皖北—湖北区域及成渝地区，广西的人口净流失量也较大。

2010年"六普"时，净流入人口超过100万的城市有24个，分别是上海市（883.4万）、深圳市（784.83万）、北京市（705.84万）、东莞市（636.6万）、广州市（462.46万）、苏州市（408.22万）、佛山市（347.74万）、天津市（301.91万）、成都市（262.06万）、宁波市（185.81万）、杭州市（182.39万）、厦门市（175.27万）、无锡市（170.09万）、南京市（163.95万）、中山市（162.27万）、武汉市（140.17万）、郑州市（131.78万）、温州市（126.93万）、惠州市（124.41万）、泉州市（121.53万）、乌鲁木齐市（113.49 万）、嘉兴市（106.88 万）、青岛市（106.33 万）、昆明市（101.83 万）。这 24 个城市的净流入人口占其总人口的比重高达 31.6%。净流出人口超过 100 万的城市有 20 个，分别是重庆市（430.36 万）、阜阳市（254.3 万）、信阳市（234.85 万）、周口市（218.96 万）、驻马店市（159.22 万）、茂名市（159.06 万）、遵义市（153.2 万）、六安市（150.67 万）、商丘市（149.05 万）、广安市（146.17 万）、资阳市（136.27 万）、达州市（135.92 万）、南阳市（131.07 万）、黄冈市（128.04 万）、亳州市（125.21 万）、南充市（124.72 万）、玉林市（122.49 万）、菏泽市（119.47 万）、徐州市（118.27 万）、宿州市（103.63 万）。这 20 个城市的净流出人口占其总人口的比重为 21.8%。

附表 7 和附表 8 分别列出了"五普"和"六普"时，全国 287 个地级及以上城市中净迁入人口数排名前 50 位的城市，及其净迁入人口数、所属省份、所在地区、所属城市群和行政级别。从中可以看出，2000 年"五普"时，排名前 50 位的城市的净迁入人口合计为 4 270.6 万人，10 年以后的"六普"，排名前 50 位的城市的净迁入人口上升至 8 395.47 万人，几乎是 10 年前的两倍。流动人口越来越向东部地区集中，向行政级别高的城市集中，向三大都市圈集中。2010 年，在城市的净迁入人口排名全国前 50 位的城市中，既非东部城市，又非核心城市和三大都市圈城市的只有内蒙古的包头市和鄂尔多斯市。

三、不同城市人口迁入/迁出状况分析

为了分析 2000—2010 年中国 287 个地级及以上城市人口净流入/净流出的特征及城市类型，笔者以"五普"时常住人口净迁入率为横坐标、"五普"至"六普"期间净迁入人口增量占"六普"时常住人口比重为纵坐标绘制了如图 4-1 所示的散点图。其中，位于第一象限的城市属于持续净流入区，第二象限的城市属于从净流失转为净流入区，第三象限的城市属于持续净流失区，第四象限的城市属于从净流入转为净流失区。从图中可以非常直观地看出，属于持续净流入区、持续净流失区的城市数量相对较多，属于从净流入转为净流失区和从净流失转为净流入区的城市数量相对少些。进一步地，本部分借鉴于涛方（2012）的分类方法，将上述散点图中的四分类法细分为 6 种类型（表 4-11）。图 4-2 展示了不同类型城市的构成情况。

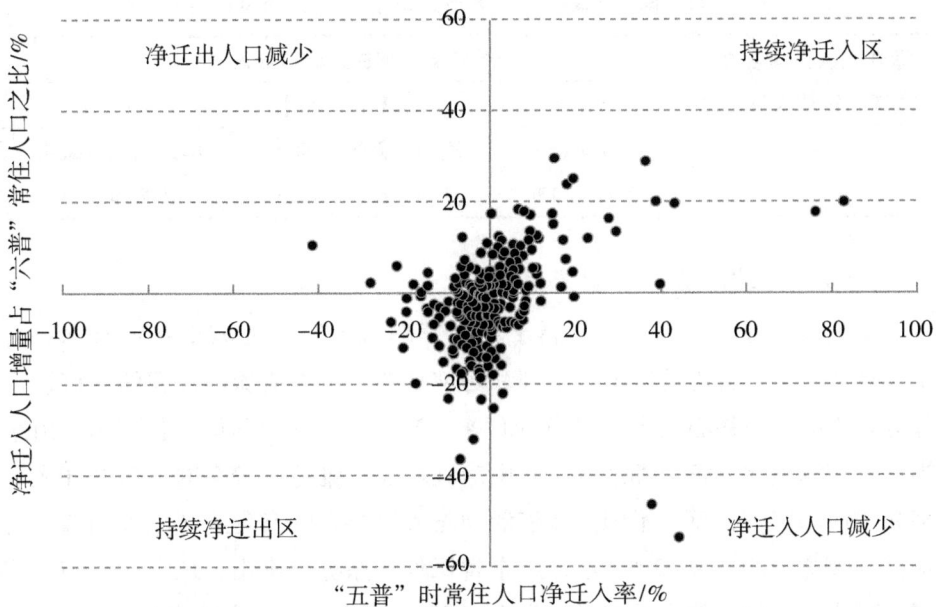

图 4-1　国内地级及以上城市人口净迁入/迁出类型划分

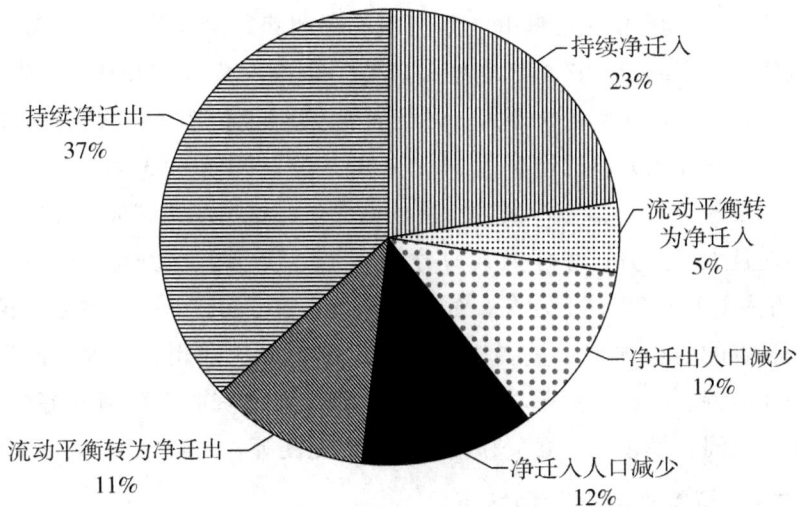

图 4-2　按人口净迁入/净迁出划分的国内城市类型分布（2000—2010 年）

表4-11　国内地级及以上城市人口净迁入/迁出类型划分

净迁入人口增量占	"五普"常住人口净迁入率		
"六普"常住人口之比	>1%	[-1%, 1%]	< -1%
>0	持续净迁入	流动平衡转为净迁入	净迁出人口减少
<0	净迁入人口减少	流动平衡转为净迁出	持续净迁出

（一）"持续净流入"型城市

从附表9可以看出，全国属于"持续净流入"型的城市共计有65个，主要是东部发达省份的城市、中部和西部重要经济中心城市及枢纽城市、大部分省份的省内核心城市。2000年以来，珠三角、海峡西岸、长三角、山东半岛、京津冀北、呼包鄂地区及辽中南城市走廊维持了较高的人口净迁入水平和较快的速度，反映了国内经济活动与人口要素的高度区域集聚的基本特征（于涛方，2012）。2000年，广东省深圳、东莞、中山、珠海、佛山、广州、惠州、江门和汕头九市净迁入人口1776万人，占其常住人口的40.2%；2010年，这9个城市的净迁入人口继续增加，达到2631万人，占其常住人口总量的比重也升至45.7%。长三角地区"两省一市"中的上海市、镇江市、南京市、常州市、无锡市、苏州市、湖州市、金华市、舟山市、温州市、杭州市、宁波市、嘉兴市也是人口持续净流入城市。2000年，这13个城市的净迁入人口达到799万人，占到其常住人口总量的10.9%；2010年，这些城市的净迁入人口已经高达2482万人，是2000年的3倍多，占到其常住人口总量的26.2%。京津冀都市圈的两大核心城市北京和天津吸纳人口的能力迅速且大幅上升，净迁入人口分别从240.17万人上升至705.84万人，66.81万人上升至301.91万人。对于中、西部地区而言，人口持续净流入区主要是各省的省会城市、重要枢纽城市，如合肥、郑州、成都、武汉、长沙、呼和浩特、太原、贵阳、昆明等市；以及自然资源和环境较好的城市，如大庆、大同、攀枝花、酒泉和旅游型城市丽江等。

（二）"持续净流出"型城市

两次普查期间全国属于"持续净流出"型城市共计有106个，是所有类型中数量最多的，主要是集中于农业相对较发达地区。这些城市大多是安徽、甘肃、广西、贵州、湖北、湖南、江西、内蒙古、宁夏等中、西部省（自治区）内经济较为落后的城市，例如，中部地区人口流失大省安徽有12

个地级市属于人口"持续净流出"型城市,湖南有 10 个地市属于"持续净流出"型城市,河南有 8 个地级市属于"持续净流出"型城市;西部人口流失大省广西有 11 个地级市属于"持续净流出"型城市。此外,福建、广东、江苏、山东等东部省份经济相对落后且距离都市圈等人口强势吸引中心距离较近的城市也是"持续净流出"型城市,例如,位于江苏省北部和中部的淮安市、泰州市、南通市。另外,东北地区的黑龙江省和辽宁省也有几个城市属于人口"持续净流出"型城市(附表 10)。

(三)"净迁入人口减少"型城市

"净迁入人口减少"型城市共有 35 个,主要集中在中、西部省份及东部经济相对落后区域。2000 年"五普"时,这类城市都是有一定的净迁入人口的;但在 21 世纪的第一个 10 年,净迁入人口总量有所减少。从附表 11 的统计可以看出,这一类型的城市在东北的长春—吉林地区、冀东南、鄂西北地区比较集中。此外,靠近人口吸引中心的都市圈、区域的周边城市,例如,珠三角与海峡西岸之间的漳州市、长三角与山东半岛之间的连云港和扬州、靠近广东省的新余和南昌、京津冀北和辽中南之间的秦皇岛市等,都呈现较明显的人口净流出趋势。此外,有一些资源型城市的人口吸引力有所减弱,如辽源市、金昌市等。

(四)"净迁出人口减少"型城市

两次普查期间,中国地级及以上城市中属于"净迁出人口减少"型城市的共有 35 个(附表 12)。这些城市在 2000 年时人口都是有一定程度的净迁出的;但在 21 世纪的第一个 10 年,净迁出人口总量有所减少,可能是由于一部分人口回迁或者其他城市人口的迁入。这一类城市位于主要城市群、都市圈的外围地区,如珠三角的清远、肇庆、梅州,长三角地区的浙江省台州市,山东半岛的日照市,长沙周边城市,以及哈尔滨—佳木斯一带等,得益于主要城市群和都市圈的辐射作用。

(五)"流动平衡转为净迁入"型城市和"流动平衡转为净迁出"型城市

"流动平衡转为净迁出"型城市和"流动平衡转为净迁入"型城市分别有 32 个和 14 个(附表 13 和附表 14)。2000 年"五普"时,这两类城市的净迁入和净迁出人口占常住人口比重非常小,可以将其视为"流动平衡"区。但是,至 2010 年,这些城市中有部分城市净迁入人口增加量继续减少，即为"流动平衡转为净迁出"型城市；有部分城市净迁入人口增加量有所增加，可以视为"流动平衡转为净迁入"型城市。"流动平衡转为净迁出"型城市的分布与"净迁入人口减少"型城市有些相似，如江苏省苏北地区的宿迁市、徐州市、盐城市，河北省保定市，辽宁省抚顺市等。"流入平衡转为净迁入"型城市数量比较少，主要临近于发达城市群，包括山东半岛的潍坊市，浙江省绍兴市，辽中南地区的辽阳市、营口市和锦州市，太原都市圈的晋中市和阳泉市，等等，类似于"净迁出人口减少"型城市，主要得益于区域整合进程加快，中心城市的区域辐射带动作用。

四、以长三角地区各城市人口迁移状况为例的分析

长三角地区流动人口数量最多的区域集中在一个呈"Z"形的区域内，它西起南京，途经镇江、常州、无锡、苏州、上海、嘉兴、杭州、绍兴，止于浙江省的宁波市。此外，根据"六普"资料，笔者计算了长三角地区25个城市（包括上海市、江苏省的13个地级市、浙江省的11个地级市）的净迁入人口和常住人口净迁入率，并按照比值对各城市进行了归类：净迁入率大于30%的作为一类地区（超强人口集聚地区），大于20%小于30%的作为二类地区（强人口集聚地区），大于0小于20%的作为三类地区（一般人口集聚地区），小于0的作为四类地区（人口净流失地区）。苏州市和上海市对外来人口的吸引力最为强劲，常住人口净迁入率高达39%和38.4%。无锡、宁波、嘉兴、常州、杭州、南京六市常住人口净迁入率位于［20%，30%］区间，属于人口集聚二类地区，表明这6个城市对外来人口的吸引力亦比较强劲。温州、舟山、金华、镇江、绍兴、湖州、台州七市属于三类地区。其余10个位于苏中、苏北和浙南的城市——扬州、南通、泰州、盐城、淮安、连云港、徐州、衢州、宿迁、丽水的常住人口净迁入率小于0，属于人口净流失地区。江苏省辖的地级市中属于人口净流失地区的城市大大多于浙江省（表4-12）。

表 4 – 12 "六普"时长三角地区各城市人口流入和流出情况

地区	城市	常住人口/万人	户籍人口/万人	净流入人口/万人	净流入率/%
超强人口集聚地区	苏州市	1045.99	637.77	408.22	39.0
	上海市	2301.92	1418.52	883.40	38.4
强人口集聚地区	无锡市	637.44	467.35	170.09	26.7
	宁波市	760.57	574.76	185.81	24.4
	嘉兴市	450.17	343.29	106.88	23.7
	常州市	459.24	360.57	98.68	21.5
	杭州市	870.04	687.65	182.39	21.0
	南京市	800.37	636.42	163.95	20.5
一般人口集聚地区	温州市	912.21	785.28	126.93	13.9
	舟山市	112.13	96.97	15.15	13.5
	金华市	536.16	464.55	71.61	13.4
	镇江市	311.41	271.98	39.43	12.7
	绍兴市	491.22	439.19	52.04	10.6
	湖州市	289.35	259.87	29.48	10.2
	台州市	596.88	582.59	14.29	2.4
人口净流失地区	扬州市	446.01	463.12	−17.12	−3.8
	南通市	728.36	765.90	−37.54	−5.2
	泰州市	461.89	501.11	−39.22	−8.5
	盐城市	726.22	820.37	−94.15	−13.0
	淮安市	480.17	542.43	−62.26	−13.0
	连云港市	439.35	498.30	−58.95	−13.4
	徐州市	857.72	975.99	−118.27	−13.8
	衢州市	212.27	249.18	−36.91	−17.4
	宿迁市	471.92	555.00	−83.09	−17.6
	丽水市	211.70	249.83	−38.13	−18.0

五、人口迁移与城市经济集聚、经济发展水平的相关关系分析

第三章从省级层面上证实了，人口与劳动力的迁入与迁出与某地区的经济发展水平密切相关。此处从城市层面上进一步对人口迁移与城市经济发展水平的相关关系进行分析。表 4 – 13 展示的是，不同类型的人口迁入/迁出城市的经济份额（R_{gdp} 指数）在 2000—2010 年的增减变动情况（Z_e 指数），

及 Pearson 卡方检验的结果。从表中可以看出，不同类型的城市的 GDP 份额增减情况是有差异的，Pearson 卡方检验的结果显示 $\chi^2 = 15.355$，$P = 0.009$，说明差异通过统计学显著性检验。6 种类型的城市中，持续净迁入城市与持续净迁出城市的比较分析最能反映出人口持续净迁入或净迁出对城市经济活动的影响。持续净迁入城市中，57.1% 的城市 2010 年的 GDP 份额比 2000 年有所增加，多于 GDP 份额下降的城市（42.9%）；持续净迁出城市中，仅有30.8% 的城市 2010 年的 GDP 份额比 2000 年有所增加，远少于 GDP 份额下降的城市（69.2%）。将这两种类型的城市的 GDP 份额变动情况相比，可以在一定程度上说明，人口持续净迁入的城市有利于其 GDP 份额的增加，人口持续净迁出的城市的 GDP 份额下降的可能性更大，人口在城市间的迁移促进经济生产活动向人口净迁入型城市集聚。

表 4-13　人口净迁入/净迁出城市的经济份额变化状况

城市类型	统计指标	Z_e 小于 0	Z_e 大于 0	合计
持续净迁入城市	数量/个	27	36	63
	比例/%	42.86	57.14	100
持续净迁出城市	数量/个	63	28	91
	比例/%	69.23	30.77	100
流动平衡转为净迁入	数量/个	5	9	14
	比例/%	35.71	64.29	100
流动平衡转为净迁出	数量/个	14	16	30
	比例/%	46.67	53.33	100
净迁出人口减少	数量/个	16	18	34
	比例/%	47.06	52.94	100
净迁入人口减少	数量/个	14	16	30
	比例/%	46.67	53.33	100

注：Pearson 卡方检验的结果是：$\chi^2 = 15.355$，$P = 0.009$。

进一步地，为了检验人口迁移与人均 GDP 的相关关系，笔者分别分析了 2000 年各城市人口净迁入率与其人均 GDP 的 Pearson 相关系数 r_{2000}，以及2010 年各城市人口净迁入率与其人均 GDP 的 Pearson 相关系数 r_{2010}，计算结果为 $r_{2000} = 0.75^{**}$，$r_{2010} = 0.75^{**}$，均表明一个城市的人口净迁入率与其人均 GDP 水平在 0.01 水平（双侧检验）上呈显著正相关关系，这为第五章构建计量经济学模型奠定了基础。

六、小结

本节主要是从地级市层面上分析区域间经济发展不均衡带动下的人口迁移流动的空间特征及两次人口普查期间的变动情况，主要有如下几点结论：

其一，"五普"至"六普"的10年，国内人口净流入城市数量减少，净流出城市数量增加，反映人口向少数城市集中的态势。这10年，无论是从全国层面来看，还是从东部、中部、西部、东北四大地区范围来看，人口迁移流动越发活跃，人口净流出地区越来越多地集中于中、西部地区，人口净流入地区越来越多地集中在东部。

其二，人口越来越集中于珠三角、长三角、京津冀三大都市圈与中、西部重要的区域经济中心城市、枢纽城市、省会城市；21世纪的第一个10年，珠三角、长三角、京津冀北等发达城市地区依然是外来流动人口集聚的最主要地区。

其三，人口净流失城市集中在人口密集的中部地区、成渝地区、江苏北部地区等，尤其是农村剩余劳动力较多的河南省、安徽省、四川省、湖北省、湖南省的部分经济发展非常落后、以农业为主的地级市的人口持续流出，成为全国流动人口的主要来源地。

其四，主要都市圈、城市群是人口强势吸引中心，反映出这些区域强大的集聚作用，这种集聚作用不仅表现在对其周边空间距离较近、经济发展相对落后的城市的人口的强势吸引，对全国的流动人口均具有强大的吸引力。同时，在区域整合发展不断深入的过程中，这些主要核心城市、城市群对周边外围地区的城市有辐射带动作用。

第三节　人口迁移对城市人口规模变动的影响

本节基于"四普""五普""六普"的数据，从东部、中部、西部、东北四大地区，不同规模城市、不同等级城市、三大都市圈城市群等视角，来刻画1990—2010年的20年我国城市人口活动空间集聚与均衡变动的过程，描述其特征及变动，并着重分析地级及以上城市人口负增长情况。

一、数据来源与分析方法

"四普"各县级及以上行政单位的数据来自《中国人口统计年鉴1991》，

"五普"和"六普"数据来源与上一节相同。此处从绝对数和相对数两个角度，通过纵向和横向比较，来描述人口的空间集疏状况及变动过程。绝对数采用的是人口总量数据，相对数采用指数 $R_{pop_{it}}$ 及指数 Z_p，其计算方式如下：

$$\Delta pop_i = pop_{it_2} - pop_{it_1} \tag{4-6}$$

若 $\Delta pop_i > 0$，则表示从 t_1 年到 t_2 年，城市 i 的人口规模增大；

若 $\Delta pop_i = 0$，则表示从 t_1 年到 t_2 年，城市 i 的人口规模不变；

若 $\Delta pop_i < 0$，则表示从 t_1 年到 t_2 年，城市 i 的人口规模减小。

$$R_{pop_{it}} = \frac{pop_{it}}{POP_t} \times 100\% \tag{4-7}$$

$$Z_p = R_{pop_{it_2}} - R_{pop_{it_1}} \tag{4-8}$$

其中，pop_{it} 表示城市 i 分年度 t 的人口数，POP_t 为相应年度 t 的全国人口数，$R_{pop_{it}}$ 表示各城市人口总量占全国人口总量的比重。Z_p 是 t_2、t_1 两个年份的指数 $R_{pop_{it}}$ 之差，即城市人口占全国人口比重的变化情况。

若 $Z_p > 0$，则表示从 t_1 年到 t_2 年，城市 i 占全国人口比重提高；

若 $Z_p = 0$，则表示从 t_1 年到 t_2 年，城市 i 占全国人口比重不变；

若 $Z_p < 0$，则表示从 t_1 年到 t_2 年，城市 i 占全国人口比重下降。

二、地级及以上城市人口规模增减变动情况

（一）全国来看，人口负增长的地级市从 37 个增加至 86 个，即三成地级市人口负增长且多位于中、西部地区

1990 年"四普"和 2000 年"五普"的数据分析显示，20 世纪最后一个 10 年，全国 287 个地级及以上城市中有 250 个城市的人口规模是增加的，即 87.1% 的城市人口规模递增，其余 37 个城市（12.9%）的人口呈现负增长。人口规模增长的 250 个城市中，75 个（30%）地处东部地区，72 个（28.8%）位于中部地区，74 个（29.6%）属于西部地区，29 个（11.6%）在东北地区范围内。人口规模减小的 37 个城市中，12 个（32.4%）地处东部地区，9 个（24.3%）位于中部地区，11 个（29.7%）属于西部地区，5 个（13.5%）在东北地区范围内（附表 15）。

"五普"和"六普"的数据分析显示，21 世纪第一个 10 年，全国 287 个地级及以上城市中人口总量增长的城市下降到 201 个，即人口规模递增的地级及以上城市占比下降至 70%，而人口总量负增长的地级及以上城市数量上升至 86 个，即有 30% 的地级及以上城市人口规模呈现递减态势。人口规

模增长的 201 个地级及以上城市中，73 个（36.3%）地处东部地区，54 个（26.8%）位于中部地区，51 个（25.4%）属于西部地区，23 个（11.4%）在东北地区范围内。人口规模减小的 86 个城市中，14 个（16.3%）地处东部地区，27 个（31.4%）位于中部地区，34 个（39.5%）属于西部地区，11 个（12.8%）在东北地区范围内（附表 15）。

（二）21 世纪第一个 10 年，16% 的东部地级市、1/3 中部地级市、四成西部地级市、近 1/3 东北地级市人口负增长

"四普"和"五普"的数据分析显示，1990—2000 年，东部地区共有 87 个地级及以上城市，人口规模递增的城市有 75 个，占比为 86.2%，其余 12 个（13.8%）城市的人口规模递减；中部地区的 81 个地级市中，有 72 个（88.9%）城市的人口规模递增，9 个（11.1%）城市人口规模递减；西部地区的 85 个地级及以上城市中有 74 个（87.1%）城市的人口规模增大，11 个（12.9%）城市的人口规模减小；东北地区共有 34 个地级市，其中人口规模增加的城市有 29 个，占比为 85.3%，其余 5 个（14.7%）地级市人口规模减小。

"五普"和"六普"的数据分析显示，2000—2010 年，东部地区共有 87 个地级及以上城市，人口规模递增的城市有 73 个，占比为 83.9%，其余 14 个（16.1%）城市的人口规模递减，东部地区人口规模下降的城市比 20 世纪 90 年代增加了 2 个。中部地区的 81 个地级市中，有 54 个（66.7%）城市的人口规模递增，人口规模递减的地级市从 20 世纪 90 年代的 9 个增至 27 个（33.3%），增加了 18 个城市。西部地区的 85 个地级及以上城市中有 51 个（60%）城市的人口规模增大，34 个（40%）城市的人口规模减小，而 1990—2000 年的 10 年，西部地区只有 11 个城市人口减少。东北地区共有 34 个地级市，其中人口规模增加的城市有 23 个，占比为 67.6%，其余 11 个（32.4%）地级市人口规模减小，而在上一个 10 年，东北地区只有 5 个城市人口减少（附表 15）。

上述分析显示，两个 10 年间，全国 287 个城市中人口规模递增的城市数量由上一个 10 年的 250 个下降至新的 10 年的 201 个，人口规模递减的城市数量则从 37 个上升至 86 个，且四大区域均有人口规模递减的城市。东部区域在新的 10 年内，人口规模递减的城市数量增加的最少（2 个），西部地区增加的最多（23 个），中部地区增加了 18 个，东北地区增加了 6 个。

三、人口负增长地级市的情况分析

在上述地图中展示 300 多个地级及以上行政单位人口正增长和负增长的

基础之上，此处笔者采用表格形式列出了 2000—2010 年 86 个人口负增长的地级市及其所在的省份和地区，并着重对人口负增长的地级市情况加以分析，分析其所属区域、所在省份等（表 4-14），并采用 ArcGIS 软件将各省范围内所辖地级市人口正增长和负增长分布情况用地图形式展示出来。

表 4-14　2000—2010 年人口负增长地级市的分布情况

地区	省份	人口负增长地级市
东部	江苏省	徐州市、南通市、连云港市、淮安市、盐城市、扬州市、泰州市、宿迁市
	浙江省	衢州市、丽水市
	福建省	三明市、南平市、龙岩市、宁德市
中部	安徽省	蚌埠市、黄山市、滁州市、阜阳市、宿州市、巢湖市、六安市、亳州市、宣城市
	河南省	商丘市、信阳市、周口市、驻马店市
	湖北省	黄石市、十堰市、宜昌市、襄樊市、荆门市、孝感市、荆州市、黄冈市、咸宁市、随州市
	湖南省	常德市、张家界市、益阳市、永州市
西部	内蒙古自治区	赤峰市、呼伦贝尔市、巴彦淖尔市、乌兰察布市
	广西壮族自治区	河池市、崇左市
	四川省	自贡市、德阳市、绵阳市、广元市、遂宁市、内江市、乐山市、南充市、眉山市、宜宾市、广安市、达州市、雅安市、巴中市、资阳市
	贵州省	遵义市、安顺市
	陕西省	渭南市、商洛市
	甘肃省	白银市、武威市、张掖市、庆阳市、定西市、陇南市
	宁夏回族自治区	吴忠市、固原市
东北	辽宁省	抚顺市、阜新市、铁岭市、朝阳市
	吉林省	吉林市、辽源市、白山市
	黑龙江省	齐齐哈尔市、鸡西市、鹤岗市、伊春市

东部地区的江苏省、浙江省和福建省均是人口净迁入地区，在 2000—2010 年，全省的常住人口规模也是在上升的，但是存在局部地级市人口负增长的现象，这是省内经济社会发展不均衡导致的省内跨市人口迁移的结果。江苏省有 13 个地级市，通常划分为苏南、苏中和苏北三大区域，其中，苏南包括南京、镇江、常州、无锡、苏州五市，苏中包括扬州、泰州、南通三市，苏北包括徐州、宿迁、淮安、盐城、连云港五市。全省 13 个地级市

中有 8 个地级市人口负增长，且这 8 个地级市无一例外地均位于苏中和苏北地区。这与江苏省内苏北、苏中与苏南地区经济社会发展程度有着巨大差距有着必然的关系。苏中、苏北地区有大量的劳动力迁移到苏南地区，苏南五市不仅吸引了苏中和苏北大量的省内人口，还吸引着来自其他各省的人口流入。福建省 4 个人口负增长的地级市三明市、南平市、龙岩市、宁德市均是位于福建省的西部、西北部与江西省交界的区域和北部区域，东南沿海的 5 个地级市人口均是正增长（图 4 - 3①）。浙江省 2 个人口负增长的地级市衢州市、丽水市也是位于西南区域与江西、福建两省交界处。

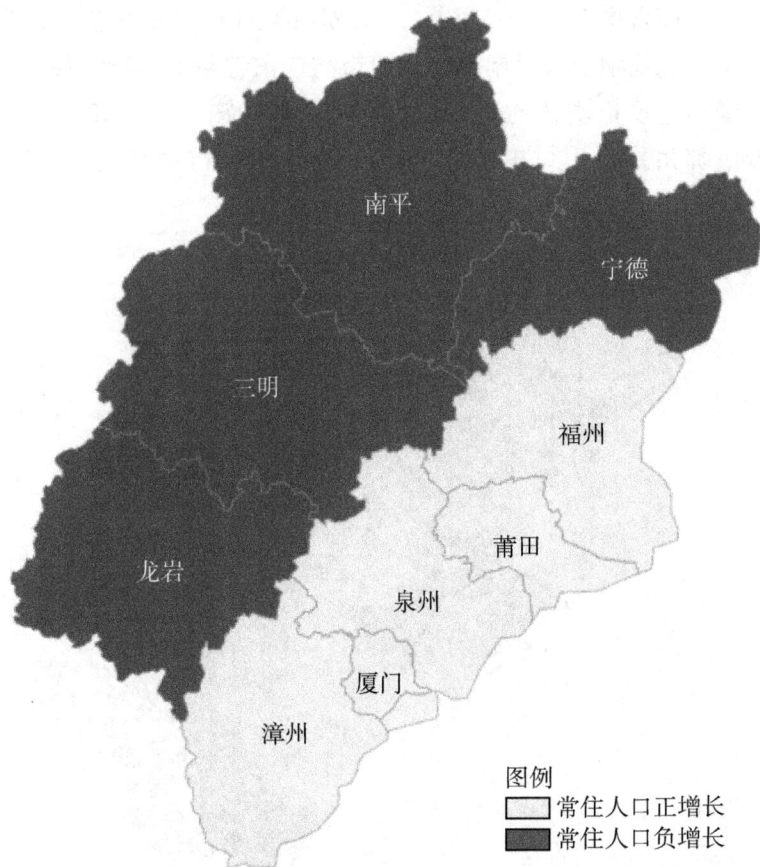

图 4 - 3　"五普"至"六普"福建省人口正增长和负增长地级市分布情况

---

　　① 图 4 - 3 至图 4 - 14 引自黄梦 2013 年的中国人民大学硕士学位论文《从"六普"看我国"外流型"人口负增长》。笔者感谢该文作者黄梦提供的地图原图。

　　中部地区的安徽、河南、湖南、湖北四省均是人口流失地区，且人口流出规模很大。不过，从全省层面来看，2000—2010年，安徽、河南、湖南的人口总量还是在增长的，仅有湖北省人口总量负增长。如果从地级市层面来看，就会发现更有意思的现象。在人口流出第一大省安徽省内部，17个地级市中（含巢湖市）有9个是人口负增长地区，与上海市和江苏省距离较近几个东部地级市除了马鞍山市以外都是人口负增长（图4-4）。河南省的17个地级市中有4个人口负增长地区，且这4个地级市均位于河南省的东南区域，从空间距离来看，这几个地级市与山东省、江苏省和上海市的距离相较于其他地级市而言更近一些（图4-5）。湖南省的13个地级市中有4个人口负增长地区，地处湖南省最南部的永州市与广东省距离很近（图4-6）。全省人口总量已呈现负增长的湖北省的情况非常特殊，全省12个地级市中，仅有武汉、鄂州二市人口正增长，其余10个地级市均是人口负增长地区

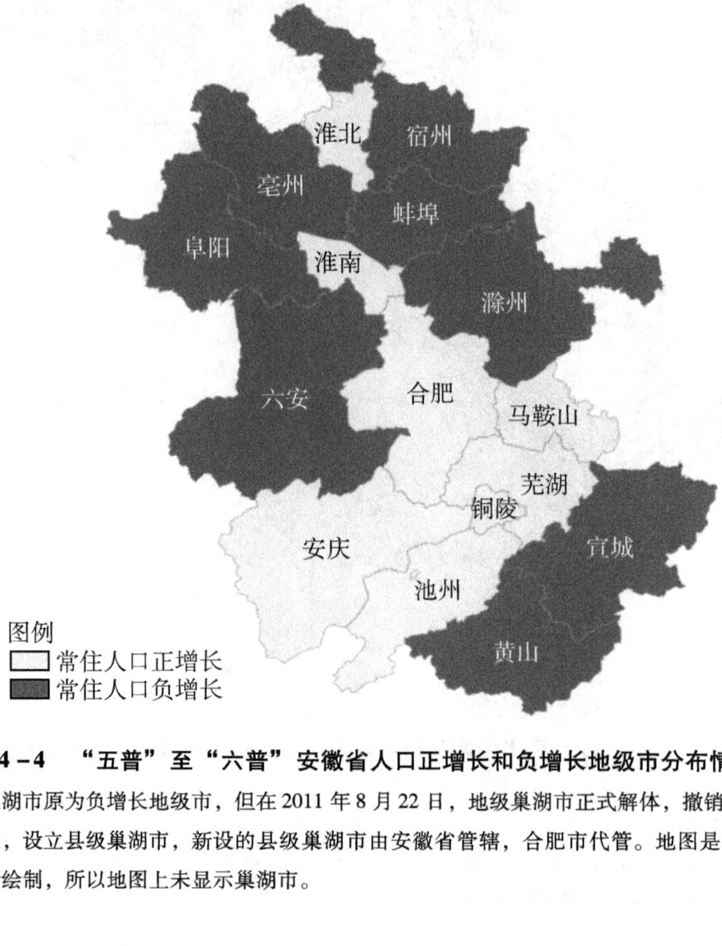

图4-4　"五普"至"六普"安徽省人口正增长和负增长地级市分布情况

　　注：巢湖市原为负增长地级市，但在2011年8月22日，地级巢湖市正式解体，撤销原地级巢湖市的居巢区，设立县级巢湖市，新设的县级巢湖市由安徽省管辖，合肥市代管。地图是根据现在的行政区划所绘制，所以地图上未显示巢湖市。

（图 4 - 7）。武汉市是湖北全省的人口吸引中心。

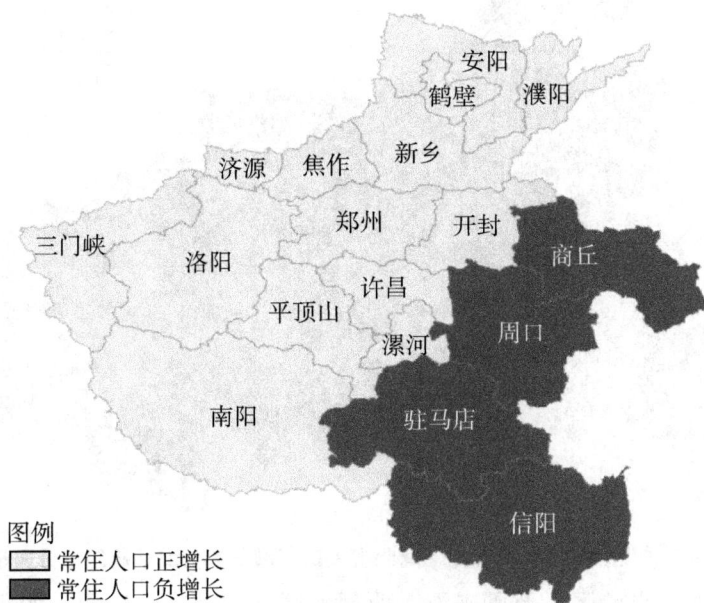

图例
☐ 常住人口正增长
■ 常住人口负增长

图 4 - 5 "五普"至"六普"河南省人口正增长和负增长地级市分布情况

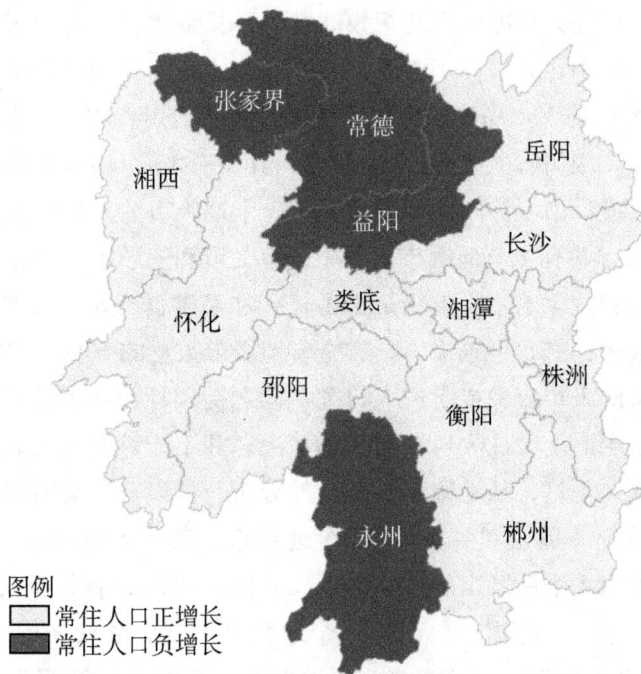

图例
☐ 常住人口正增长
■ 常住人口负增长

图 4 - 6 "五普"至"六普"湖南省人口正增长和负增长地级市分布情况

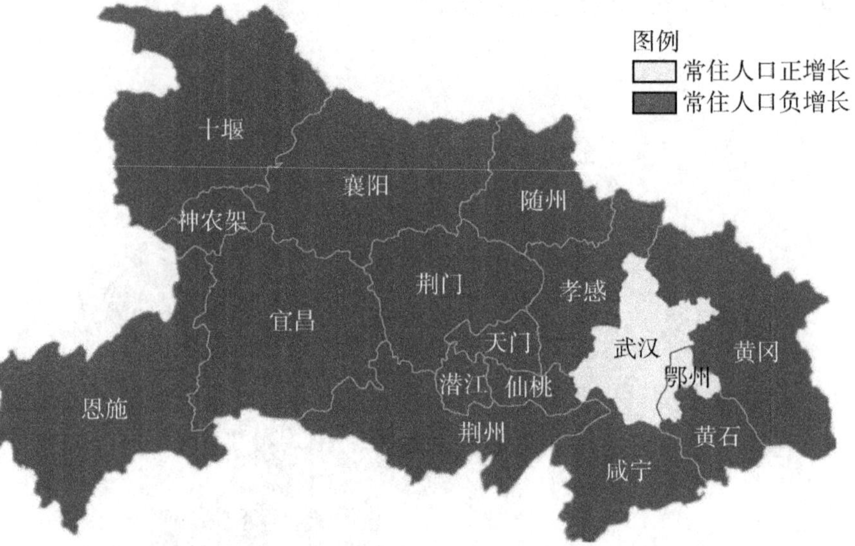

图例
☐ 常住人口正增长
■ 常住人口负增长

图4-7 "五普"至"六普"湖北省人口正增长和负增长地级市分布情况

从全省（自治区）范围来看，西部地区的内蒙古、广西、四川、贵州、陕西、甘肃和宁夏几省（自治区）中，内蒙古（图4-8）和宁夏属于人口净流入区域，但是人口净流入的规模非常小；其余几省（自治区）均是人口净流出区域，其中，尤以四川省为人口净流出大省，广西（图4-9）、贵州两省（自治区）的人口净流出量也比较大，并且四川省和贵州省总人口规模已经是负增长。四川省共有18个地级市，其中有15个地级市属于人口负增长地区，仅有成都市、泸州市和攀枝花市3个地级市的人口仍在正增长（图4-10）。贵州省共有4个地级市，其中，遵义市和安顺市2个地级市人口负增长，贵阳市和六盘水市人口仍是正增长。甘肃省属于人口负增长地区的地级市数量比较多，有6个地级市，占全省地级市数量的50%（图4-11）。

东北三省的人口流失或者说人口危机问题受到社会各界的广泛关注。事实上，从省级层面上常住人口规模变动情况，并不能够看出东北三省的人口流失严峻程度。不过，从地级市层面上的分析，可以非常清晰地看出东北三省人口流失情况。黑龙江省共有12个地级市，其中齐齐哈尔市、鸡西市、鹤岗市、伊春市4个地级市的人口负增长（图4-12）；吉林省共有8个地级市，其中吉林市、辽源市、白山市3个地级市人口负增长（图4-13）；辽宁省共有14个地级市，其中抚顺市、阜新市、铁岭市、朝阳市4个地级市人口负增长（图4-14）。东北三省的人口危机不仅在于人口流失，还由于其长期的低生育率水平，以及二者共同导致的人口老龄化程度严重。

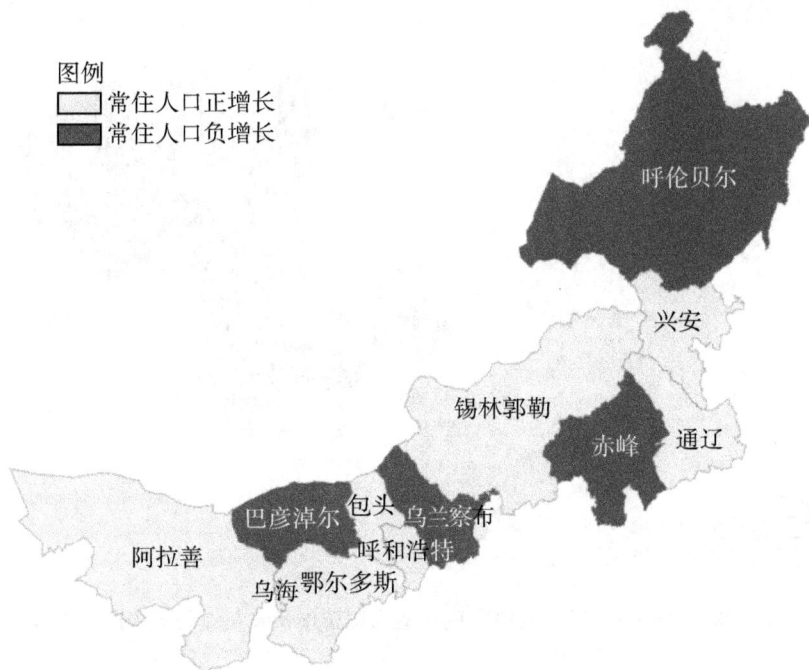

图4-8　"五普"至"六普"内蒙古自治区人口正增长和负增长地级市分布情况

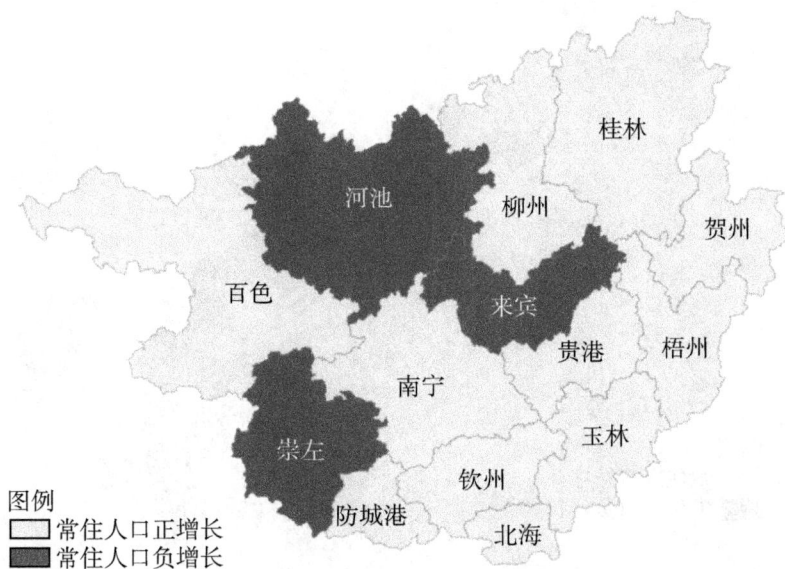

图4-9　"五普"至"六普"广西壮族自治区人口正增长和负增长地级市分布情况

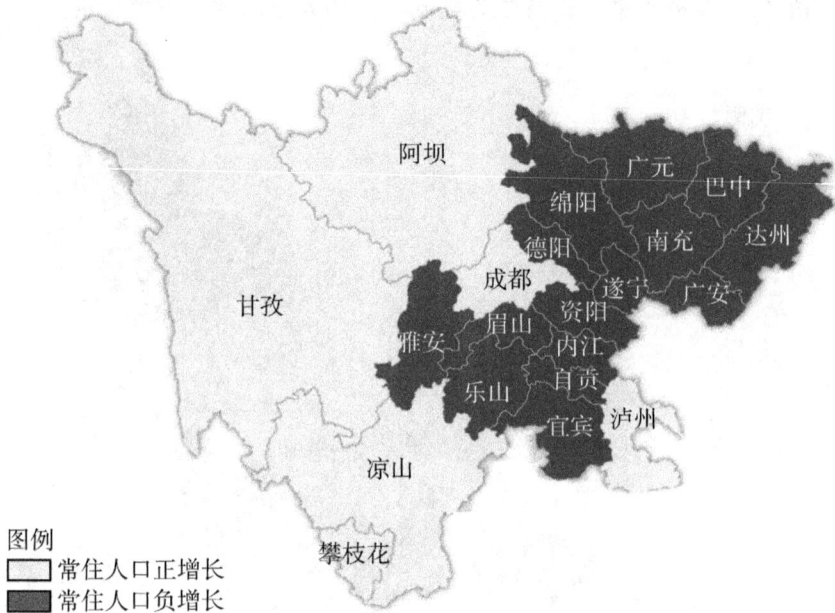

图例
☐ 常住人口正增长
■ 常住人口负增长

图 4 - 10　"五普"至"六普"四川省人口正增长和负增长地级市分布情况

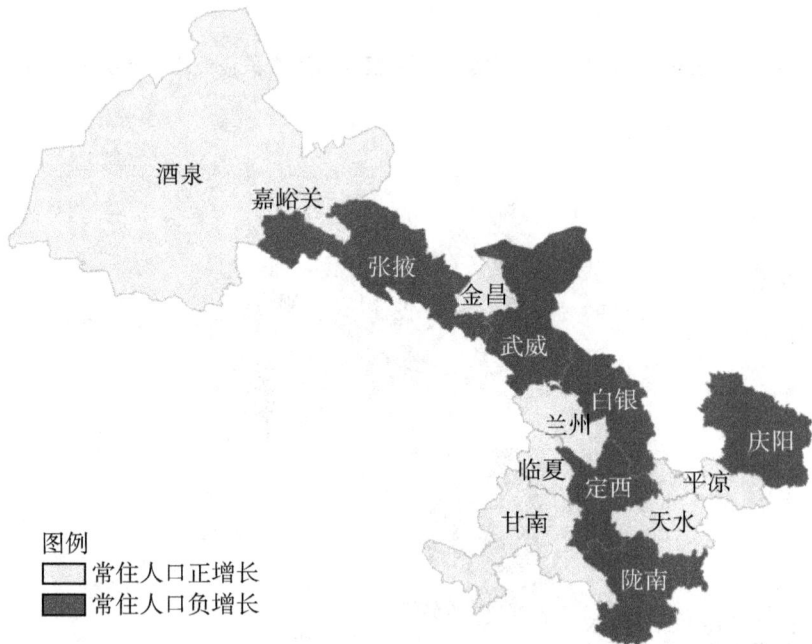

图例
☐ 常住人口正增长
■ 常住人口负增长

图 4 - 11　"五普"至"六普"甘肃省人口正增长和负增长地级市分布情况

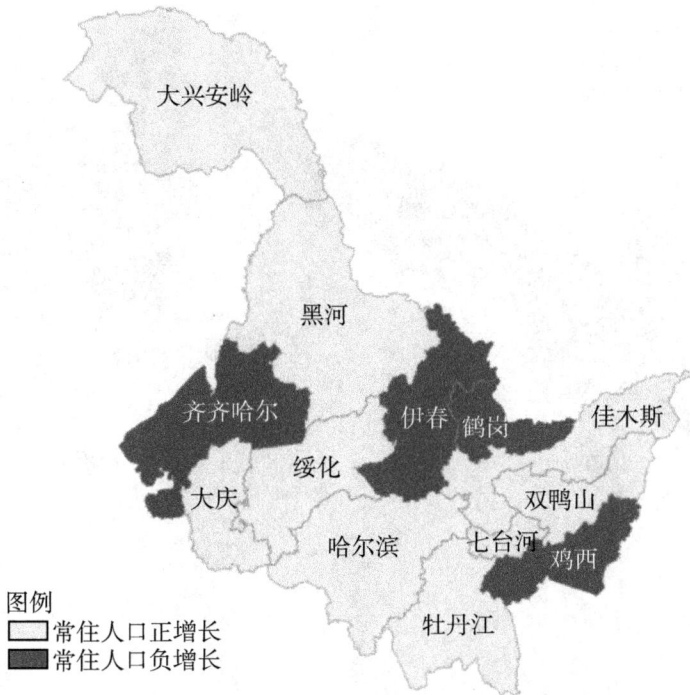

图 4 – 12　"五普"至"六普"黑龙江省人口正增长和负增长地级市分布情况

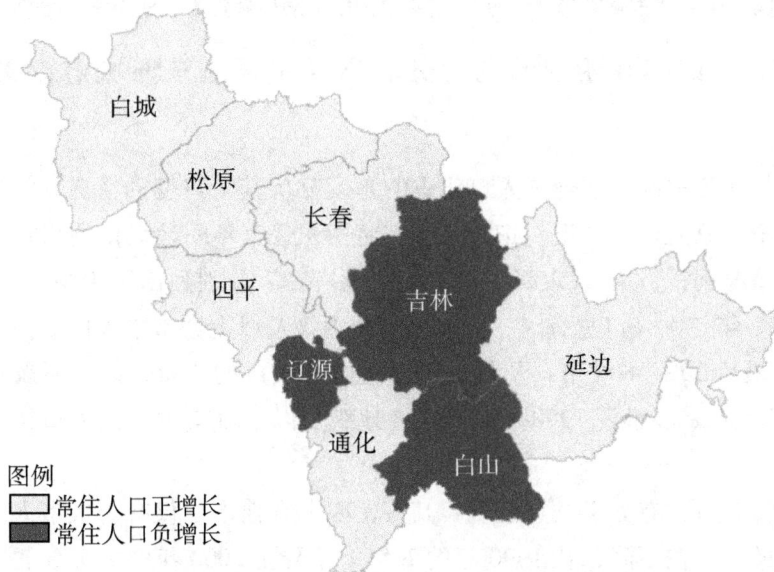

图 4 – 13　"五普"至"六普"吉林省人口正增长和负增长地级市分布情况

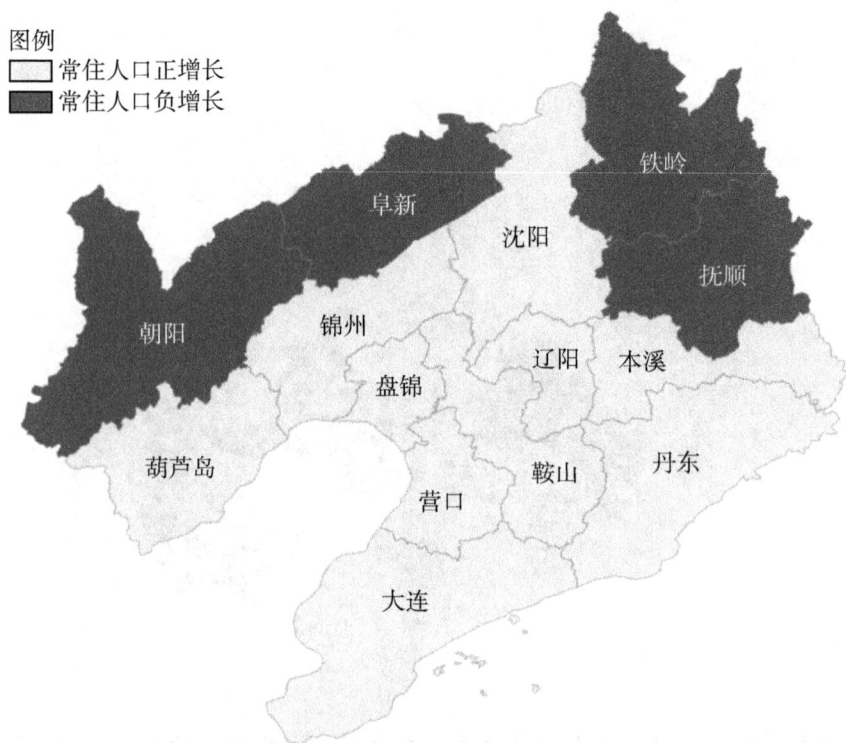

图 4-14　"五普"至"六普"辽宁省人口正增长和负增长地级市分布情况

四、人口存在明显地向部分城市（主要是东部城市）集中的趋势

此处从各地级市占全国人口比重的角度分析其人口变动情况，将地级市人口占全国总人口比重记作指数 $R_{pop_{it}}$，将两次普查年间地级市的指数 $R_{pop_{it}}$ 增减变化情况用指数 Z_p 来表示。附表16、附表17分别列出了1990年、2000年、2010年三次人口普查时，全国287个地级及以上城市中人口规模排名前20位、最后20位的城市，及其人口占全国总人口的比重，以及所属的区域位置；附表18展示了1990—2010年各地级及以上城市占全国人口比重变化情况。

通过分析，有如下几点发现：其一，四大直辖市中仅有重庆市人口占全国人口的比重在下降，从1990年的2.55%下降至2000年的2.46%再下降至2010年的2.16%；其二，人口规模排名靠前的地级市中东部城市越来越多，排名靠后的地级市中属于中、西部的城市越来越多；其三，四成多地级市人口占全国人口比重上升，且以东部城市居多；其四，大部分东部城市占全国人口比重提高，其他 3 个区域则相反。

在 1990—2000 年，对于 130 个指数 $Z_p > 0$ 的地级市（占全国人口比重上升的地级市）而言，其占全国人口的总份额在"四普"时为 33.9%，而在"五普"时提高至 37.5%；对于 157 个指数 $Z_p < 0$ 的地级市（占全国人口比重下降的地级市）而言，其占全国人口的总份额在"四普"时为 59.1%，而在"五普"时下降至 55.5%。在 2000—2010 年，100 个指数 $Z_p > 0$ 的地级市的人口总量之和占全国总人口的总份额，由"五普"时的 38.6% 提高至"六普"时的 42.9%；而 187 个指数 $Z_p < 0$ 的地级市的人口总量占全国总人口的比重由"五普"时的 54.4%，下降至"六普"时的 50.3%（表 4 - 15）。这表明，从地级市层面上分析，1990—2010 年，我国人口存在明显地向部分城市集中的趋势。

表 4 – 15　根据 1990—2010 年的指数 Z_p 增减分类的地级市人口集中度之和

地级市分类	地级市数量/个	人口集中度 R_{pop_i} 之和/%		
		1990 年	2000 年	2010 年
1990—2000 年的 $Z_p > 0$ 的地级市	130	33.9	37.5	—
1990—2000 年的 $Z_p < 0$ 的地级市	157	59.1	55.5	—
2000—2010 年的 $Z_p > 0$ 的地级市	100	—	38.6	42.9
2000—2010 年的 $Z_p < 0$ 的地级市	187	—	54.4	50.3

附表 19 和附表 20 分别展示了两个 10 年间，人口总量占全国总人口比重提高、下降最多的 20 个地级及以上城市，及其所属的省份和区域。从中可以看出，1990—2000 年，指数 $R_{pop_{it}}$ 提高最多的 20 个地级及以上城市中，有 13 个地处东部地区，其中有 8 个属于广东省的城市；下降最多的城市中仅有 4 个地处东部地区，大部分属于中、西部地区。2000—2010 年，指数 $R_{pop_{it}}$ 提高最多的 20 个地级市中，有 15 个地处东部地区；下降最多的城市中仅有 3 个地处东部地区，且均地处江苏省的苏北、苏中地区。

综上所述，从人口集中度在 1990—2010 年的 20 年的变化来看，人口规模排名靠前的城市大多数位于东部地区，且越来越多的东部城市人口总量攀升，人口规模在全国的排名往前进，东部地区城市人口占全国总人口的比重也在逐步提升；而人口规模排名靠后的城市则大多数位于中、西部地区，且越来越多的中、西部和东北地区的地级市人口规模减小，占全国总人口的比重下降。简而言之，过去的 20 年，我国人口向东部地区集中的态势越发明显，中、西部和东北地区人口疏散趋势显著。

五、按城市规模、行政级别、城市群分类的地级市分析

（一）按城市规模分：特大城市和超大城市人口比重上升，集聚了全国 51.7% 的人口

此处借鉴国务院 2014 年 11 月 21 日印发的《关于调整城市规模划分标准的通知》[①] 中的分类方法，按照城市常住人口规模，将三次普查时全国 287 个地级及以上城市划分为 5 个等级，并分析不同规模城市的数量分布及其人口占全国总人口的比重。

若 $pop_i < 50$，则为小城市；

若 $50 \leqslant pop_i < 100$，则为中等城市；

若 $100 \leqslant pop_i < 500$，则为大城市；

若 $500 \leqslant pop_i < 1000$，则为特大城市；

若 $pop_i > 1000$，则为超大城市。

表 4 - 16 中的分类结果表明，我国地级市的人口规模绝大部分为 100 万~500万人及 500 万~1000 万人，50 万以下人口和 1000 万以上的人口的地级市都是极少数。此外，过去的 20 年，常住人口规模在500 万~1000 万的地级市数量经历了先增加后减少，从 1990 年的 63 个增至 2000 年的 80 个，又降至 2010 年的 75 个；人口规模大于 1000 万的地级市数量不断增加，2010年有 13 个地级及以上城市的人口规模大于1000万。

表 4 - 16 还展示了不同规模的城市，在三次人口普查时的人口规模占全国人口的比重及变动情况。从中可以看出，小城市的人口规模及比重均经历了先上升后下降的过程，2010 年，小城市的人口总量合计仅为 108.69 万人，仅占全国总人口的 0.08%。中等城市人口规模在 1990—2000 年大幅下降，

[①]《关于调整城市规模划分标准的通知》中明确，新的城市规模划分标准以城区常住人口为统计口径，将城市划分为 5 类 7 档。城区常住人口 50 万以下的城市为小城市，其中 20 万以上 50 万以下的城市为Ⅰ型小城市，20 万以下的城市为Ⅱ型小城市；城区常住人口 50 万以上 100 万以下的城市为中等城市；城区常住人口 100 万以上 500 万以下的城市为大城市，其中 300 万以上 500 万以下的城市为Ⅰ型大城市，100 万以上 300 万以下的城市为Ⅱ型大城市；城区常住人口 500 万以上 1000 万以下的城市为特大城市；城区常住人口 1000 万以上的城市为超大城市。（以上包括本数，以下不包括本数）。本书适当借鉴了这种分类方式，文中的常住人口是指地级及以上城市的全国常住人口，不是城区常住人口。

2000—2010 年又有小幅回升，其占全国人口的比重一直在下降。大城市人口规模 1990—2000 年有所下降，2000—2010 年又有所回升，其占全国人口的比重则是一直在下降。特大城市的人口规模 1990—2000 年有大幅增长，占全国人口的比重也从 36.69% 上升至 42.69%，2000—2010 年人口规模有所下降，比重亦降至 37.89%。超大城市的人口规模和比重在 1990—2000 年一直处于上升态势。

总体而言，在 1990—2010 年的 20 年，小城市、中等城市、大城市人口比重在下降。特大城市人口比重上升后下降，主要是由于部分特大城市经过发展之后变成了超大城市，因而超大城市的数量及其人口比重均不断上升。1990 年"四普"时，全国人口中有 41.38% 的人生活在 66 个常住人口达到 500 万及以上的特大城市和超大城市里；至"六普"时，全国人口中已有 51.72% 的人生活在 88 个常住人口达到 500 万及以上的特大城市和超大城市里。

表 4－16　三次人口普查全国不同规模的城市数量及占全国人口比重

城市类型	"四普"		"五普"		"六普"	
	城市数/个	人口比重/%	城市数/个	人口比重/%	城市数/个	人口比重/%
小城市	6	0.16	6	0.18	3	0.08
中等城市	15	1.09	7	0.45	8	0.44
大城市	200	50.33	189	43.08	188	40.93
特大城市	63	36.69	80	42.69	75	37.89
超大城市	3	4.69	5	6.6	13	13.83

（二）按行政级别分：核心城市占全国及其所在省的人口比重均在持续上升

从表 4－17 可以看出，从"四普"到"六普"的 20 年，4 个直辖市、15 个计划单列市和副省级城市、16 个一般省会城市的人口占全国人口比重均在不断上升，特别是 15 个计划单列市和副省级城市占全国人口比重从"四普"时的 7.64% 上升至"六普"时的 9.89%，上升了 2.25 个百分点。这 35 个核心城市占全国人口的比重持续上升，从"四普"时的 18.13% 上升至"五普"时的 19.84%，再升至"六普"时的 22.31%，也就是说全国 22.3% 的人口生活在 35 个（占 287 个地级及以上城市的 12.2%）核心城市。

表 4 –17　三次普查不同级别城市的人口数及占全国人口比重

城市等级	"四普"		"五普"		"六普"	
	人口数/万人	比重/%	人口数/万人	比重/%	人口数/万人	比重/%
核心城市：	20 497.73	18.13	24 652.57	19.84	29 740.55	22.31
直辖市	6181.26	5.47	7033.84	5.66	8441.64	6.33
计划单列市和副省级城市	8637.81	7.64	10 773.05	8.67	13 183.84	9.89
一般省会城市	5678.66	5.02	6845.68	5.51	8115.07	6.09
其他非核心城市	84 596.50	74.83	90 923.95	73.17	94 443.33	70.86

附表 21 展示了三次人口普查时，15 个计划单列市和副省级城市、16 个一般省会城市的人口占其所在省的总人口的比重及变化情况。从中可以看出，无一例外，1990—2010 年的 20 年，所有这些核心城市在其所在省的人口份额均在逐步提高，并且，这些城市绝大部分都是所属省的人口大市。"六普"时，这 31 个核心城市中有 14 个地级市均是其所属省的首位城市，仅有厦门市人口总量在福建省排名第 4，南昌市人口在江西省排名第 4，济南市人口在山东省排名第 7，其他所有核心城市的人口均在其所属省排名前 3 位。

黑龙江省哈尔滨市、吉林省长春市、辽宁省沈阳市和大连市均是东北三省的重要城市，哈尔滨市、长春市分别聚集了黑龙江省、吉林省近 28% 的人口，沈阳市和大连市则集聚了辽宁省近 38% 的人口。杭州市和宁波市是浙江省内经济社会发展程度最高的两个城市，也是长三角的重要城市，这两个城市聚集了浙江省近 30% 的人口。广州市和深圳市是广东省人口最多的两个地级市，在广东省乃至珠三角地区的地位都是非常重要的，聚集了广东省22.1% 的人口。此外，厦门市和福州市聚集了福建省近 29% 的人口，西安市、海口市的人口占陕西省、海南省的总人口比重也均超过了 20% 以上，西宁市、银川市的人口更是占到广西和宁夏总人口的 30% 以上。

（三）按城市群分：三大城市群人口比重持续升高，京津冀城市群内部人口分布相对不均衡

1990 年以来的三次人口普查数据显示，三大城市群占全国总人口的比例持续提高，表明人口不断向这些区域聚集（表 4 –18）。"六普"时，三大城市群人口占全国总人口的比例为 18.48%，相比"五普"提高了 2.58%。而"四普"至"五普"两次人口普查期间，三大城市群人口占全国总人口的比例仅上升了 1.4%。这表明，21 世纪的第一个 10 年与 20 世纪最后 10 年相比，全国人口呈加速向三大城市群转移的趋势。

1990—2010 年的 20 年，珠三角城市群占全国总人口的比重增长幅度最大，20 年提高了 2.12 个百分点，长三角城市群次之，提高了 1.19 个百分点，京津冀城市群增长幅度最小，为 0.67 个百分点。其中，珠三角城市群占全国人口的比重在 1990—2000 年提高了 1.31 个百分点，在这段时期内是三大城市群众提高幅度最大的；长三角城市群占全国人口的比重在 2000—2010 年提高了 1.13 个百分点，在这段时期内是三大城市群提高幅度最大的。这说明，在 21 世纪的第一个 10 年，长三角已有代替珠三角成为全国人口最强吸引力的都市圈之势。

从三大城市群人口构成看，"六普"时首位城市占本城市群人口比例最高的是北京市，北京市占京津冀城市群人口比例为 23.41%。北京市也是近十年占城市群人口比重上升最快的首位城市，上升了 4.27 个百分点，上海上升了 2.62 个百分点，而广州则下降了 0.56 个百分点。这在一定程度上反映了京津冀城市群人口分布相对其他两个城市群而言更加不均衡，与三大都市圈的经济发展不均衡特征相同。未来我国流动人口将继续增加并向城市群集中，如何协调城市群内部各城市的发展，特别是如何减少城市群的首位城市人口发展的压力，更好地辐射其他城市的发展，促进城市群内部人口合理分布，是未来三大城市群发展所需面对的重大问题。

表 4–18　三次普查三大城市群人口数及其占全国人口比重

城市群	"四普"		"五普"		"六普"	
	人口数/万人	比重/%	人口数/万人	比重/%	人口数/万人	比重/%
全国	113 368.25	100.00	126 582.50	100.00	133 972.49	100.00
长三角城市群：	7753.75	6.84	8743.12	6.91	10 763.00	8.03
上海市	1334.19	17.21	1640.77	18.77	2301.92	21.39
江苏八市	3780.99	48.76	4151.33	47.48	4890.72	45.44
浙江七市	2638.57	34.03	2951.02	33.75	3570.36	33.17
珠三角城市群：	2350.65	2.07	4287.91	3.39	5612.73	4.19
广州市	630.00	26.80	994.20	23.19	1270.19	22.63
深圳市	166.74	7.09	700.88	16.35	1035.84	18.46
广东其他七市	1553.92	66.11	2592.82	60.47	3306.70	58.91
京津冀城市群：	6331.92	5.59	7091.29	5.60	8378.57	6.25

城市群	"四普"		"五普"		"六普"	
	人口数/万人	比重/%	人口数/万人	比重/%	人口数/万人	比重/%
北京市	1081.94	17.09	1356.92	19.14	1961.24	23.41
天津市	878.54	13.87	984.87	13.89	1293.87	15.44
河北八市	4371.44	69.04	4749.49	66.98	5123.47	61.15
三大城市群合计	16 436.32	14.50	20 122.32	15.90	24 754.30	18.48

资料来源：1990 年、2000 年和 2010 年人口普查资料。

从长江三角洲地区"两省一市"内部的人口集中疏散趋势，亦能更加清晰地看出，人口有向长三角城市群集中的态势，尤其是向沪宁杭核心城市集中的趋势明显。2000—2010 年的 10 年，长三角的核心城市上海及周边的苏南、浙北人口增长明显，苏中、苏北和浙南的衢州、丽水人口减少。这种趋势表明在长三角城市群内部，人口有进一步向沪宁杭集中的趋势。以长三角中的 3 个省会城市（上海市、杭州市和南京市）为连接点的小三角形，成为人口增长与集聚的"金三角"。据统计，这个小三角形地块的面积为16 932 平方公里（太湖区域除外），占整个长三角面积的 8.3%，而人口却占长三角的 12.5%。从近年来区域人口的增幅来看，其人口的增长幅度领先于整个地区。除了上海以外，苏州、南京、无锡、杭州、宁波 2000—2010 年人口增长率都在 2% 以上。

六、小结

本节主要是基于"四普""五普"和"六普"数据，分析 20 年全国人口的空间集聚疏散规律及特征，分析主要从全国、四大地区、不同规模城市、不同行政等级城市、三大城市群几个视角展开，并重点分析了属于人口负增长地区的地级市的分布情况。

本节的主要发现可以归纳为如下几点。其一，全国来看，1990—2000 年，全国人口负增长的地级市 37 个，2000—2010 年增加至 86 个，即三成地级市人口负增长，且这些地级市多位于中、西部地区。21 世纪第一个 10 年，16% 的东部地级市、1/3 中部地级市、四成西部地级市、近 1/3 东北地级市人口负增长。

其二，江苏、福建、安徽、河南和湖北五省人口负增长的地级市数量较多，其中江苏、福建既由于这些地级市的人口流向了长三角和珠三角的其他省份，也因为省内经济发展程度差异较大，省内跨市的人口迁移规模较大。安徽、河南和湖北均是人口流失大省，这些省份的大规模人口外迁，尤其是靠近人口吸引中心的地级市人口迁出规模和强度更大，因此，这些省内某些地级市人口会呈现负增长。这些规模符合人口迁移的相关经典理论，迁移的空间距离越近、迁入地与迁出地的社会经济发展程度差异越大，迁移者的规模越大。

其三，从各地级市人口占全国人口总量的比重来看，1990—2010 年的 20 年，四大直辖市中仅有重庆市人口占全国人口的规模下降了。人口规模排名靠前的地级市中东部城市越来越多，排名靠后的地级市中属于中、西部的城市越来越多。四成多地级市人口占全国人口比重上升，且以东部城市居多。从各地区内部来看，大部分东部城市占全国人口比重提高，其他 3 个区域则是大部分城市占全国人口的比重下降了。全国人口存在明显地向部分城市（主要是东部城市）迁移集中的趋势。

其四，从不同规模的城市来看，1990—2010 年的 20 年特大城市和超大城市的人口比重上升，2010 年共集聚了全国 51.72% 的人口。从城市的行政级别来看，由直辖市、副省级城市、计划单列市及普通省会城市构成的核心城市占全国的人口比重在持续上升，而普通地级市的人口份额在下降，且副省级城市、计划单列市及普通省会城市在其所在省的人口比重无一例外均在上升，且大部分都是省内首位城市占省内人口规模的比重较高。从城市群来看，长三角、珠三角、京津冀三大城市群吸引着越来越多的人口集聚，占全国人口比重持续升高，京津冀城市群内部人口分布相对不均衡。

第四节 人口迁移对城市间劳动力资源重新配置的影响

人口的迁入迁出必定会改变一个城市的劳动力资源①规模，重塑劳动力资源在空间上的分布。本节基于"五普""六普"的数据，从东部、中部、西部、东北四大地区，不同等级城市，三大都市圈城市群等视角，来刻画

———————

① 劳动力资源指的是 15～64 岁劳动年龄人口。

2000—2010 年的 10 年我国劳动力资源空间集聚与均衡变动的过程，描述其特征及变动。

一、数据来源与分析方法

"五普"和"六普"地级市数据分别来源于《中国 2010 年人口普查分县资料》和《中国 2000 年人口普查分县资料》，并按照县级行政区划变动，以 2010 年的地级市范围为基准，对地级市数据进行了匹配。此处从绝对数和相对数两个角度，通过纵向和横向比较，来描述劳动力资源的空间集疏状况及变动过程。绝对数采用的是劳动力资源总量数据，相对数采用指数 $R_{lbr_{it}}$ 及指数 Z_l，其计算方式如下：

$$\Delta lbr_i = lbr_{it_2} - lbr_{it_1} \qquad (4-9)$$

若 $\Delta lbr_i > 0$，则表示从 t_1 年到 t_2 年，城市 i 的劳动力资源规模增大；

若 $\Delta lbr_i = 0$，则表示从 t_1 年到 t_2 年，城市 i 的劳动力资源规模不变；

若 $\Delta lbr_i < 0$，则表示从 t_1 年到 t_2 年，城市 i 的劳动力资源规模减小。

$$R_{lbr_{it}} = \frac{lbr_{it}}{LBR_t} \times 100\% \qquad (4-10)$$

$$Z_l = R_{lbr_{it_2}} - R_{lbr_{it_1}} \qquad (4-11)$$

其中，lbr_{it} 表示城市 i 分年度 t 的劳动力资源数，LBR_t 为相应年度 t 的全国劳动力资源数，$R_{lbr_{it}}$ 表示各城市劳动力资源规模占全国总人口的比重。Z_l 是 t_2、t_1 两个年份的指数 $R_{lbr_{it}}$ 之差，即城市劳动力占全国劳动力比重的变化情况。

若 $Z_l > 0$，则表示从 t_1 年到 t_2 年，城市 i 占全国劳动力比重提高；

若 $Z_l = 0$，则表示从 t_1 年到 t_2 年，城市 i 占全国劳动力比重不变；

若 $Z_l < 0$，则表示从 t_1 年到 t_2 年，城市 i 占全国劳动力比重下降。

二、全国城市劳动力资源变动情况分析

（一）全国来看，劳动力资源总量负增长的城市有 38 个，且多位于中、西部

从劳动力资源总量来看，"五普"和"六普"的数据分析显示，21 世纪第一个 10 年，全国 287 个地级及以上城市中劳动力资源总量负增长的城市有 38 个，即有 13.2% 的城市劳动力资源总量负增长，其余 249 个城市劳动力资源总量正增长。38 个劳动力资源总量负增长的城市中，有 4 个位于东部

地区，分别是江苏省的淮安市、盐城市、宿迁市，福建省的南平市；12 个地处中部地区，分别是安徽省的巢湖市、阜阳市、亳州市、宣城市，河南省的信阳市、周口市、驻马店市，湖北省的黄冈市、荆州市、随州市、咸宁市，湖南省的永州市；17 个位于西部地区，分别是内蒙古自治区的乌兰察布市、广西壮族自治区的河池市，重庆市，四川省的达州市、德阳市、广安市、广元市、乐山市、眉山市、绵阳市、内江市、南充市、宜宾市、资阳市、自贡市，贵州省的遵义市，宁夏回族自治区的固原市；5 个位于东北三省，分别是辽宁省的朝阳市、抚顺市，吉林省的辽源市，黑龙江省得鸡西市、伊春市（表 4 - 19）。

（二）近六成城市劳动力资源数量占全国的比重有所下降

从劳动力资源数量占全国的比重增减情况来看，21 世纪第一个 10 年，全国 287 个地级及以上城市中劳动力资源数量占全国的比重下降的城市有 169 个，即有 58.9% 的城市的劳动力资源数量占全国的比重在这 10 年有所下降，其余 118 个城市的占比有所上升。劳动力资源占比下降的 169 个地级及以上城市中，35 个（20.7%）地处东部地区，51 个（30.2%）位于中部地区，58 个（34.3%）属于西部地区，25 个（14.8%）在东北地区范围内（表 4 - 19）。

表 4 - 19　"五普"和"六普"时全国各城市劳动力资源分布情况

地区	不同类型的城市个数/个				$R_{lbr2000}$/%	$R_{lbr2010}$/%
	$\Delta lbr_i > 0$	$\Delta lbr_i < 0$	$Z_l > 0$	$Z_l < 0$		
东部地区	83	4	52	35	38.38	41.2
中部地区	69	12	30	51	28.27	27.18
西部地区	68	17	27	58	23.92	22.52
东北地区	29	5	9	25	9.43	9.09
全国合计	249	38	118	169	100	100

（三）劳动力存在向部分城市集中的态势

从表 4 - 19 可以看出，"五普"至"六普"的 10 年，东部城市的劳动力资源数量占全国的比重有所上升，从 38.38% 升至 41.2%，其余 3 个地区的劳动力资源占比均有所下降。表 4 - 20 分别展示了劳动力资源数量增加/减少的城市的劳动力资源总量及占全国的比重之和，以及劳动力资源占比升高/降低的城市的劳动力资源总量及占全国的比重之和。从中可以看出，对于

38 个劳动力资源数量减少的城市，其劳动力数量之和从 13 399.8 万人下降至 12 778.4 万人，劳动力占比之和从 16.5% 下降至 13.76%，且这 38 个城市均是常住人口规模负增长的城市。相应地，249 个劳动力资源数量增加的城市，其劳动力数量和占比之和都有所升高。对于 169 个劳动力资源占比下降的城市，尽管其劳动力数量之和有所上升，从 46 828.7 万人升至 48 710.9 万人，但其劳动力占比之和却有所下降，从 57.7% 下降至 52.4%。这些分析一定程度上可以反映，国内劳动力存在向东部城市集中的态势。

表 4-20　"五普"和"六普"时不同类型劳动力资源分布情况

城市分类	lbr_{2000}/万人	$R_{lbr_{2000}}$/%	lbr_{2010}/万人	$R_{lbr_{2010}}$/%
$\Delta lbr_i > 0$	67 819.46	83.50	80 095.23	86.24
$\Delta lbr_i < 0$	13 399.83	16.50	12 778.41	13.76
$Z_l > 0$	34 390.61	42.34	44 162.75	47.55
$Z_l < 0$	46 828.68	57.66	48 710.89	52.45

三、不同行政级别城市劳动力资源变动状况

根据各地级及以上城市的行政级别，可以将全国所有地级及以上城市划分为核心城市和非核心城市，其中核心城市包括直辖市（4 个）、计划单列市和副省级城市（合计 15 个）、普通省会城市（17 个），余下的 252 个地级市则视作非核心城市。这种行政主导性的划分使得各城市之间的资源分配受到所属行政级别的影响。城市行政级别越高，就越靠近主导资源分配的权利中心，获得的资源就越多。从表 4-21 可以看出，从"五普"到"六普"的 10 年，4 个直辖市、15 个计划单列市和副省级城市、16 个一般省会城市的劳动力资源数量及其占全国劳动力资源总量的比重均在不断上升。需要指出的是，四大直辖市中重庆市的劳动力资源数量及其占全国劳动力资源的总量均在下降，北京、上海和天津三市的劳动力资源数量大大提升。这 35 个核心城市的劳动力资源数量占全国劳动力资源总量的比重从"五普"时的 22.57% 上升至"六普"时的 25.23%，也就是说全国 1/4 的劳动年龄人口在 35 个（占 287 个地级及以上城市的 12.2%）核心城市生产或生活。其他非核心城市的劳动力资源数量占全国劳动力资源总量的比重从"五普"时的 77.43% 下降至"六普"时的 74.77%。

表4-21　两次普查不同级别城市的劳动力数量及占全国比重

城市等级	"五普"		"六普"	
	数量/万人	比重/%	数量/万人	比重/%
核心城市：	18 332.56	22.57	23 434.22	25.23
直辖市	5187.20	6.39	6605.08	7.11
计划单列市和副省级城市	8214.93	10.11	10 621.40	11.44
一般省会城市	4930.43	6.07	6207.74	6.68
其他非核心城市	62 886.73	77.43	69 439.42	74.77

四、三大城市群城市劳动力资源变动状况

我国东部沿海的三大城市群，即长三角城市群、珠三角城市群和京津冀城市群，是我国经济最发达和竞争力最强的区域，人口、劳动力和经济生产活动不断向这些区域聚集。"六普"时，三大城市群劳动力资源数量占全国劳动力资源总量的比例为21.2%，相比"五普"提高了2.7%，其中长三角城市群的劳动力资源数量是三大城市群中最高的，达到了8499.4万人，占全国劳动力资源总量的9.15%；京津冀城市群次之，劳动力资源数量达到6540.1万人，占全国劳动力资源总量的7%；珠三角城市群的劳动力资源数量为4642.34万人，占全国劳动力资源总量的5%，是三大城市群中劳动力规模最小的。从2000—2010年的10年的增幅来看，珠三角城市群劳动力资源数量的增长幅度最大，10年增长了36.8%，长三角城市群次之，增长了31.1%，京津冀城市群增长幅度最小，增长了27.11%。从三大城市群内部的劳动力资源分布构成来看，"六普"时首位城市占本城市群劳动力资源总量比例最高的是北京市，北京市占京津冀城市群劳动力资源总量的比例为24.8%。北京市也是近十年劳动力资源数量增长最快的首位城市，增长了53.2%，上海增长了49.5%，广州增长了35%。此外，深圳和天津两市的劳动力资源数量增幅也较大，深圳增长了44.6%，天津增长了43.4%（表4-22）。

表4-22　两次普查不同级别城市的劳动力数量及占全国比重

城市群	"五普"		"六普"	
	数量/万人	比重/%	数量/万人	比重/%
全国	81 219.29	100.00	92 873.64	100.00
长三角城市群：	6484.51	7.98	8499.44	9.15

续表

城市群	"五普"		"六普"	
	数量/万人	比重/%	数量/万人	比重/%
上海市	1251.58	1.54	1870.54	2.01
江苏八市	3062.62	3.77	3840.22	4.13
浙江七市	2170.31	2.67	2788.68	3.00
珠三角城市群:	3393.92	4.18	4642.34	5.00
广州市	770.31	0.95	1039.78	1.12
深圳市	632.76	0.78	914.75	0.98
广东其他七市	1990.86	2.45	2687.81	2.89
京津冀城市群:	5145.30	6.34	6540.07	7.04
北京市	1058.26	1.30	1621.55	1.75
天津市	736.88	0.91	1056.83	1.14
河北八市	3350.16	4.12	3861.68	4.16
三大城市群合计	15 023.73	18.50	19 681.84	21.19

五、小结

本节主要是基于"五普"和"六普"数据,分析这10年全国劳动力资源的空间分析集聚疏散规律及特征,分析主要从全国、四大地区、不同行政等级城市、三大城市群几个视角展开。全国来看,劳动力存在向部分城市集中的态势,主要是向东部城市、核心城市和三大城市群集中,部分城市的劳动力资源规模已出现负增长现象。这10年,劳动力资源总量负增长的城市有38个,且多位于中西部。从劳动力资源数量占全国的比重来了,已有近六成城市劳动力资源数量占全国的比重有所下降。35个核心城市的劳动力资源数量占全国劳动力资源总量的比重从"五普"时的22.57%上升至"六普"时的25.23%。三大城市群劳动力资源数量占全国劳动力资源总量的比重从"五普"时的18.5%提高至"六普"时21.2%。

第五节　人口迁移对城市层面上
人口老龄化变动的影响

以省为对象的分析，研究单位的空间尺度偏大，省内人口老龄化程度可能存在"被平均"了的现象。因此，本节从地级市层面上，分析全国人口老龄化的空间分布及其变动情况。随着研究单位空间范围的缩小，人口老龄化的空间分布差异及其变动状况可能会更加"明显"或者说更加"尖锐"。

一、数据来源与分析方法

本节的数据来源与上一节相同。不过，《中国人口统计年鉴1991》中仅有"四普"时各县级及以上行政单位的总人口，没有分年龄结构的数据。同时，全国进入人口老龄化社会的时间是2000年。因此，在地级市层面上分析2000年以后人口老龄化空间分化情况更有意义。所以，本节分析人口老龄化空间变动的时间跨度为2000—2010年。

根据各城市人口老龄化程度对城市进行分类，既可以更准确地判断各城市人口老龄化所处的阶段，也可以分析其演变的特征、规律与问题。联合国对人口年龄类型的划分标准是：一国或地区的65岁以上的人口占总人口比重低于4%，为年轻型社会；处于4%~7%，为成年型社会；超过7%的国家或地区就称之为人口老年型国家或老年型社会。世界卫生组织对"老龄化社会"或者"老龄社会"进行了界定：65岁及以上人口占总人口的比例达到7%时，为"老龄化社会"（Aging society），达到14%为"老龄社会"（Aged society），达到20%以上为"超老龄社会"（Hyper-aged society）。

本节首先从程度和速度两个角度考察人口老龄化的区域差异及演化趋势。笔者在联合国和世界卫生组织两种界定方式的基础上，结合目前世界各国及中国国内各城市人口老龄化程度的实际情况，以65岁以上人口占总人口比重（记为PA）为测量指标，提出了细化地区间人口老龄程度的划分标准，如下所示：

若PA≤4%，则为年轻型社会；

若4%＜PA≤70%，则为成年型社会；

若7%＜PA≤10%，则为浅度老龄化社会；

若 PA > 10%，则为深度老龄化社会。

其后，根据"五普"至"六普"间各地级及以上城市 65 岁以上人口占总人口比重的提高量（记作 ΔPA①），将所有地级及以上城市划分为：

若 ΔPA < 0，则为老龄化减轻型城市；

若 0 ≤ ΔPA ≤ 1%，则为老龄化低速提高型城市；

若 1% < ΔPA ≤ 2%，则为老龄化中低速提高型城市；

若 2% < ΔPA ≤ 3%，则为老龄化中高速提高型城市；

若 ΔPA > 3%，则为老龄化高速提高型城市。

二、按四大地区分的城市人口老龄化水平及变动情况

本部分首先基于"五普"和"六普"的人口数据，采用上述划分标准，并区分东部、中部、西部和东北四大地区，对全国 287 个地级及以上城市进行分类，分类结果如表 4 – 23、表 4 – 24 和表 4 – 25 所示。

（一）2000 年全国仅有半数地级市属于老年型城市，2010 年高达九成地级市已属于老年型城市，这 10 年全国地级市普遍跨入老龄化社会

我国整体上于 2000 年跨入老龄化社会，不过，各地级及以上城市跨入老龄化社会的时间不一。2000 年"五普"时，全国有近一半（143 个，占 49.8%）的地级及以上城市属于老年型城市。其中，有 4 个城市的 65 岁及以上老龄人口比重已高于 10%，分别是上海市、江苏省南通市和泰州市、浙江省丽水市，老龄人口比重已分别高达 11.5%、12.4%、10.3%、10.0%。2000 年南通市是全国老龄化程度最高的地级及以上城市，上海市排第 2 位。同时，还有半数左右的城市未跨入老龄化社会，其中 139 个（48.4%）地级及以上城市属于成年型城市，仅有 5 个地级市仍属于年轻型城市，分别是广东省深圳市和东莞市、甘肃省嘉峪关市、宁夏回族自治区中卫市、新疆维吾尔自治区克拉玛依市，老龄人口比重分别为 1.2%、2.1%、3.8%、4.0%、3.8%。

2010 年"六普"时，全国仅有深圳和东莞两市仍属于年轻型城市，老龄人口比重分别为 1.8% 和 2.3%，与"五普"时相比，老龄化程度几乎是没有任何提高，仍是全国最年轻的城市；成年型城市已经显著减少至 29 个。

---

① ΔPA = "六普"时 65 岁以上人口占总人口比重（PA_{2010}） – "五普"时 65 岁以上人口占总人口比重（PA_{2000}）。

至此，全国仅有这 31 个（10.8%）城市尚未跨入老龄化社会，而高达 89.2%（256 个）的地级市已是老年型城市，且其中有 79 个城市（占全国的27.5%）的老龄人口比重已高于10%。2010 年"六普"时，南通市依然是全国老龄化程度最高的地级市，泰州市排第 2 位，老年人口比重分别高达16.50%和14.23%，比"五普"时均提升了 4 个百分点左右。2000 年"五普"时排名第 2 位的上海市，2010 年"六普"时人口老龄化程度有所缓解，老龄人口比重降至10.13%。

表 4 − 23　2000 年按老龄化程度分的地级市分布情况

地区	年轻型社会	成年型社会	浅度老龄化社会	深度老龄化社会	合计
东部城市数量/个	2	20	61	4	87
占东部城市总数的比重/%	2.3	23.0	70.1	4.6	100
占全国该类型城市总数的比重/%	40.0	14.4	43.9	100	—
中部城市数量/个	0	46	35	0	81
占中部城市总数的比重/%	0	56.8	43.2	0	100
占全国该类型城市总数的比重/%	0	33.1	25.2	0	—
西部城市数量/个	3	50	32	0	85
占西部城市总数的比重/%	3.5	58.8	37.6	0	100
占全国该类型城市总数的比重/%	60.0	36.0	23.0	0	—
东北城市数量/个	0	23	11	0	34
占东北城市总数的比重/%	0	67.6	32.4	0	100
占全国该类型城市总数的比重/%	0	16.5	7.9	0	—
全国城市数量/个	5	139	139	4	287
占全国城市总数的比重/%	1.7	48.4	48.4	1.4	100
占全国该类型城市总数的比重/%	100	100	100	100	—

注：Pearson 卡方检验的结果是：$\chi^2 = 42.954$，$P = 0.000$。

（二）中、西部和东北地区的老龄化速度加快，快于东部地区，新增的老年型城市数量远多于东部，老龄化程度与东部地区之间的差距大大缩小

从东部、中部、西部和东北四大地区层面上来看，2000 年"五普"时东部地区已有74.7%的地级及以上城市属于老年型城市，比重远远高于其他

3 个地区，其中，中部地区为 43.2%，西部地区为 37.6%，东北地区为 32.4%。表 4－23 中的 Pearson 卡方检验的结果显示 $\chi^2 = 42.954$，$P = 0.009$，充分说明 2000 年"五普"时不同地区间的老龄化程度的差异在统计学上是显著的，东部地区的人口老龄化程度明显高于其他 3 个地区。

2000—2010 年，中部、西部和东北地区的人口老龄化速度大大加快，东北三省有 85.3% 的城市属于老龄化中高速提高型和老龄化高速提高型城市，西部地区的这一比例为 65.9%，中部地区为 44.5%，东部地区最低，仅为 24.1%。表 4－24 中 Pearson 卡方检验的结果显示 $\chi^2 = 92.739$，$P = 0.000$，说明这 10 年不同地区的人口老龄化提高速度是有差异的，并且差异是通过统计学显著性检验的，东北地区老龄化速度最快，西部次之，中部再次之，东部地区最慢。值得一提的是，上海、苏州、厦门、惠州、中山、鄂尔多斯和宁波 7 个城市的老龄化程度在这 10 年不升反降。

表 4－24　按 2000—2010 年人口老龄化程度提高速度
区分的地级及以上城市分类汇总情况

地区	减轻型	低速 提高型	中低速 提高型	中高速 提高型	高速 提高型	合计
东部城市数量/个	6	30	30	16	5	87
占东部城市总数的比重/%	6.9	34.5	34.5	18.4	5.7	100
中部城市数量/个	0	12	33	25	11	81
占中部城市总数的比重/%	0.0	14.8	40.7	30.9	13.6	100
西部城市数量/个	1	2	26	23	33	85
占西部城市总数的比重/%	1.2	2.4	30.6	27.1	38.8	100
东北城市数量/个	0	0	5	21	8	34
占东北城市总数的比重/%	0.0	0.0	14.7	61.8	23.5	100
全国城市数量/个	7	44	94	85	57	287
占全国城市总数的比重/%	2.4	15.3	32.8	29.6	19.9	100

注：Pearson 卡方检验的结果是：$\chi^2 = 92.739$，$P = 0.000$。

至 2010 年"六普"时，中、西部和东北地区的老年型城市数量均有大幅增加，中部地区有高达 91.4% 的地级市属于老年型城市，西部地区和东北地区也分别有高达 88.2% 和 91.2% 的老年型城市；与之相比，东部地区新增的老年型城市数量相对较少，老年型城市的比重（87.4%）甚至略低。值得一提的是，2010 年"六普"时，东北地区的 34 个地级市中，竟有高达

41.2% 的城市的老年人口比重大于 10% ，这一比重不仅远高于中、西部地区（均为 23.5%），亦高于东部地区的 29.9% 。表 4 – 25 中的 Pearson 卡方检验的结果显示 $\chi^2 = 14.611$ ，$P = 0.263$ ，表明 2010 年 "六普" 时不同地区间的老龄化程度之间的差异在统计学上已经不显著了，中、西部和东北地区与东部地区的老龄化程度之间的差距大大缩小，全国普遍进入老龄化社会。

表 4 – 25　2010 年按老龄化程度分的地级及以上城市分布情况

地区	年轻型社会	成年型社会	浅度老龄化社会	深度老龄化社会	老龄社会	合计
东部城市数量/个	2	9	50	24	2	87
占东部城市总数的比重/%	2.3	10.3	57.5	27.6	2.3	100
占全国该类型城市总数的比重/%	100	31	28.2	31.2	100	—
中部城市数量/个	0	7	55	19	0	81
占中部城市总数的比重/%	0	8.6	67.9	23.5	0	100
占全国该类型城市总数的比重/%	0	24.1	31.1	24.7	0	—
西部城市数量/个	0	10	55	20	0	85
占西部城市总数的比重/%	0	11.8	64.7	23.5	0	100
占全国该类型城市总数的比重/%	0	34.5	31.1	26	0	—
东北城市数量/个	0	3	17	14	0	34
占东北城市总数的比重/%	0	8.8	50	41.2	0	100
占全国该类型城市总数的比重/%	0	10.3	9.6	18.2	0	—
全国城市数量/个	2	29	177	77	2	287
占全国城市总数的比重/%	0.7	10.1	61.7	26.8	0.7	100
占全国该类型城市总数的比重/%	100	100	100	100	100	—

注：Pearson 卡方检验的结果是：$\chi^2 = 14.611$ ，$P = 0.263$ 。

三、国内几个特大型城市人口老龄化状况分析

本部分基于 "六普" 全国和几大城市的数据，简要描述国内几个特大型城市——上海、北京、天津、深圳和广州的人口老龄化现状。表 4 – 26 展示了 "六普" 时国内几大城市 65 岁及以上老年人口绝对数量、各城市老年人口占全国老年总人口的比重、各城市人口老龄化率及其与 "五普" 时相比老

年人口比重上升幅度、老年抚养比及其与"五普"时相比老年人口比重上升幅度。

表 4-26 "六普"时国内几个特大城市人口老龄化情况

	全国	上海	北京	天津	深圳	广州
人数/万人	11 883.17	232.98	170.9	110.23	18.28	84.09
各城市老年人口占全国的比重/%	100	1.96	1.44	0.93	0.15	0.71
人口老龄化率/%	8.87	10.13	8.71	8.52	1.79	6.67
人口老龄化率"六普"比"五普"上升/%	1.91	-1.33	0.29	0.07	0.56	0.57
老年抚养比/%	11.95	12.47	10.53	10.43	2.03	8.15
老年抚养比"六普"比"五普"上升/%	9.97	-2.55	-0.27	-0.81	0.67	0.28

从表中可以看出，其一，上海老年人口绝对数量是几大城市中最多的，达到232.98万人，占全国老年人口总量的1.96%；北京市老年人口数量为170.9万人，仅次于上海市；天津市老年人口数量也已经超过100万人，达到110.23万人；广州市老年人口数量低于100万人，为84.09万人；深圳市的老年人口规模最小，仅为18.28万人，占全国老年人口总量的0.15%。

其二，从老年人口占总人口的比重来看，除了上海市（10.13%）高于全国平均水平（8.87%）之外，其他4个城市的老年人口比重均低于全国平均水平，其中北京市（8.71%）和天津市（8.52%）基本持平，略微低于全国的平均水平；广州市低于北京市和天津市，为6.67%；深圳市最低，仅为1.76%。从老年抚养比来看，上海的老年抚养比高于全国平均水平，其他几个城市均低于全国平均水平，北京和天津基本相当，并高于广州市，深圳市最低，仅为2.03。简而言之，这几座特大型城市中深圳市是最年轻的城市，上海市是最老的城市，北京和天津紧随上海之后，广州市比上海、北京和天津都要年轻。

其三，与"五普"纵向比较来看，这10年全国人口老龄化进一步加剧，65岁及以上老年人口比重比"五普"增加1.91个百分点；北京、天津、深圳和广州等城市人口老龄化率均有不同程度的提高，但提高的幅度均低于全国平均水平，65岁及以上老年人口比重分别比"五普"增加了0.29、0.07、0.56和0.57个百分点。上海区别于全国和其他大城市，其老年人口占常住人口的比重相对于"五普"出现了下降，降低了1.33个百分点。从老年抚养比来看，上海、北京和天津3个老龄化程度相对较高的城市的老年抚养比与"五普"时相比均有不同程度的下降，广州市和深圳市老年抚养比本来就相对较低，特别是深圳市，在这10年也仅是有小幅提高。这说明由于大规模的以劳动力为主的人口迁入，缓解了这些城市的人口老龄化程度，至少是延缓了本地户籍人口原本不可避免会加速的人口老龄化进程。

四、人口规模增长、人口迁移与老龄化空间分布变动的交叉分析

以某一个地级市的纵向变化情况为分析内容，即分析2000—2010年全国各地级及以上城市老龄化程度的提高幅度，也是非常有意义的。从全国范围来看，2000—2010年，有31个地级及以上城市的老年抚养比下降了，这31个城市中有24个属于东部地区，6个位于中部，仅1个处于西部，没有属于东北地区的城市。分区域来看，这10年，63个（72.4%）东部城市老龄化程度提高了，27.6%的东部城市老龄化程度降低了。75个（92.6%）中部城市老龄化程度提高了，其余7.4%中部城市老龄化程度降低了。西部地区仅有1个城市在这10年老龄化程度下降了，这个城市是鄂尔多斯市。东北地区所有34个地级市在2000—2010年的10年，老龄化程度均提高了。

进一步地，2000—2010年全国31个老年抚养比下降的地级及以上城市均是人口正增长地区，这其中有23个城市是人口净流入地区，分别是：上海市、苏州市、杭州市、宁波市、温州市、嘉兴市、绍兴市、金华市、汕头市、江门市、惠州市、中山市、潮州市、厦门市、泉州市、北京市、天津市、廊坊市、晋城市、朔州市、鄂尔多斯市、郑州市、三亚市。这些城市多是位于三大都市圈城市群的人口强势吸引中心。256个老年抚养比升高的城市中，有176个属于人口净流出地区。这个结果在一定程度上可以反映出，以劳动力为主体的人口净流入缓解了部分城市的人口老龄化程度，人口净流失则加重了部分城市的老龄化程度。东部地区与中部、西部和东北地区的人口老龄化程度差距的缩小，很大程度上也是源自于大规模的劳动力从中部、西部、东北迁徙至东部地区。

五、小结

本节基于"五普"和"六普"数据，以全国、四大地区、国内几个特大型城市为分析视角，探寻城市层面上人口老龄化空间分布特征及其在这10

年的变化情况；同时，挖掘以劳动力为主的大规模人口迁移与老龄化空间分布变化之间的关系。主要结论如下：

其一，2000 年全国仅有半数地级市进入老龄化社会，10 年后九成地级市已处于老龄化社会或老龄社会，中国进入普遍老龄化社会。目前，全国尚无已经进入超老龄社会的地级及以上城市。其二，2000 年东部地区的老龄化程度高于中部、西部和东北地区，进入老龄化社会的城市数量远远多于其他地区。但是，2000—2010 年，中、西部和东北地区的人口老龄化速度快于东部地区，新跨入老龄化社会的城市数量大大增多，也多于东部地区，四大地区均有九成多城市已进入老龄化社会。因而，2010 年四大地区间老龄化程度的差距在缩小。其三，2000—2010 年，全国有 31 个地级及以上城市的老年抚养比下降了，其中 24 个属于东部地区，6 个位于中部，仅 1 个处于西部，没有属于东北地区的城市。这 31 个城市都是人口正增长地区，且有 23 个是人口净流入区域。

这些分析均可以说明，大规模的、以劳动力为主体的、由中西部和东北部向东部地区迁移为主要流向的人口迁移改变了全国人口老龄化的空间分布特征，人口净流入地区的人口老龄化程度得到缓解、速度放缓，人口净流失区域人口老龄化速度加快、程度加重。对国内几个特大型城市的分析，也显示出这种人口迁移缓解了这些城市的人口老龄化程度，至少是延缓了本地户籍人口原本不可避免会加速的人口老龄化进程。第五章将进一步通过计量模型，来量化分析人口迁移对人口老龄化空间分布变动的影响。

第五章　经济集聚与人口空间分布
变动互动关系的计量模型分析

在前两章描述性统计分析的基础上，本章采用计量经济模型，进一步探究经济集聚和人口空间格局变动关系。第一节以全国所有地级及以上城市为样本单位，构建城市层面模型，探讨经济发展水平、经济结构、产业结构、城市化水平对人口净迁入的作用。第二节着重分析人口迁移对中国人口规模空间集聚疏散、劳动力资源空间配置及人口老龄化空间分布产生的影响。第三节建立省级面板数据模型，分析省际人口迁移对省域经济产出的影响。第四节通过构建反映人口与经济活动分布的协调度的指数，从省级层面和地级市层面上，分析中国人口与经济活动布局空间耦合情况。

第一节　区域经济水平对人口集聚
影响的地级市模型

第三章省级层面的描述性统计分析及单变量计量模型分析显示，区域之间经济发展水平的差距是导致人口在空间迁移流动的主要原因之一，进而导致人口向部分地区集聚。第四章地级市层面上的描述性分析，亦证明人口正在呈现向经济发达城市集聚的态势。本节在描述性统计分析的基础上，运用计量经济学模型，量化分析区域经济发展对人口迁移的作用。

一、数据来源与变量选取

早在 19 世纪末，莱文斯坦在其分别基于英国人口普查中有关人口出生地和居住地的资料及欧洲 20 多个国家的资料写成的两篇同名论文《人口迁移的法则》中就指出，人口迁移以经济动机为主，人们为改善生活条件而进行的迁移占全部迁移的绝大多数。20世纪的人口统计学家、地理学家和经济学家们在莱文斯坦研究的基础上提出了阐述移民动力机制的最早的理论——推—拉力理论，探讨迁出地与迁入地间由于自然环境和社会经济发展的空间差异形成的推拉力的外部机制及移民个体差异的内部机制，来解释人口迁移的动因。尽管推—拉力理论的理论框架过大，难以量化各种因素的作用，但是该理论可以从定性分析的视角，为定量研究的变量选择和设计等提供理论支持和指导。

新古典主义经济理论从经济学的角度分析了迁移行为产生的动因，将宏观的结构因素与微观的个体取舍结合起来，并应用了古典主义经济理论的供需表。从宏观层面来看，迁入地和迁出地在工资上的差距是产生人口迁移的根源，而工资上的差距实际上反映了两地间的收入和福利差距。从微观个体层面来看，迁移者会进行成本收益比较，当迁移后的预期收入明显高于为迁移而付出的代价时，就会做出迁移的决定。在新古典主义经济理论的基础上，劳动力迁移新经济学派提出了新经济移民理论，也认为移民是理性选择的，但该理论把家庭而不是个人看作追求收益最大化的主体（傅义强，2007）。这些理论为本节计量模型建立与变量选择奠定了基础，经济因素尽管不是导致人口迁移动机的唯一因素，也是其中最主要的因素。

国内学者在经济发展对人口迁移的影响和作用方面也开展了大量的研究。"六普"数据可供开发之前，学者们多是基于2005年之前的人口与经济数据进行分析，分析的层面也多是省一级。这些研究发现了经济要素与人口迁移的许多规律和特征，为之后的研究奠定了基础。例如，对迁入地而言，其经济规模存在吸纳人口的作用，而迁出地则相反，形成推力作用（王桂新，1996）。再如，迁移者预期收益越高、与流出地距离越近、非农产业（第二和第三产业）越发达的省份，对流动人口的吸引力越强（肖群鹰 等，2007）。又如，段成荣（2001）的研究发现，固定资产投资额越高、人口密度越大的省份，越容易成为人口迁移的目的地；朱农和曾昭俊（2004）发现，外向型经济不仅能吸收本地劳动力，减弱其迁出倾向，对外省劳动力也会形成明显的拉力。不过，笔者认为，省级层面的分析空间范围过大，省内不同城市的人口迁移和经济社会发展也存在差异，以省为单位的分析势必会"抹杀"掉这些差异，减少变量值的变异程度；且以省为单位的分析还存在样本量过小的问题，这也会降低参数估计的有效性。

随着"六普"数据开发和应用不断深入，关于经济要素与人口迁移之间的关系的研究也逐步深化（于涛方，2012；蒋子龙，2014；夏怡然 等，2015）。夏怡然等（2015）从经济发展水平、经济结构、产业结构和人口规模等方面分析流入地的城市特征，该研究在建立计量模型时被解释变量是城市流动人口，其中包含了外省流入人口和省内跨县（市）、市区的人口，存在一定程度上的高估。例如，按此标准重庆市 2010 年"六普"时的流动人口高达 280 万人，在 287 个地级及以上城市中排名第 12 位。然而，本节的分析是以净流入人口为因变量，分析显示 2010 年"六普"时重庆市净流出人口为 430.36 万，是净流出人口最多的城市，也因此重庆市人口占全国人口的规模在下降。2010 年，重庆市内部有 28 个区、县、自治县的人口规模呈负增长态势，12 个区县人口规模正增长，主要是"主城九区"。因此，在本节的分析中重庆市是人口净流失区，而非人口流入地。

本节的研究目标是考察区域经济发展和经济集聚对人口集聚的影响，分析单位是全国所有地级及以上城市，人口数据来源于"五普"和"六普"分县的统计数据，经济数据来源于《2001 年中国城市统计年鉴》和《2011 年中国城市统计年鉴》。由于一些变量值（主要是经济变量）存在缺失，最后进入回归模型的城市数量 2000 年为 261 个，2010 年为 283 个。

在模型构建中借鉴已有研究来选择合适的被解释变量和解释变量。被解释变量为"五普"和"六普"时地级及以上城市的净迁入人口，设为变量 nmp_i，用常住人口减去户籍人口获得，用该变量来代表人口集聚。解释变量包括经济发展水平（用人均 GDP 衡量）、产业结构（用第二产业产值占 GDP 比重、第三产业产值占 GDP 比重两个指标测量），以及所在城市的人口规模和城市化率。

人均 GDP（$PRGDP_i$）：用 2000 年和 2010 年某一地级市的 GDP 除以两次"普查"时点上的常住人口计算得到，其单位为"元/人"，用以衡量该地级市的经济发展水平。一般而言，城市的经济发展水平越高，对劳动力需求也越大，可提供的劳动工资也较高，对人口越具有吸引力。因此，变量 $PRGDP_i$ 的回归系数为正。

产业结构：分别用第二产业产值占 GDP 比重（SIR_i）和第三产业产值占 GDP 比重（TIR_i）两个指标来衡量。发展经济学认为，农业剩余劳动力向非农产业（第二产业和第三产业）的转移是城市化、工业化、现代化过程中的必然现象和必经过程。中国国内大规模人口迁移的主体是劳动力迁移，主要是从农村向城市的转移，城市第二产业和第三产业在吸纳农业转移人口方面扮演着重要角色，第二、第三产业不同的就业吸纳能力也会使得城市的产业结构对劳动者就业产生影响。

城市人口规模（POP_i）：人口规模是指"五普"和"六普"普查时点上城市的常住人口数量，其单位为"万人"。已有研究发现，在现阶段的中国城市人口规模的扩大有利于发挥生产和消费的规模效应，经济集聚的过程不仅会带来劳动生产率和人均收入的提高（Au et al.，2006），城市发展的规模经济效应还有利于提高劳动力个人的就业概率（陆铭 等，2012）。从这一视角来看，人口规模越大的城市其吸纳流动人口的能力也就越强。但是，城市规模扩大除了能够实现规模效应以外，也可能带来拥挤、污染、犯罪等城市病，产生拥挤效应，对人口流入构成排斥力。因此，城市人口规模与净迁入人口数量之间的关系是规模效应和拥挤效应的综合作用，城市人口规模（POP_i）回归系数的正负取决于两种效应的大小对抗结果（夏怡然 等，2015）。此外，为了测量这种规模效应和拥挤效应的变动是否是线性的、是否存在收敛趋势，模型中还设置了城市人口规模平方（POP_i^2）这一变量，以捕捉其中的非线性成分。

城市化率（$URBANR_i$）：前两章的分析显示，东部城市、三大城市群的城市、行政等级高的核心城市等人口集聚力强于普通城市，这些城市有一个共同的特点，即城市化水平较高。因此，模型还纳入城市化率（$URBANR_i$）指标作为主要自变量之一。其计算方式是用"五普"和"六普"时某一地级市的城镇人口数除以常住人口数。城市化率越高的城市，吸纳人口流入的能力越强，因此，判断变量 $URBANR_i$ 的回归系数为正。表 5-1 报告了这几个解释变量的描述性统计结果。

表 5-1　几个解释变量的描述性统计结果

解释变量	2000 年			2010 年		
	观测值	均值	标准差	观测值	均值	标准差
$PRGDP_i$/（元/人）	261	9219.62	10 605.65	283	33 398.31	22 751.05
SIR_i/%	261	43.91	11.14	283	50.92	10.61
TIR_i/%	261	35.44	7.41	283	35.61	8.74
POP_i/万人	261	421.61	293.70	283	435.71	324.63
$URBANR_i$/%	261	39.93	17.92	283	50.05	16.17

二、模型构建及结果解释

此处分别以 2000 年城市净流入人口、2010 年城市净流入人口为因变量，构建两个年份的回归模型，模型的基本构成如下式所示：

$$nmp_i = \alpha_1 PRGDP_i + \alpha_2 SIR_i + \alpha_3 TIR_i + \alpha_4 POP_i + \alpha_5 POP_i^2 + \alpha_6 URBANR_i + u_i$$

$$(5-1)$$

表 5-2 报告了 2000 年和 2010 年的地级及以上城市净迁入人口数量（nmp_i）影响因素的回归分析结果，其中括号里的是标准误差。多重共线性检验结果显示，这些解释变量之间不存在严重的共线性问题。2000 年模型中几个解释变量的方差膨胀因子（VIF）为，1.715、1.939、1.749、4.133、3.849、2.386；2010 年模型中几个解释变量的方差膨胀因子（VIF）为，2.769、3.899、4.041、5.001、4.761、3.107。从回归结果中，可以得出如下几点结论：

其一，经济水平对城市净迁入人口数量存在正向影响，但与 2000 年相比 2010 年影响程度在减弱。表 5-2 中两个模型的变量 $PRGDP_i$ 的回归系数均显著为正，这说明人均 GDP 对城市吸纳流动人口存在正向影响。这一点符合上述理论及已有实证研究的发现，在劳动力可以自由迁徙的背景下，迁移者总是选择经济发展水平高的城市作为迁移目的地。值得一提的是，比较 2000 年和 2010 年人均 GDP 的回归系数，发现人均 GDP 的作用正在减弱，即经济发展水平对吸纳外来劳动力的作用在减弱。究其原因，可能是因为 2000—2010 年非均衡协调发展战略作用开始显现，区域之间的经济差距有一定程度上的缩小。

其二，第三产业吸纳流动人口的能力显著并在提高，第二产业吸纳流动人口的能力不显著。在中国城市化的过程中，第二产业中的制造业和建筑业等劳动密集型产业一直是吸纳农村剩余劳动力转移的主力军。但是，表 5-2 报告的结果显示，2000 年和 2010 年解释变量 SIR_i 的回归系数虽然为正，但是没有通过显著性检验。第三产业产值占 GDP 比重（TIR_i）在 2000 年和 2010 年两个模型中均为正，且均在 0.01 的显著性水平上具有统计意义，并且其回归系数在增大，说明第三产业吸纳流动人口的能力在增强。随着我国经济发展水平的提高，对生产性和生活性服务的需求不断扩大，服务业在国民经济中的地位上升。第三产业吸纳就业能力逐年提高，1994 年第三产业吸纳的就业人员数量超过第二产业，2011 年又超过第一产业就业人数，成为中国三次产业中吸纳就业人数最多的产业。正如莫雷蒂（Moretti）基于1980—2000年美国人口普查数据的测算，制造业部门每增加一个就业机会，就会为不可贸易部门带来1.59个就业机会，不可贸易部门主要集中在第三产业，高技能类制造业就业增加的乘数效应更为显著。从城市发展来看，金融、贸易、房地产等高技能服务业的不断发展，吸收了大量高技能的劳动力；同时，城市高技能劳动力对餐饮、保姆等生活类服务具有更高消费需求，为低技能劳动力创造了更多就业机会。因此，第三产业的不断发展在整体上提高了城市的就业概率和流动人口的吸纳能力。

其三，人口规模越大的城市吸纳净迁入人口的数量越多，且2000年存在的收敛趋势在2010年已经消失。第四章的分析显示，中国的大城市数量在增加，生活在大城市的人口数量也在增长，即大城市吸纳人口能力强。表5-2的回归结果也证实了这一结论。2000年模型中，城市常住人口规模 POP_i 的回归系数为正，且通过显著性检验；但城市常住人口规模平方 POP_i^2 的回归系数为负，且通过显著性检验。这说明，2000年城市净迁入人口的数量随着城市人口规模的扩大而增加，但是增速随着城市人口规模的增大而缩小。也就是说，2000年城市净迁入人口数量随着人口规模的增加存在逐渐收敛的趋势。然而，在2010年的模型中，城市常住人口规模 POP_i 的回归系数仍为正，且通过显著性检验；城市常住人口规模平方 POP_i^2 的回归系数虽然仍为负，但是没有通过显著性检验。这说明，2010年城市净迁入人口的数量仍然随着城市人口规模的扩大而增加，但是2000年显示的收敛趋势已经消失。换言之，在城市集聚效应和拥挤效应的对抗中，规模效应处于优势地位，其综合作用的结果仍然导致人口向城市规模大的城市集聚，并且收敛趋势已经消失。

其四，城市化水平越高的城市，吸纳人口流入的能力越强，且有继续增强之势。2000年的模型中，变量 $URBANR_i$ 的回归系数为正，但是未通过统计学显著性检验；2010年的模型中，变量 $URBANR_i$ 的回归系数仍为正，且比2000年的数值大幅增大，并且在0.01的显著性水平上通过统计学检验。这说明，城市化水平越高的城市，净迁入人口数量越多，这也再次印证了人口越来越向东部地区城市、行政级别高的城市、三大都市圈城市集聚的基本态势。

表5-2　经济因素对城市人口净迁入影响分析

变量	2000 年模型	2010 模型
$PRGDP_i$	0.004***	0.001***
	(0.000)	(0.000)
SIR_i	0.403	0.395
	(0.309)	(0.957)
TIR_i	2.028***	4.130***
	(0.442)	(1.184)
POP_i	0.050***	0.090***
	(0.017)	(0.035)
POP_i^2	-1.398E-05**	-1.819E-05
	(0.000)	(0.000)
$URBANR_i$	0.244	2.190***
	(0.213)	(0.561)
c	-149.378***	-358.231***
	(22.267)	(72.556)
N	262	283
adj. R^2	0.635	0.510

注：***、**分别表示在0.01和0.05的显著性水平下拒绝包含单位根的原假设；（ ）里的是回归系数标准误。

　　本节的计量模型分析表明，城市的经济发展水平对人口迁入存在显著正向影响，经济发展水平越高、第三产业比重越高、城市化率越高的城市对人口的吸引力越强，故本书的第1个研究假设——中国国内地区不平衡和经济生产活动集聚带动了人口集聚得到验证。此外，模型还发现人口规模越大的城市吸纳人口的能力越强，且收敛趋势在2010年已经消失。这充分证明了在当前的中国，经济集聚带动了人口集聚，集聚效应会在一段时间内存在且占主导地位。因此，本书的第2个研究假设——中国国内目前的集聚过程，表现为规模经济效应大于规模不经济效应也得到验证。

第二节　迁移对人口、劳动力规模和人口老龄化空间格局的影响

第三章和第四章分别从省级层面和城市层面上描述了国内人口迁移对全国人口数量、劳动力资源、人口老龄化的空间格局产生的极大影响。本节进一步通过构建地级市层面上的计量模型来量化分析人口迁移对人口规模空间集聚疏散、劳动力资源空间配置及人口老龄化空间分布变动的影响。

一、迁移变动对人口规模空间集聚疏散的影响

此处分别构建省级层面和城市层面计量模型，来分析省际人口迁移对省级层面人口规模空间变动，以及城市层面人口迁移对城市人口规模空间变动的影响。

（一）省级层面模型

人口总量增长有人口自然增长和人口迁移增长两部分因素贡献。在第三章相关分析的基础上，此处构建省级层面计量模型量化分析自然增长和迁移增长对人口总增长的贡献。省级层面模型的分析单位是全国 31 个省、自治区和直辖市，研究的时期跨度是 2000—2014 年。因变量是各省人口总增长，设为变量 tpg_i，其用年均人口增长量来测量，计算方式是 2000—2014 年各省历年人口增长量的均值。自变量是自然增长和迁移增长。其中，自然增长用各省年均人口自然增长量来测量，设为变量 npg_i，计算方式是 2000—2014 年各省历年人口自然增量的均值。迁移增长用各省年均迁移增长数来测量，设为变量 mpg_i，计算方式是各省历年人口增长量减去自然增长量之后再求均值。省级层面计量模型方程构建如下：

$$tpg_i = \alpha_1 + \alpha_2 npg_i + \mu_{1i} \qquad\qquad （模型 1）$$

$$tpg_i = \beta_1 + \beta_2 mpg_i + \mu_{2i} \qquad\qquad （模型 2）$$

$$tpg_i = \gamma_1 + \gamma_2 npg_i + \gamma_3 mpg_i + \mu_{3i} \qquad\qquad （模型 3）$$

省级层面模型的计量结果如表 5 - 3 所示。首先，从模型 1 到模型 2 的

回归系数可以看出，自然增长和迁移增长对人口总增长的影响均为正向的，即二者均促进了人口总量增长。其二，从模型1到模型2的R^2的增长量可以看出，迁移增长比自然增长对总增长的贡献率大。其三，标准化的模型3中迁移增长的系数也大于自然增长的系数，也说明迁移增长对人口总量增长的贡献大于自然增长。这证明，人口迁移流动已经代替出生和死亡成为决定我国省级人口总量空间分布变动的主导因素。

表5-3 自然增长和迁移增长对人口总增长影响的省级模型

变量	模型1	模型2	非标准化模型3	标准化模型3
npg_i	0.699**		1.005***	0.547***
	(0.316)		(0.004)	
mpg_i		0.906***	1.010***	0.940***
		(0.107)	(0.002)	
c	8.412	21.871***	-0.186	
	(8.700)	(3.116)	(0.115)	
N	31	31	31	31
R^2	0.145	0.710	1.000	1.000
adj. R^2	0.115	0.700	1.000	1.000

注：***、**分别表示0.01和0.05的显著性水平；（）里的是回归系数标准误。

（二）城市层面模型

省级层面模型的分析单位空间范围较大，分析单位数量少、变异程度不够明显。因此，此处以全国287个地级及以上城市为分析单位，构建城市层面计量模型，进一步量化分析和比较人口迁移变动和自然变动对城市人口总量变动的贡献。"四普"到"五普"期间，全国有37个地级市人口出现负增长现象，"五普"至"六普"期间，人口呈现负增长态势的地级市数量增加至86个。另一方面，"四普"到"五普"期间，全国有19个地级及以上城市属于人口超速增长区域，"五普"至"六普"期间，这类城市增至30个。这正是人口迁移改变人口空间格局的极好体现。

城市层面模型的因变量是城市人口总量增长，计算方式是287个地级及以上城市"五普"至"六普"期间常住人口增加量，设为变量tpg_i。自变量分别是人口迁移增长和人口自然增长。其中，人口迁移增长用净迁入人口增加量来衡量，设为变量$nmpg_i$，用人口总量增长减去人口迁移增长来得到人口自然增长①，设为变量 npg_i。分别构建如下几个计量模型：

$$tpg_i = \alpha_1 + \alpha_2 npg_i + \mu_{1i} \qquad （模型1）$$

$$tpg_i = \beta_1 + \beta_2 nmpg_i + \mu_{2i} \qquad （模型2）$$

$$tpg_i = \gamma_1 + \gamma_2 npg_i + \gamma_3 nmpg_i + \mu_{3i} \qquad （模型3）$$

表5-4报告了回归的结果。从模型1来看，自变量人口自然增长对因变量人口总量增长的影响系数是显著的，但仅纳入人口自然增长因子时，对因变量人口总量增长的解释力度仅为15%（adj. $R^2 = 0.150$）。模型2表明，自变量人口迁移增长对因变量人口总量增长的影响也是显著的，且仅纳入人口迁移增长因子时，对因变量人口总量增长的解释力度高达81.7%。同时，标准化模型3中自变量人口迁移增长的标准化回归系数高于人口自然增长。这在前两章描述性统计分析的基础上，更加充分地证明人口迁移变动已经代替人口自然变动成为决定城市人口总量变动的主导因素。

表5-4 自然增长和迁移增长对人口总增长影响的城市模型

变量	模型1	模型2	非标准化模型3	标准化模型3
npg_i	0.915***		1.000***	0.427***
	(0.128)		(0.000)	
$nmpg_i$		0.982***	1.000***	0.921***
		(0.027)	(0.000)	
c	0.486	32.201***	2.037E−14	
	(5.964)	(2.004)	(0.000)	
N	31	31	31	31
R^2	0.153	0.818	1.000	1.000
adj. R^2	0.150	0.817	1.000	1.000

注：***、**分别表示0.01和0.05的显著性水平；（）里的是回归系数标准误。

总而言之，第三章和第四章的描述性统计分析、相关关系分析和本节计量模型结果均证明，在由出生、死亡、迁移组成的人口舞台上，过去扮演主导角色的死亡和生育已经或正在退居次要地位，而人口迁移正在决定人口态势的全局中扮演中心的角色。人口迁移变动已取代自然变动，成为塑造中国人口空间分布格局的主要力量，这验证了本书的第3个研究假设。

① 需要指出的是，这样计算存在一定的误差。误差来源是存在一定数量的户籍登记地转变的人口迁入。但笔者认为误差在可接受范围内，并不影响分析结果的可靠性。

二、迁移变动对劳动力资源空间配置的影响

第三章和第四章的描述性统计分析表明，国内以劳动力为主体的大规模人口迁移不仅改变了人口规模的空间集聚疏散特征，也重塑了劳动力资源的空间配置。此处以地级及以上城市为分析单位，构建城市层面计量模型，进一步量化分析和比较人口迁移变动和自然变动对城市劳动力资源总量变动的贡献。该模型的因变量是城市劳动力资源总量增长，计算方式是287个地级及以上城市"五普"至"六普"期间劳动力资源的增加量，设为变量 $lbrg_i$。自变量分别是人口迁移增长和人口自然增长，计算方式与表5-4中的模型一致。分别构建如下几个计量模型。

$$lbrg_i = \alpha_1 + \alpha_2 npg_i + \mu_{1i} \qquad\qquad （模型1）$$

$$lbrg_i = \beta_1 + \beta_2 nmpg_i + \mu_{2i} \qquad\qquad （模型2）$$

$$lbrg_i = \gamma_1 + \gamma_2 npg_i + \gamma_3 nmpg_i + \mu_{3i} \qquad\qquad （模型3）$$

计量模型的回归结果如表5-5所示。从模型1来看，自变量人口自然增长对因变量劳动力资源总量增长的影响系数是显著的，但仅纳入人口自然增长因子时，对因变量的解释力度仅为18.9%（$R^2 = 0.189$）。模型2表明，自变量人口迁移增长对因变量劳动力资源总量增长的影响也是显著的，且仅纳入人口迁移增长因子时，对因变量人口总量增长的解释力度高达74.8%。进一步地，从标准化模型3中两个自变量的标准化回归系数来看，人口自然增长的回归系数为0.473，人口迁移增长的回归系数为0.884，后者大于前者。这些均充分说明迁移变动对城市劳动力资源总量变动的贡献大于自然增长。人口迁移变动已取代自然变动，成为改变中国劳动力资源空间配置的主要力量，这验证了本书的第4个研究假设。

表5-5　自然增长和迁移增长对劳动力资源空间配置变动的影响分析

变量	模型1	模型2	非标准化模型3	标准化模型3
npg_i	0.925***		0.998***	0.473***
	(0.112)		(0.021)	
$nmpg_i$		0.848***	0.866***	0.884***
		(0.029)	(0.010)	

变量	模型1	模型2	非标准化模型3	标准化模型3
c	10.795**	42.517***	10.375***	
	(5.256)	(2.121)	(0.977)	
N	31	31	31	31
R^2	0.192	0.749	0.972	0.972
adj. R^2	0.189	0.748	0.972	0.972

注：***、**分别表示在0.01和0.05的显著性水平；（）里的是回归系数标准误。

三、年龄选择性人口迁移对人口老龄化空间分布的影响

人口出生、死亡和迁移作用于某一区域的人口年龄结构。第三章和第四章的分析显示国内人口迁移具有明显的年龄选择性，并初步探讨了大规模的年龄选择性人口迁移对省级、城市层面人口老龄化空间格局的影响。此处以287个地级及以上城市为研究单位，构建多元回归计量模型，量化考察具有明显方向偏好性和年龄选择性的、规模巨大的人口迁移活动对人口老龄化空间分布格局变动的影响。

多元回归模型的因变量是人口老龄化程度的变化量，选取2000年"五普"至2010年"六普"期间老龄人口比重提高量（ΔPA）作为因变量，将其记作 $agingchange_i$。主要自变量是人口净迁入率，用"五普"和"六普"两个时点上各城市常住人口净迁入率的平均值来衡量，将变量记作 $nmpr_i$。为了更好地探讨主要自变量对因变量的影响程度，模型还纳入了几个控制变量。其中，人口自然增长率是一个控制变量，以"五普"和"六普"两个时点上各城市常住人口自然增长率的平均值来衡量，设为变量 $npgr_i$。此外，某一城市的初始老龄化程度也会对该城市人口老龄化进程产生影响，故模型3中纳入"五普"时各城市老龄人口比重来衡量初始老龄化程度这一控制变量，将该变量记作为 $agingr_i$。同时，为了更加清晰地分析人口老龄化空间格局的变动状况，模型4还考虑了四大地区和不同等级城市之间的差异，设置虚拟变量纳入模型中：以东部地区为参照，为东北地区、中部地区和西部地区分别设置0~1虚拟变量 $northeast_i$、$central_i$ 和 $west_i$；以非核心城市为参照，为核心城市设置0~1变量 $corecity_i$。

$$agingchange_i = \alpha_1 + \alpha_2 npgr_i + u_{1i} \qquad （模型1）$$

$$agingchange_i = \beta_1 + \beta_2 nmpr_i + \beta_3 npgr_i + u_{2i} \qquad （模型2）$$

$$agingchange_i = \gamma_1 + \gamma_2 nmpr_i + \gamma_3 npgr_i + \gamma_4 agingr_i + u_{3i} \qquad （模型3）$$

$$agingchange_i = \delta_1 + \delta_2 nmpr_i + \delta_3 npgr_i + \delta_4 agingr_i + \delta_5 northeast_i$$
$$+ \delta_6 central_i + \delta_7 west_i + \delta_8 corecity_i + u_{4i} \qquad （模型4）$$

4个计量模型的回归结果如表5-6所示，从中可以得出以下几点结论。首先，从模型1到模型2，拟合优度adj. R^2从0.058升高至0.277，这说明人口净迁入率和自然增长率的差异均是导致各城市人口老龄化程度变化的因素，二者均可以解释因变量的部分变动。此外，几个模型中自变量$npgr_i$和$nmpr_i$的回归系数均为负数，也均通过统计学显著性检验，这表明各城市人口自然增长率和人口净迁入率的提高（或降低）稀释（或加剧）了其人口老龄化程度。标准化回归模型2中自变量$nmpr_i$的系数绝对值大于$npgr_i$，说明各地级市人口净迁入率的方差大于人口自然增长率的方差，可以证明各地级市人口净迁入率的差异引发中国人口老龄化空间格局变动的程度大于人口自然增长率的作用，即中国人口老龄化空间格局的变动主要由各地级市人口净迁入率的不同决定，而不再是出生和死亡率的作用。

其次，模型3和模型4中自变量$agingr_i$的回归系数均在0.01的水平上通过显著性检验表明，除了人口净迁入率和自然增长率的变动作用于人口老龄化增量变动以外，各地级市初始人口老龄化水平也对其人口老龄化提高程度产生影响，且这个影响在统计学上是显著的。同时，这两个模型中自变量$agingr_i$的回归系数均为负数，说明2000—2010年，中国各地级市之间人口老龄化程度差距在缩小，呈现收敛趋势。即期初人口老龄化程度相对较高的城市这10年人口老龄化提高幅度相对较小，而期初人口老龄化程度相对较低的城市这10年人口老龄化提高幅度相对较大。

其三，回归模型4中虚拟变量$northeast_i$、$central_i$和$west_i$的回归系数反映出，以东部地区的地级市为参照，其他3个地区的地级市2000—2010年的人口老龄化程度的提高均大于东部地区。其中，东北地区城市和中部地区城市人口老龄化程度增量平均都比东部地区高0.345个百分点，西部地区城市平均比东部地区高0.996个百分点。即2000—2010年，中国地级及以上城市中位于西部地区的城市人口老龄化程度提升幅度最高，中部地区和东北地区次之，东部地区最低。变量$corecity_i$的回归系数为负数，且在0.1的水平上通过显著性检验。这表明相对于非核心城市而言，核心城市的人口老龄化提高幅度较小。换言之，2000—2010年中国地级及以上城市中行政级别较高的城市（直辖市、计划单列市和副省级城市）的人口老龄化程度提升幅度小于普通地级市。

表5-6　自然变动和迁移变动对人口老龄化空间分布变动的影响分析

变量	模型1	非标准化模型2	标准化模型2	模型3	模型4
$npgr_i$	-0.101***	-0.142***	-0.347***	-0.232***	-0.224***
	(0.023)	(0.021)		(0.021)	(0.023)
$nmpr_i$		-0.040***	-0.480***	-0.055***	-0.042***
		(0.004)		(0.004)	(0.005)
$agingr_i$				-0.370***	-0.229***
				(0.040)	(0.047)
$northeast_i$					0.345*
					(0.197)
$central_i$					0.345***
					(0.133)
$west_i$					0.996***
					(0.144)
$corecity_i$					-0.298*
					(0.165)
c	2.569***	-2.730***		5.727***	4.336***
	(0.136)	(0.121)		(0.344)	(0.448)
N	287	287	287	287	287
adj. R^2	0.058	0.277	0.277	0.441	0.524

注：***、**分别表示0.01和0.05的显著性水平；（）里的是回归系数标准误。

总而言之，4个模型的结论解释均与现实相符，且均通过了统计学显著性检验，可以非常好地证明，具有方向偏好性和年龄选择性的大规模人口迁移已取代出生和死亡成了改变中国人口老龄化空间格局的主要因素。这验证了本书的第5个研究假设。以劳动力为主体的人口净迁入稀释了部分城市（主要是东部地区城市、核心城市）的人口老龄化程度，减缓了其老龄化进程。反之，青壮年劳动力的大量流失加快了部分城市（主要是中、西部地区，农业为主的普通地级市）的老龄化速度，加剧了其老龄化进程。

第三节　跨省人口迁移对省域经济
发展影响的面板模型

　　社会经济发展地区差异大，资源配置在地区间的不均衡，大量的社会资源，尤其是优质资源向部分地区集中，吸引人口与劳动力向发达地区集聚。反之，具有明显方向偏好性和年龄选择性的大规模人口与劳动力迁移活动也会改变区域间资源配置的效率与结构，进而影响宏观经济的增长和区域经济结构。本节内容基于2000—2015年全国31个省市的人口和经济数据，构建省级面板数据模型，探讨人口迁移集聚对省级层面上经济生产活动的影响。

一、理论基础与文献回顾

　　新古典经济学理论认为，在市场机制作用下，劳动力会从边际生产率较低的地区或部门向边际生产率较高的地区或部门转移，这有利于促进劳动力资源的优化配置。从劳动力转移及优化配置的角度来看，人口在空间上的迁移流动可视作是合理配置生产要素，推动经济加快发展的重要动力（王桂新等，2005）。国内外学者的实证研究对此进行了论证。Temple 和 Wobmann（2006）基于跨国回归数据模型，实证分析了劳动力转移引起的结构转变对一国经济增长的影响。国内学者的研究发现，1995—2000年的省际人口迁移对我国东部、中部和西部地区的经济发展均有正向作用（王桂新 等，2005），甚至已成为推动东部地带经济增长不可替代的重要因素，且越是省际人口迁移吸引中心，外来劳动力对推动迁入地经济发展的贡献越大（王桂新 等，2005）。

　　空间经济学和产业空间集聚理论中的规模报酬递增、市场规模、专业化、范围经济、外部经济等假说认为，经济要素在获取规模效应的驱动下会不断地向经济核心区域集中，这一过程总体上会促进一国经济增长，但地区之间的差距在一定阶段有可能会呈现扩大趋势。许召元、李善同（2008）的研究构建了一个30区域可计算一般均衡（CGE）模型，结果发现，区域间劳动力迁移可以有效改善配置效率，显著提高了输出地的人均收入和消费水平，但单纯的劳动力输出并不能缩小地区间人均产出的差距。还有学者以产业为纽带，研究劳动力转移对区域经济增长的作用，认为劳动力转移加剧了产业向东部地区的集聚趋势（范剑勇 等，2004），使得东部地区就业机会增多，又进一步增强了对中、西部劳动力的吸引（敖荣军，2005），进而导致产业集聚和地区差距呈持续扩大趋势（姚林如 等，2006）。

世界银行的《2009 年世界发展报告》指出，许多在经济发展上取得成功的国家和地区的经验都显示，生产活动必然会集中到部分地区，经济密集区和非密集区的生活水平会经历一个分化过程，不过，随着居民收入水平的不断上升，各地区的生活水平差距并没有持续扩大，而是在逐渐趋同。这一过程表现为一定的规律性和长期性。瑞典、日本、美国、英国等国的实证数据显示，在一国人均 GDP 达到大概 5000 美元之前，地区间差距的确随人口与经济活动的空间集聚而扩大，但之后随着经济的进一步发展，地区差距却缩小了（世界银行，2009）。

鉴于此，本节拟研究在我国当前所处的经济发展阶段、人口集聚过程持续了 30 余年的背景下，人口迁移对我国整体和各区域经济增长的影响。国内已有研究多是从东部、中部、西部地带的空间层面上开展的研究。事实上，各地带内部不同省份所处的经济发展水平、资源禀赋、产业结构、人力资本积累等均具有巨大差异，人口迁出迁入的规模、强度等亦有所不同，故人口迁移对省域经济增长的影响机制和程度也应是存在差异的。因此，本节力图在已有研究的基础上，以全国大陆 31 个省市为研究单位，基于 2000—2015 年省级面板数据构建计量模型，考察跨省人口迁移对省域经济增长的影响。

二、变量选择与省级面板模型构建

（一）变量选择及计算

笔者依据传统柯布－道格拉斯生产函数，在考虑物质资本和人力资本投入的基础上，引入人口迁移因素构建省级面板数据模型，考察跨省人口迁移对整体宏观经济增长及省域经济增长的影响。省级面板模型的时间跨度为 2000—2015 年共计 16 年，截面个体单位是全国 31 个省、自治区、直辖市，采用面板数据模型使得分析样本单位大大扩大，分析结果更加可信。省级面板模型的因变量是各省历年实际 GDP，主要自变量是各省历年净迁入人口数。控制变量有两个，一是物质资本投入，选用各省全社会固定资产投资总额变量，二是人力资本投入，选用各省人均受教育年限变量。模型中所使用的省域数据查询于国家统计局官方网站上"国家数据"（National data）中地区数据库及相应各年度中国统计年鉴，在变量计算的过程中还使用了全国人口普查数据。模型中各个变量的界定及取值计算过程如下。

因变量是各省历年实际 GDP。以 2000 年为基期，根据各省 2000—2015 年名义 GDP 和以可比价格计算的各省 GDP 指数（上一年度 = 100），计算出 2000—2015 年各省历年实际 GDP，再取自然对数，将因变量记作 $lnRGDP_{it}$。主要自变量各省历年净迁入人口数的计算步骤是：第一步，用"五普"时各省常住人口数减去户籍人口数，得出"五普"时各省净迁入人口数；第二步，根据"国家数据"（National data）中的各省年末常住人口总量与历年人口自然增长率，计算得出 2001—2015 年各省历年常住人口总增长量和自然增长量，二者相减得到各省历年常住人口迁移增长量；第三步，以 2000 年"五普"时各省净迁入人口数为基数，依次累加 2001—2015 年各省人口迁移增长量，进而得到 2001—2015 年各省历年净迁入人口数；最后，对数据取自然对数，将主要自变量记为 $lnNMP_{it}$。

控制变量各省历年全社会固定资产投资总额同样做取自然对数处理，记为 $lnFAI_{it}$。另一个控制变量各省历年人均受教育年限是基于相应年度的中国统计年鉴中公布的各省 6 岁以上人口的受教育程度数据，采用陈钊等（2006）的研究中的测算方法计算加权平均数。具体步骤是：第一步，将各种受教育程度按一定的受教育年限进行折算，其中，大专及以上[①]按人均受教育 16 年计算，高中按 12 年计算，初中按 9 年计算，小学按 6 年计算，未上过学按 0 年计算；第二步，用折算后的受教育年限分别乘以相应受教育程度的人数，加总之后再除以 6 岁及以上总人口，即得到人均受教育年限；最后，同样对数据取自然对数，并将变量记作 $lnEDU_{it}$。

（二）面板数据的单位根检验及协整检验

面板模型的构建前提条件是进入模型中各变量是平稳序列，且变量之间存在协整关系，因此在构建模型之前需先进行单位根检验和协整检验。为了保证结果的可信度，本研究选用了 5 种单位根检验方法，包括 LLC 检验、Brei-

---

[①]《中国统计年鉴 2016》中公布的 2015 年受教育程度数据时，分类有未上过学、小学、初中、普通高中、中职、大学专科、大学本科、研究生，往年的年鉴中则都公布的是未上过学、小学、初中、高中、大专及以上，为了保持前后一致性，在计算 2015 人均受教育年限时将普通高中和中职合并为"高中"，将大学专科、大学本科和研究生合并为"大专及以上"。

tung 检验、IPS 检验、ADF-Fisher 检验及 PP-Fisher 检验。首先，对 4 个变量的水平值进行检验，显著性水平设定为 0.01 和 0.05，原假设 H_0 是"存在单位根"。结果显示，仅有变量 $lnEDU_{it}$ 的 5 种检验均拒绝原假设，说明 $lnEDU_{it}$ 是一阶单整 I（1）序列；其余 3 个变量均只有 LLC 检验和 ADF-Fisher 检验可以拒绝"存在单位根"的原假设，而其他 3 种检验均未能拒绝原假设，故需对变量进行一阶差分处理后再做检验。结果显示，仅有 $lnRGDP_{it}$ 的 IPS 检验未能拒绝原假设，其余 4 种检验均能拒绝原假设，另外 3 个变量的 5 种检验则均能拒绝"存在单位根"的原假设。因此，本研究拟构建的面板模型选取的 4 个变量均属于 I（0）平稳序列，可以进行协整检验。

本研究分别采用 Fisher 检验、KAO 检验及 Pedroni 检验 3 种方法来验证自变量与因变量之间是否存在长期的协整关系，原假设 H_0 是"不存在协整关系"。基于 Johansen 检验的 Fisher 检验和 Kao 的 ADF 检验均在 0.01 的显著性水平上拒绝"不存在协整关系"的原假设。Pedroni 检验中各统计量的检验结果不一致，其中，Panel ADF、Group ADF 和 Panel V 三者的 P 值均为 0，表明能在 0.01 的显著性水平上拒绝原假设；而 Panel rho、Panel P、Group rho、Group PP 3 个统计量的 P 值则均较大，即使将显著性水平设定为 0.1 也不能拒绝"不存在协整关系"的原假设。有研究指出，在 Pedroni 检验的结果中，Panel ADF、Group ADF 检验效果最好，在检验结果不一致时，以这两个统计量为标准；Panel V、Group rho 检验效果最差；Panel rho、Panel PP、Group PP 的效果处于中间水平（郭军华 等，2010）。综合这 3 种方法的检验结果可以判定本研究拟构建的面板模型中的因变量与自变量之间存在长期均衡关系，可进行面板数据模型估计。

（三）面板模型构建

构建面板数据模型时还需识别应该选用哪一种模型，常见的有变系数模型、变截距模型和截面个体截距、系数不变模型 3 种（李子奈 等，2012）。面板模型的设定检验采用的是约束回归检验，检验统计量是 F 统计量。检验的思路是，首先，检验模型类型是否属于截面个体截距、系数不变模型，如不能拒绝则为截面个体截距、系数不变模型，无须再做下一步检验；如果拒绝，则进一步检验是否属于变截距模型，如不能拒绝则属于变截距模型；如果拒绝，则属于变系数模型。因而，检验的原假设有两个：$H_0^1: \beta_1 = \beta_2 = , \cdots,$ $= \beta_n;\ \alpha_1 = \alpha_2 = , \cdots, = \alpha_n;\ H_0^2: \beta_1 = \beta_2 = , \cdots, = \beta_n$。检验过程也分两步走，第一步检验原假设 H_0^1，F_1 的计算公式是：

$$F_1 = \frac{(S_3 - S_1)\ (n\mathrm{T} - n\mathrm{K} - n)}{S_1\ (n-1)\ (\mathrm{K}+1)} \sim F\left[\ (n-1)\ (\mathrm{K}+1)\,,\ n\ (\mathrm{T}-\mathrm{K}-1)\right]$$

$$(5-2)$$

第二步假设检验零假设 H_0^2，F_2 的计算公式是：

$$F_2 = \frac{(S_2 - S_1)\ (n\mathrm{T} - n\mathrm{K} - n)}{S_1\ (n-1)\ \mathrm{K}} \sim F\left[\ (n-1)\ \mathrm{K}\,,\ n\ (\mathrm{T}-\mathrm{K}-1)\right]$$

$$(5-3)$$

其中，S_1、S_2 和 S_3 分别是变系数模型、变截距模型及截面个体截距、系数不变模型的回归残差平方和，笔者计算得出 $S_1 = 1.046\ 729$，$S_2 = 3.472\ 944$，$S_3 = 95.2601$。进而，笔者分别计算统计量 F_1 和 F_2 的值为 9.5807 和 325.5268，查 F 统计量临界值表发现 F_1 大于临界值，故拒绝截面个体截距、系数不变模型；进一步查表得到 F_2 也大于临界值，故也拒绝变截距模型。因此，此处选用变系数面板模型。

进一步地，变系数模型还有固定效应模型与随机效应模型之分，可以通过 Hausman 检验进行识别。不过，有研究指出，若是对总体进行的估计，一般不需做 Hausman 检验即可选用固定效应模型（李子奈 等，2012）。本节的面板数据模型是对全国 31 个省市的估计，属于对总体的估计，故选用固定效应模型。综合以上模型识别的结果，最终选用的是变系数固定效应模型，构建如式（5-4）所示的面板方程。

$$lnRGDP_{it} = \varphi_i + \alpha_i lnNMP_{it} + \beta_i lnFAT_{it} + \theta_i lnEDU_{it} + \mu_{it} \qquad (5-4)$$

考虑到在样本单位数量有限的条件下，若对每一个变量都采用变系数，可能会出现因估计的参数过多而使得模型不稳健的情形，因而，笔者将两个控制变量前面的系数设定为省与省之间是相同的①，主要自变量的系数不同。因而，公式（5-4）进一步调整为：

$$lnRGDP_{it} = \varphi_i + \alpha_i lnNMP_{it} + \beta lnFAT_{it} + \theta lnEDU_{it} + \mu_{it} \qquad (5-5)$$

三、模型实证结果分析

表 5-7 汇总了模型的计量结果。从中可以看出，方程的整体拟合效果

---

① 此假定暗含的前提是省与省之间物质资本与人力资本的产出弹性不会出现显著差异。在市场经济条件下，资本是自由流动的，劳动力流动的限制也在减少，故文章认为做出这样的假定是可以的。

非常好，拟合优度达到 0.99 以上（$R^2 = 0.9984$，adj. $R^2 = 0.9982$），F 统计量的值为 4270.205（$P = 0.0000$）。总体来看，跨省人口迁移对多数省份的经济增长的影响是正向的，且对东部地区的正向影响大于中、西部地区的负向影响。所以，从整体上来看，国内以劳动力为主的跨省人口迁移促进了劳动力要素在空间上的优化配置，提高了宏观经济的运行效率，促进了经济增长。以下分区域、分省市来对模型的计量结果进行解释。

首先，分东部、中部、西部和东北四大地带进行分析。东部地区 10 个省市中除海南和山东以外均是人口净迁入区。人口净迁入对东部所有省份的经济增长都具有正向促进作用。不过，对河北省的正向效应是极其微弱的，且统计上是不显著的；对海南省的正向效应系数不低，但统计上不显著。山东省虽是人口净迁出省，但人口净流失的规模和强度均不高。目前来看，人口净流失对山东省仍具有显著的正向效应，但回归系数低于东部其他几个人口强势吸引省。其余几个东部省份均是吸引人口迁入的大省，人口净迁入对这几个省的经济增长都呈现显著的正向影响，且回归系数均相对较大。中部六省均是人口净迁出省份，人口净流失对安徽和河南二省目前仍具有微弱的正向影响且统计上是显著的，对江西省也具有微弱的正向影响，但统计上已不显著，对湖南和湖北二省已呈现负向影响，尽管统计上不显著，而对于山西省已经是统计上显著的负向影响。西部地区多是人口净流失省份，仅有内蒙古、重庆、西藏、新疆和甘肃几个省（自治区、直辖市）的人口迁移对其经济增长有统计上显著的正向影响，但甘肃省的正向效应是极其微弱的。尽管广西和宁夏二自治区的回归系数仍为极小的正值，表明有微弱的正效应，但统计上是不显著的。其余五省的回归系数均是负值，其中四川、贵州和青海三省是显著的，云南和陕西二省是不显著的。东北三省中辽宁省是净迁入省，但净迁入的强度不高，从回归系数大小来看，人口净迁入对其经济增长呈现出极其微弱的正效应，但统计上是不显著的。对吉林省而言，人口净流失对其经济增长尚呈现显著的正向影响。黑龙江省由于人口净流失规模大，对其经济增长已经造成负向影响，不过回归系数未通过统计学显著性检验。

进一步地，分典型的人口净迁入省和人口净流失省进行分析。对于上海、北京、广东、天津、浙江、江苏、福建等几个主要的人口净迁入省市而言，人口净迁入对其经济增长都是显著正向影响，说明大量的迁入人口对当地经济的繁荣做出了贡献。不过，从回归系数的具体值来看，几个省市的产出弹性存有差异。上海和广东的产出弹性是最大的，反应弹性分别为 0.5798 和

0.5517；其次是北京，反应弹性为 0.3692；再次是福建、浙江和江苏，三者的反应弹性比较接近，分别为 0.2730、0.2643 和 0.2169；天津的反应弹性是这几个省市中最低的，为 0.1877。人既是消费者也是生产者。大量人口的迁入不仅扩大了这些省市的市场规模和消费需求，也充实了当地的劳动力市场，而且提高了这些省市的资源配置效率，吸引了更多的投资，进而导致产业越发向这些省份集聚，产生了更多的就业机会，也有利于社会分工的不断精细化，提高生产效率，从而促进经济增长。尽管外来人口大量迁入给上海和北京这样的特大型城市的城市管理、交通等方面带来压力，但从经济效应来说，这些主要的人口净迁入省收获了人口集聚带来的规模效应。

安徽和河南两个人口净流失大省的人口净迁出对其经济增长仍呈统计上显著的正向影响，但是反应弹性系数非常小，仅为 0.0811 和 0.0077，说明时至今日中、西部地区靠劳务输出带回汇款和收入，来拉动当地经济增长的空间已经比较有限。31 个省、自治区、直辖市中共有山西、湖北、湖南、四川、贵州、云南、陕西、黑龙江和青海九省的反应弹性系数为负数。其中，山西、四川、贵州和青海四省的人口净流失对其经济增长已均是统计上显著的负向效应了，反应弹性分别为 - 0.0467、- 0.0811、- 0.0057、- 0.6950。人口外迁一定程度上可以缓解迁出地的财政负担，对于劳动力相对剩余的地区而言，劳务输出可以适当缓解其就业压力。但是，中、西部许多地区人口大量外迁、劳动力弃农从工、人才流失等现象愈演愈烈，势必会降低了当地的消费总需求，并导致投资缺乏规模效应，加之高素质、高技能劳动力缺失，进而导致产业萎缩，对经济增长产生负向效应。

此外，模型中两个控制变量物质资本投入和人力资本投入的产出弹性都显著为正，反应弹性系数分别为 0.4736 和 0.3993。

表 5 - 7　省级面板模型计量结果报告

	参数估计	P 值
主要自变量：净迁入人口（$lnNMP_{it}$）		
东部地区：		
北京	0.3692***	0.0000
天津	0.1877***	0.0000
河北	0.0061	0.8408
上海	0.5798***	0.0000

	参数估计	*P* 值
江苏	0.2169 ***	0.0000
浙江	0.2643 ***	0.0000
福建	0.2730 ***	0.0033
山东	0.1582 ***	0.0000
广东	0.5517 ***	0.0000
海南	0.3217	0.1571
中部地区：		
山西	− 0.0467 **	0.0468
安徽	0.0811 ***	0.0003
江西	0.0319	0.4622
河南	0.0077 *	0.0914
湖北	− 0.1552	0.1222
湖南	− 0.0015	0.6279
西部地区：		
内蒙古	0.3722 ***	0.0000
广西	0.0042	0.1713
重庆	0.5951 ***	0.0000
四川	− 0.0811 ***	0.0012
贵州	− 0.0057 **	0.0394
云南	− 0.9688	0.2751
西藏	0.2076 ***	0.0000
陕西	− 0.0045	0.3352
甘肃	0.0483 *	0.0651
青海	− 0.6950 ***	0.0001
宁夏	0.0136	0.7069
新疆	0.1348 **	0.0481
东北地区：		
辽宁	0.0015	0.9556
吉林	0.3332 ***	0.0002
黑龙江	− 0.0058	0.1821

	参数估计	P 值
两个控制变量		
物质资本投入（$lnFAI_{it}$）	0.4736***	0.0000
人力资本投入（$lnEDU_{it}$）	0.3993***	0.0000
模型拟合效果		
R^2	0.9983	
Adj. R^2	0.9982	
F 值	4270.205	0.0000

注：***、**、* 分别表示 0.01、0.05 和 0.1 的显著性水平。

四、小结

本节的省级面板模型的主要发现如下。人口迁移促进了劳动力等经济要素在空间上的优化配置，对东部地区的正向效应大于中、西部地区的负向效应，整体上提高了宏观经济的运行效率，促进了经济增长。但是，人口迁移对不同省份经济增长的影响效应是有差别的。对大部分人口净迁入省市（如广东、上海、北京、浙江、江苏和天津等）的经济增长具有显著的正效应，这些省市因社会资源的集中吸引人口的集聚，人口的集聚也创造出更多的社会资源，从而形成一个正向的反馈机制，促进了经济增长。对中、西部几个典型的人口净流失省份，人口净迁出对其经济增长或仅有微弱的正效应（如安徽和河南）；或呈现不显著的负效应（如湖南、湖北、陕西和云南）；或已是显著的负效应（如山西、四川、贵州和青海）。在国内人口迁移浪潮兴起早期，大量的劳动力从农村流向城镇，补充了城镇稀缺的劳动力的同时缓解了农村富余劳动力的就业压力。尤其是对中、西部地区典型的农业大省，依靠劳务输出不仅缓解了农业剩余劳动力的就业压力，还带来了大量的汇款收入，对当地经济增长起到了积极的促进作用。然而，随着以劳动力为主体的人口持续、大量的流失，对迁出地的消费需求和劳动力市场的负面效应也逐步显现，对其经济增长的负效应也开始显现。本书的第 6 个研究假设——中国国内以劳动力为主体的人口迁移集聚整体上促进了经济增长，但对迁入地和迁出地的效应有所不同，也得到验证。

第四节 人口与经济活动布局空间耦合情况分析

人口与经济活动在空间上的迁移，会改变生产集中区域和生活集中区域的分布状况。国际上多数国家的实践表明，生产集中的区域与生活集中的区域之间存在一定程度的偏离。本节在以上三节计量经济学模型的基础上，进一步构建反映人口与经济活动分布的协调度的指数，并从省级层面和地级市层面上，分析中国人口与经济活动布局空间耦合情况，以及经济生产活动的集中与人口集聚之间的协调程度或者说偏离程度。

一、测量指数构建

首先，本研究将某一地区 GDP 总量占全国 GDP 总量的比重与该地区人口总量占全国人口总量的比重之比，定义为人口与经济活动空间分布的均匀度指数，记为 GPR_{it}，用公式表示为：

$$GPR_{it} = \frac{R_{gdp_{it}}}{R_{pop_{it}}} = \frac{gdp_{it}/GDP_t}{pop_{it}/POP_i} \tag{5-6}$$

$GPR_{it} > 1$ 表明 i 区域 t 年度经济集聚度高于人口集聚度，$GPR_{it} = 1$ 表明 i 区域 t 年度经济集聚度等于人口集聚度，$GPR_{it} < 1$ 表明 i 区域 t 年度经济集聚度低于人口集聚度，以 GPR_{it} 分布在 $[0.8, 1.2]$ 作为区域经济 – 人口分布较为协调的定性判断区间，GPR_{it} 指数越偏离 1，表明从一个区域范围内看，该区域经济 – 人口分布协调度越差。

GPR 指数反映了我国各省市随着时间变化经济与人口分布的协调程度，但其难以从相对比较角度反映这种偏离程度，不易准确衡量全国总体的经济 – 人口分布协调程度。因此，笔者构造了评价区域经济 – 人口分布协调度的指标：区域经济 – 人口分布协调偏离度指数（HD），即

$$HD = \sqrt{\sum_{i=1}^{n} R_{pop_i}(GPR_i - 1)^2} \tag{5-7}$$

其中，R_{pop_i} 表示 i 省的人口数占全国总人口的比重。当全国经济 – 人口分布完全协调，即各省市经济占比和人口占比完全相等，即 31 个省市的 GPR_i 都为 1 时，此时全国的 HD 指数等于 0。如果 GPR 指数偏离 1 的省市越多、偏离值越大且偏离区人口比重越高，则全国的 HD 值越大，经济 – 人口分布越

不协调。

HD 类似于标准差，其构造过程综合考虑了 GPR 指数偏离 1 的省市数量、各省市的偏离程度、偏离区域的人口比重几大因素，可以综合反映我国经济 – 人口分布与完全理想协调状态的偏离程度，其理论取值范围为 $[0，+\infty]$。假定一个区域人口在 $GPR_i = 1$ 的区域分布较为集中，随着 GPR_i 偏离 1，区域内人口比重递减，以 GPR_i 分布在 $[0.8，1.2]$ 作为区域经济 – 人口分布较为协调的定性判断区间。那么，HD < 0.30 为协调状态，0.30 ~ 0.55 为不协调状态。

二、省级层面上人口与经济生产活动偏离情况分析

表 5 – 8 描述了 1995—2014 年我国省级层面人口 – 经济分布指数变化特征。首先，2014 年我国省域 GPR 指数最大值为 2.06，最小值为 0.53，平均值为 1.01，GPR 指数大于 1 的省市多位于东部沿海地区，特别是环渤海地区、长三角与珠三角地区，还有东北地区的辽宁省和西部地区的内蒙古自治区，这些地区的经济集中度高于人口集中度，而中部、西部、东北地区除个别省市外，绝大部分省市的 GPR 指数均小于 1，这主要是其经济增长速度低于人口集聚速度所致。若以 GPR_{it} 分布在 $[0.8，1.2]$ 作为区域经济 – 人口分布较为协调的定性判断区间，河北、湖南、陕西、宁夏、新疆、吉林、黑龙江等则属于经济 – 人口分布较为协调的省份。

东部地区除了河北和海南二省以外，其他各省的 GPR 都大于 1。3 个直辖市中，北京市和天津市的 GPR 经历了 1995—2005 年的先增加，而后从 2005—2014 年的减少过程，上海市的 GPR 则在 20 多年不断下降，不过 3 个直辖市的 GPR 一直都大于 1。这说明，对于 3 个直辖市，相对于其人口集中度而言，其经济集中度更高，北京和天津的经济集中度明显的趋势在 2005 年左右有一个拐点，上海的经济集中度高于人口集中度的趋势则是不断趋缓，这主要是人口大量的流入所致。广东省的 GPR 变动趋势与上海市非常类似，也是经历了不断下降过程，同样这主要也是大量人口流入所致。江苏、浙江、福建、山东四省的 GPR 变动趋势中都有一些波动，江苏省和浙江省历年的 GPR 都高于福建省和山东省。有趣的是，江苏省的 GPR 总体上经历了上升的过程，而浙江省总体上是下降趋势，这与浙江省在 2005 年以后人口流入明显增多有密切联系。

表 5-8 我国各省市 GPR 变化趋势 (1995—2014 年)

	1995 年	2000 年	2005 年	2010 年	2014 年
东部地区:					
北京	2.51	2.93	2.92	2.19	1.97
天津	2.06	2.18	2.41	2.17	2.06
河北	0.92	0.95	0.94	0.87	0.79
上海	3.69	3.66	3.35	2.27	1.93
江苏	1.52	1.47	1.60	1.61	1.63
浙江	1.72	1.68	1.76	1.55	1.45
福建	1.35	1.39	1.19	1.22	1.26
山东	1.19	1.17	1.28	1.25	1.21
广东	1.80	1.59	1.58	1.35	1.26
海南	1.05	0.88	0.71	0.73	0.77
中部地区:					
山西	0.73	0.72	0.81	0.79	0.70
安徽	0.63	0.62	0.56	0.63	0.68
江西	0.60	0.62	0.61	0.65	0.69
河南	0.69	0.70	0.73	0.75	0.74
湖北	0.76	0.75	0.74	0.85	0.94
湖南	0.70	0.71	0.67	0.74	0.80
西部地区:					
内蒙古	0.78	0.83	1.05	1.44	1.41
广西	0.69	0.60	0.55	0.63	0.66
四川	0.66	0.64	0.63	0.70	0.77
贵州	0.38	0.37	0.35	0.40	0.53
云南	0.64	0.60	0.50	0.48	0.54
西藏	0.49	0.57	0.58	0.52	0.58
陕西	0.62	0.64	0.68	0.83	0.93
甘肃	0.48	0.53	0.48	0.49	0.53
青海	0.73	0.69	0.64	0.73	0.79
宁夏	0.71	0.68	0.66	0.82	0.83
新疆	1.02	0.93	0.84	0.76	0.80

	1995 年	2000 年	2005 年	2010 年	2014 年
东北地区：					
辽宁	1.42	1.41	1.23	1.29	1.30
吉林	0.92	0.92	0.86	0.96	1.00
黑龙江	1.12	1.09	0.93	0.83	0.78

笔者根据全国各省市 1995—2014 年的 GPR_i 指数值及各省市的人口比重 pop_i，计算了 1995 年以来全国 HD 的变动趋势，如图 5 - 1 所示。由图可以看出，1995—2014 年，我国的 HD 指数都处于 0.30 ~ 0.55 值域范围内，表明经济－人口分布处于不协调状态中。不过，这种不协调状态经历了先扩大后减小的趋势，HD 指数先从 1995 年的 0.52 上升至 2005 年的 0.54，而后下降至 2010 年的 0.42、2014 年的 0.37。2005 年以前，经济集聚程度大大高于人口集聚的程度，2005 年之后，人口集聚的速度在加快。当然，目前为止，我国生产集中区域与生活集中区域仍有偏离，人口集聚程度仍低于经济集聚程度。

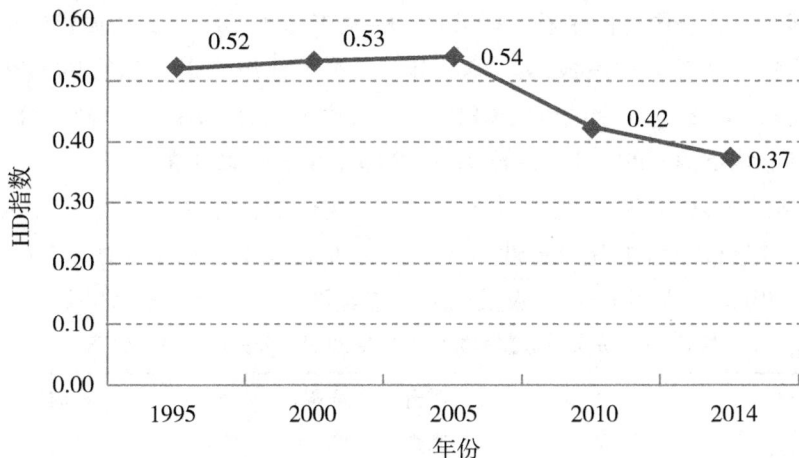

图 5 - 1　我国 HD 指数变化趋势（1995—2014 年）

三、地级市层面上人口与经济生产活动空间分布耦合情况分析

首先，笔者根据 2000—2010 年各地级及以上城市的人口份额和经济份额的增减变化情况，将全国所有地级及以上城市分为如下 4 种类型：

$Z_p > 0$ 且 $Z_e > 0$，即"人口集中度升，经济集中度升"的同升类型；

$Z_p<0$ 且 $Z_e<0$，即 "人口集中度降，经济集中度降" 的同降类型；

$Z_p>0$ 且 $Z_e<0$，即 "人口集中度升，经济集中度降" 的反向类型 I；

$Z_p<0$ 且 $Z_e>0$，即 "人口集中度降，经济集中度升" 的反向类型 II。

根据这一类型划分，对我国人口与经济比重增量变化的空间耦合性进行分析，如表 5-9 所示。通过汇总分析可见，从全国范围来看，262 个地级及以上城市中，属于同升类型的城市有 62 个，占比为 23.66%，属于同降类型的城市有 90 个，占比为 34.35%，属于反向类型 I 的城市有 49 个，占比为 18.7%，属于反向类型 II 的城市有 61 个，占比为 23.28%。其中，属于同升类型的城市分布在东部和中部地区的较多，分别为 21 个和 22 个，分别占该地区城市总数的 24.14% 和 27.5%；属于同降类型的城市分布在中部地区的最多，中部地区有 39 个该类型城市，占全国该类型城市的 43.33%，占西部地区城市总数的 48.75%；属于反向类型 I 的城市最多分布于东部地区，东部地区有 32 个该类型城市，占全国该类型城市的 65.31%，占东部地区城市总数的 36.78%；属于反向类型 II 的城市在各地区之间分布比较均衡，数量最多的仍是东部地区。

其二，从全国范围来看，GPR<1 的城市多于 GPR>1 的城市，前者大约六成多，后者大约三成多。2000 年，174 个地级及以上城市的 GPR<1，占比为 66.41%，88 个城市的 GPR>1，占比为 33.59%；2010 年，183 个地级及以上城市的 GPR<1，占比为 63.99%，103 个城市的 GPR>1，占比为 36.01%。若以 GPR 取值在 [0.8, 1.2] 值域范围内，作为某一区域经济-人口分布较为协调的定性判断区间，那么全国大约 1/4 的（2000 年是 68 个，2010 年是 78 个）地级及以上城市经济-人口分布较为协调。

表 5-9　按人口份额和经济份额增减变化分的城市及其分布

	同升类型	同降类型	反向类型 I	反向类型 II	合计
东部城市数量/个	21	16	32	18	87
占东部城市总数的比重/%	24.14	18.39	36.78	20.69	100
占全国该类型城市总数的比重/%	33.87	17.78	65.31	29.51	—
中部城市数量/个	22	39	5	14	80
占中部城市总数的比重/%	27.5	48.75	6.25	17.5	100
占全国该类型城市总数的比重/%	35.48	43.33	10.20	22.95	—

续表

	同升类型	同降类型	反向类型 I	反向类型 II	合计
西部城市数量/个	15	22	7	17	61
占西部城市总数的比重/%	24.59	36.07	11.48	27.87	100
占全国该类型城市总数的比重/%	24.19	24.44	14.29	27.87	—
东北城市数量/个	4	13	5	12	34
占东北城市总数的比重/%	11.76	38.24	14.71	35.29	100
占全国该类型城市总数的比重/%	6.45	14.44	10.20	19.67	—
全国城市数量/个	62	90	49	61	262
占全国城市总数的比重/%	23.66	34.35	18.70	23.28	100
占全国该类型城市总数的比重/%	100	100	100	100	—

分区域来看，东部地区以 GPR >1 的城市居多，约有五成多的东部城市 GPR 大于 1；中部和西部地区则是 GPR <1 的城市数量大大多于 GPR >1 的城市数量；东北地区在 2000 年时，GPR <1 的城市是 GPR >1 的城市的 2 倍多，但至 2010 年，两者已相差不多。同样地，以 GPR 取值在 [0.8, 1.2] 值域范围内，作为某一区域经济－人口分布较为协调的定性判断区间，2000 年，34.48% 的东部地区城市、22.50% 的中部地区城市、19.67% 的西部地区城市、23.53% 的东北地区城市属于经济－人口分布较为协调的区域；2010 年，34.48% 的东部地区城市、25.93% 的中部地区城市、19.05% 的西部地区城市、32.35% 的东北地区城市属于经济－人口分布较为协调的区域。详细的数据分析如表 5－10 和表 5－11 所示。

表 5－10　2000 年全国地级及以上城市的 GPR 指数分析

	$GPR_{2000} < 1$	$GPR_{2000} > 1$	$0.8 < GPR_{2000} < 1.2$
东部城市数量/个	37	50	30
占东部城市总数的比重/%	42.53	57.47	34.48
占全国该类型城市总数的比重/%	21.26	56.82	44.12
中部城市数量/个	66	14	18
占中部城市总数的比重/%	82.50	17.50	22.50
占全国该类型城市总数的比重/%	37.93	15.91	26.47
西部城市数量/个	48	13	12

续表

	GPR$_{2000}$ <1	GPR$_{2000}$ >1	0.8 < GPR$_{2000}$ < 1.2
占西部城市总数的比重/%	78.69	21.31	19.67
占全国该类型城市总数的比重/%	27.59	14.77	17.65
东北城市数量/个	23	11	8
占东北城市总数的比重/%	67.65	32.35	23.53
占全国该类型城市总数的比重/%	13.22	12.50	11.76
全国城市数量/个	174	88	68
占全国城市总数的比重/%	66.41	33.59	25.95
占全国该类型城市总数的比重/%	100	100	100.00

表 5-11　2010 年全国地级及以上城市的 GPR 指数分析

	GPR$_{2010}$ <1	GPR$_{2010}$ >1	0.8 < GPR$_{2010}$ < 1.2
东部城市数量/个	38	49	30
占东部城市总数的比重/%	43.68	56.32	34.48
占全国该类型城市总数的比重/%	20.77	47.57	38.46
中部城市数量/个	65	16	21
占中部城市总数的比重/%	80.25	19.75	25.93
占全国该类型城市总数的比重/%	35.52	15.53	26.92
西部城市数量/个	62	22	16
占西部城市总数的比重/%	73.81	26.19	19.05
占全国该类型城市总数的比重/%	33.88	21.36	20.51
东北城市数量/个	18	16	11
占东北城市总数的比重/%	52.94	47.06	32.35
占全国该类型城市总数的比重/%	9.84	15.53	14.10
全国城市数量/个	183	103	78
占全国城市总数的比重/%	63.99	36.01	27.27
占全国该类型城市总数的比重/%	100.00	100.00	100.00

分城市类型来看，不同类型城市的 GPR 指数表现出来的规律性非常有意思。如表 5-12 所示，按城市等级来分，2010 年四大直辖市中仅有重庆市的 GPR 指数小于 1，北京、上海和天津三市的 GPR 指数均大于 1；全国 15 个计划单列市和副省级城市的 GPR 指数均大于 1；16 个一般省会城市

中仅有南宁、海口、贵阳、兰州、西宁 5 个城市的 GPR 指数小于 1，其余 11 个城市的 GPR 指数均大于 1；251 个普通地级市中有 177 个城市的 GPR 指数小于 1，仅有 74 个地级市的 GPR 指数大于 1。按城市群分类来看，长三角城市群的全部 16 个城市的 GPR 指数均大于 1；珠三角城市群的 9 个城市中，仅有肇庆市的 GPR 指数小于 1，其余 8 个城市的 GPR 指数均大于 1；京津冀城市群的 10 个城市中，河北省的秦皇岛、保定、张家口、承德、沧州和廊坊六市的 GPR 指数小于 1，另外 2 个地级市石家庄和唐山，以及北京和天津的 GPR 指数大于 1。这些数据分析说明，由直辖市、计划单列市和副省级城市、一般省会城市构成的核心城市及位于三大城市群的城市多是 GPR 大于 1，说明这些全国核心城市、省级核心城市的经济集聚程度高于人口集聚度。

表 5 – 12   2010 年全国分城市类型的地级及以上城市的 GPR 指数分析

城市类型	$GPR_{2010} < 1$	$GPR_{2010} > 1$	合计
按城市等级分类：			
直辖市	1	3	4
计划单列市和副省级城市	0	15	15
一般省会城市	5	11	16
普通地级市	177	74	251
按城市群分类：			
长三角城市群	0	16	16
珠三角城市群	1	8	9
京津冀城市群	6	4	10
其他地级市	176	75	251

其三，笔者采用地级尺度数据计算我国人口与经济的不均衡指数 HD，来反映我国人口与经济的空间均衡变化过程，计算结果如图 5 – 2 所示。从中可以看出，2001—2010 年我国人口与经济的不均衡指数呈下降趋势，从 2000 年的 0.69 下降至 2010 年的 0.64，这表示我国人口与经济由不均衡逐步向空间均衡发展变化。这期间，我国各城市在 GDP 集聚的同时，人口也发生相应的集聚，经济集聚和人口集聚水平差距趋于缩小。但是 HD 指数的值尚大于 0.3，表明经济—人口分布仍处于不协调状态中，目前为止，我国人口集聚的速度仍赶不上经济集聚速度。分区域来看，东部地区和东北地区的

HD 指数呈下降趋势，中部地区和西部地区的 HD 指数呈上升趋势。其中，东部地区的 HD 指数是最高的，高于 0.3，表明东部地区经济—人口分布处于不协调状态中，经济集聚度高于人口集聚度，而中、西部地区和东北地区的 HD 指数则小于0.3，表明这 3 个区域的经济—人口分布处于协调状态中。

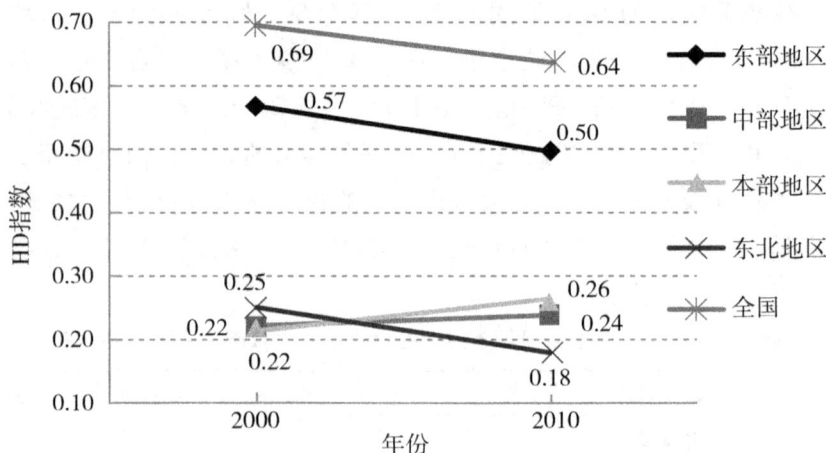

图 5 - 2　2000 年和 2010 年全国及四大地区的 HD 指数

四、基于 Zipf 法则刻画全国城市体系中人口规模分布演化规律

（一）Zipf 法则基本原理

Zipf 法则最早可以追溯到德国地理学家菲利克斯（Felix Auerbach）1913年的研究发现：在一个地区或国家的城市体系中，城市规模分布可以用帕累托分布来描述，并且城市规模和城市等级存在以下数学关系 $y = Agx^{-\theta}$（Auerbach，1913）。30 多年后，齐普夫（George Kingsley Zipf）收集了许多在社会科学中符合该经验规律的现象，并进行了阐释，他认为城市规模不仅可以用帕累托分布来描述，而且常常表现为非常优美的形式，即 Zipf 指数（1949）。此后，这一城市体系规模分布演化的位序 - 规模定律常被称为 Zipf 法则。

Zipf 法则常常用于刻画城市体系中人口规模分布演化的规律，其基本原理是：令 N_i 表示某一城市的人口规模，那么在城市体系中城市人口规模大于 N_i 的城市数量基本上与 N_i^{θ} 成正比，θ 为待估计的 Zipf 系数，且接近 - 1，即 $P\ (\text{size} > N_i)\ = \dfrac{C}{N_i^{\theta}}$，其中 C 为常数。

根据这种分布特征，可以推导出城市人口规模分布的 Zipf 法则表达式如下：

$$lnR_i = C + \theta lnN_i \quad (i = 1, 2, \cdots, n) \tag{5-8}$$

其中，R_i 是第 i 个城市按人口规模的排序；N_i 是城市人口规模。如果系数 θ 的估计值等于 -1，就表明城市体系中人口规模分布符合 Zipf 法则，最大城市规模正好是人口规模排序为 k 城市的 k 倍。如果 $\theta > -1$，城市体系人口规模分布会趋于均匀分布；如果 $\theta = 0$，所有城市人口规模相同；如果 $\theta < -1$，那么大城市人口规模将比 Zipf 法则所预测的更大，即隐含着更多的城市人口集聚。据此，此处通过估计 Zipf 系数 θ 在不同时期取值的变化，反映全国层面及东部、中部、西部及东北四大区域的城市体系中人口规模分布演化的集中或扩散趋势。

根据 Zipf 法则，城市规模分布的 θ 值实际上是一个表示城市集聚的变量。如果 $|\theta| = 1$，则验证了城市规模分布的 Zipf 法则。$|\theta| > 1$，说明城市人口比较分散，分布在各等级城市里，高位次城市规模相对不很突出，中小城市比较发达；$|\theta| < 1$，说明规模分布比较集中，大城市很突出，而中小城市不够发达，首位度较高。当进行多年对比时，$|\theta|$ 变大，说明城市规模分布趋于的分散力量大于集中的力量；$|\theta|$ 变小，则说明集中力量大于分散的力量。

（二）全国城市体系 Zipf 指数及其变动

经济学家主要使用美国数据来估计 θ，通常 θ 都会接近 -1，但是现有文献中关于其他国家或地区城市人口分布是否符合 Zipf 法则的检验均显示，θ 通常并不等于 -1（覃一冬，2012）。本部分内容基于 1990 年、2000 年、2010 年三次人口普查各地级及以上城市的人口规模及其排序计算了普查时点上全国及东部、中部、西部和东北四大地区城市体系的 Zipf 法则估计系数，如表 5-13 和图 5-3、图 5-4、图 5-5 所示。

我国城市各年份人口规模对位序的回归系数 θ 也并不完全等于 -1，而且估计参数 θ 随着时间而发生变化，我国城市体系并不完全符合 Zipf 法则，这一点与覃一冬（2012）的结论相同。三次人口普查结果均显示，我国城市体系的 Zipf 法则估计系数 θ 的绝对值 $|\theta| > 1$，同时我国城市体系中，高位次大城市和特大城市规模相对不很突出，低位次小城市规模也不足，中间规模城市比较发达；此外，20 年间，$|\theta|$ 在变大，这说明我国城

市体系中城市规模分布趋于的分散力量大于集中的力量，城市体系的集中度有降低的趋势。进入 21 世纪以来，我国的宏观发展战略逐渐从以沿海地区优先发展向区域经济协调发展战略转变，致使大城市所具备的经济聚集效应有所减弱。低次位的小城市多是由于自然环境不宜生存、人口外流、人口老龄化等原因，致使人口总量减少，因而在城市体系中其人口规模显得不足。

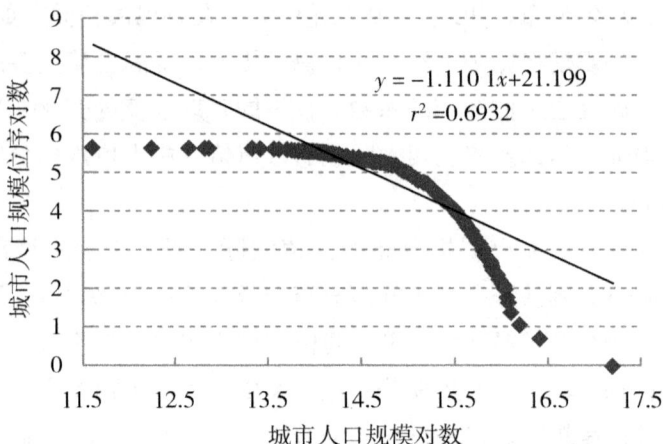

$$y = -1.110\,1x + 21.199$$
$$r^2 = 0.6932$$

图 5 – 3　1990 年"四普"时我国城市体系 Zipf 法则拟合

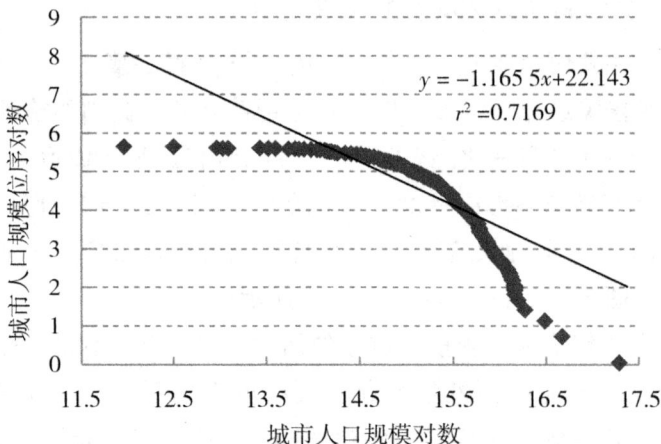

$$y = -1.165\,5x + 22.143$$
$$r^2 = 0.7169$$

图 5 – 4　2000 年"五普"时我国城市体系 Zipf 法则拟合

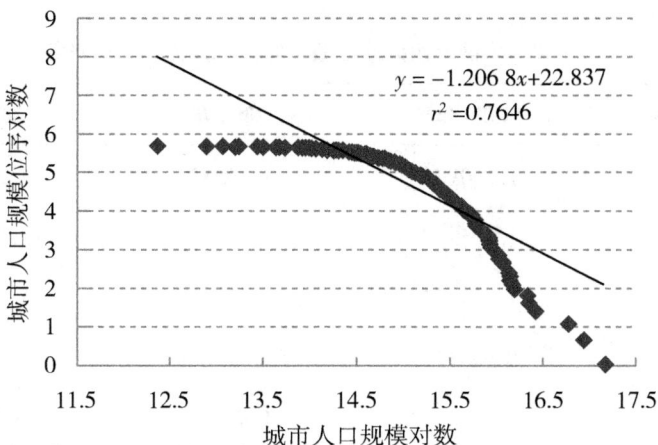

$$y = -1.206\,8x + 22.837$$
$$r^2 = 0.7646$$

图 5-5　2010 年"六普"时我国城市体系 Zipf 法则拟合

（三）四大地区城市体系 Zipf 指数及其变动

如表 5-13 所示，分区域来看，东部地区 Zipf 法则估计系数 θ 的绝对值 $|\theta|$ 不仅大于 1，而且高于全国平均水平，说明东部地区城市人口规模分布比较均匀；同时，东部地区的 $|\theta|$ 呈现变大的趋势。也就是说过去 20 多年，虽然全国人口显现出向东部地区集聚的趋势，但是东部地区内部的城市体系中，分布在各等级城市里，高位次城市规模相对不很突出，中小城市比较发达，城市首位度不高。中部地区的 $|\theta|$ 特征及其变化趋势与东部地区类似。在这 20 年，虽然中部地区人口呈现流出态势，但是其内部城市体系中，城市人口规模分布相对于全国的城市体系来说还是比较均匀的。

西部地区的 $|\theta|$ 特征及变化趋势，与东部和中部差异非常大。首先，西部地区 $|\theta|$ 是 4 个区域中最低的，也低于全国平均水平，其在 1990 年和 2000 年均小于 1，表明此时西部地区城市规模分布比较集中，大城市很突出，而中小城市不够发达，首位度较高。其次，随着时间的变化，西部地区的 $|\theta|$ 显现变大趋势，说明城市体系的集中度在下降。2010 年，西部地区的 $|\theta|$ 非常接近于 1，表明此时西部地区城市体系非常符合 Zipf 法则。

东北地区的 $|\theta|$ 特征及变化趋势，亦具有其独特之处。首先，东北地区的 $|\theta|$ 是四大区域中最高的，也大大高于全国平均水平，且在三次普查时均大于 1，表明东北地区城市体系的人口集中度不高，城市人口分散在各等级城市里，高位次城市规模相对不很突出。此外，随着时间的推移，东北地区的 $|\theta|$ 呈现逐步变小趋势，说明集中力量大于分散的力量，城市体系的人口

集中度在慢慢上升。

表 5 – 13   全国及四大地区城市体系 Zipf 法则估计系数

区域范围	1990 年	2000 年	2010 年
全国	- 1. 1101 ***	- 1. 1655 ***	- 1. 2068 ***
东部	- 1. 2059 ***	- 1. 3080 ***	- 1. 3326 ***
中部	- 1. 2251 ***	- 1. 2827 ***	- 1. 3106 ***
西部	- 0. 9032 ***	- 0. 9714	- 1. 0627 ***
东北	- 1. 4372 ***	- 1. 4147 ***	- 1. 3706 **

注: *** 表示显著性水平为 0. 01。

五、中国国内人口与经济活动空间分布有偏离，核心城市的人口集聚度低于经济集中度

21 世纪的第一个 10 年，中国人口和经济要素向东部地区集聚的状态没有发生根本变化，"东强西弱"基本格局亦没有发生根本转变。不过，国家非均衡性协调发展战略及大范围的、持续的国内跨区域人口迁移，对人口与经济活动的空间分布产生了影响，主要表现在：多数东部城市人口份额逐渐上升的同时，经济份额有所下降；西部地区多数城市人口份额逐渐下降或增长趋缓的同时，经济份额则有所上升；中部和东北地区多数城市则在经济份额下降的同时，人口份额也逐渐降低；HD 指数在 2005 年以后呈缩小趋势。这表明，中国人口集聚和经济集聚水平的差距趋于缩小，经济生产集中区与人口生活集中区在逐步重叠。

然而，国内人口与经济活动空间分布仍有偏离，无论是以省为单位，还是以地级市为单位计算的 HD 指数虽然在 2005 年以后呈下降趋势，但是该指数本身仍大于 0. 3，特别是以地级市为单位计算的 HD 指数更加"明显"地反映出经济集聚程度高于人口集聚程度。分省份来看，东部沿海省份，特别是环渤海地区、长三角与珠三角地区省份的经济集中度高于人口集中度，而中、西部地区和东北区域仅有个别省份的 GPR 指数大于 1。从地级市层面来看，由直辖市、计划单列市和副省级城市、一般省会城市构成的核心城市及位于三大城市群的城市多是 GPR 大于 1，说明相对于这些全国核心城市、省

级核心城市的经济集聚能力和程度来说，其人口集聚程度仍不足够。

此外，我国城市体系并不完全符合 Zipf 法则。我国城市体系中，高位次大城市和特大城市规模相对不是很突出，低位次小城市规模也不足，中间规模城市比较发达。进入 21 世纪以来，我国的宏观发展战略逐渐从以沿海地区优先发展向区域经济协调发展战略转变，致使大城市所具备的经济聚集效应有所减弱。

总而言之，中国国内人口与经济活动空间分布仍有偏离，主要表现在核心区域、核心城市集聚效应未充分发挥，生产集中区域的人口集中度不够。

第六章　国内外案例研究

　　为了更加深入地剖析前几章的分析和结论，本章选择典型城市进行案例分析。上海市是非常典型的人口净迁入城市，"六普"时常住人口净迁入率高达38.4%，属于超强人口集聚地区；而位于江苏省北部的盐城市则属于典型的人口净流失城市，"六普"时其常住人口净流失率高达13%。本章分别以上海市和盐城市为例，分析其人口净迁入/净流失的现状特征与基本规律，探析人口净迁入/净迁出对城市经济社会发展和人口格局变动的影响。然后，再以美国、日本等几个发达国家的发展经验为例，深入讨论中国人口与经济生产活动集聚的未来趋势。

第一节　以上海市为人口净迁入城市代表的个案研究

　　上海历史上就是一座移民城市。自19世纪中叶以来，上海先后经历过3次移民高峰。最新一次的移民高峰从浦东开发开放起，至今方兴未艾。本节首先分析迁入上海的移民及迁移行为的规模、结构、来源地等多方面特征，然后探讨大规模的人口迁入对上海人口规模、人口老龄化水平、就业状况、养老保险等方面产生的影响。

一、上海迁入人口的基本情况分析

　　上海作为中国最大的经济中心城市、具有全球影响力的城市，不止其经济发展水平，在经济社会发展的方方面面都处于全国甚至全球领先水平。改革开放以来，上海快速持续的经济增长，创造了大量的就业机会和良好的就业环境，吸引了大批外来人口相继迁入。上海已成为我国外来流动人口数量最多、最密集的省市之一，人口迁入正对上海经济社会发展产生着越来越重要的影响。

（一）上海流动人口规模的变动历程

上海流动人口的大规模增长始于 20 世纪 80 年代中期以后。根据上海有关部门组织的历次流动人口抽样调查资料显示，1988 年上海外来流动人口为 106 万人，到 20 世纪 90 年代前期已经翻了一番，1993 年达到 251 万人。1997 年稍稍减少到 237 万人。2000 年底上海进行历史上第一次流动人口普查，结果显示，全市外来流动人口共有 306 万人。2003 年 8 月，上海市公安局和统计局进行的全市 19 个区县 332 040 个样本的流动人口抽样调查发现，全市外来流动总人口已经增长到 428 万人。2010 年"六普"时，上海市外来常住人口与户籍常住人口之比已达到 1∶1.5，外来常住总人口已达到 898 万，占常住总人口的四成左右，外来常住人口已成为上海人口的重要组成部分。进入"十二五"以后，在人口宏观调控政策及上海周边地区及全国其他区域经济快速发展的双重作用下，外省市来沪流动人口增速开始放缓，增量开始减少。至 2015 年末，外来总人口达到 981.66 万人，与 2014 年的 996.42 万人相比减少了 14.76 万人，是多年以来的首次减少。根据《2016 年上海市国民经济和社会发展统计公报》，2016 年上海市外来常住人口为 980.20 万人，比 2015 年年末略有下降。预判未来几年，外来常住总人口将不会有大的变动（图 6-1）。

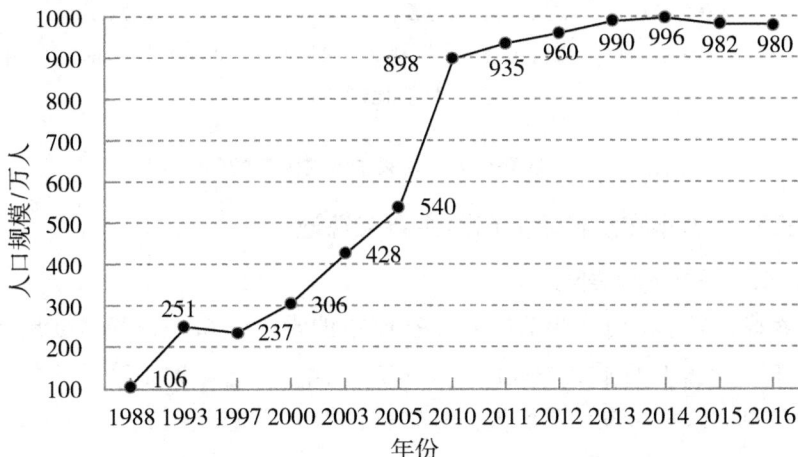

图 6-1　上海市外来常住人口规模（1988—2016 年）

注：1953—2010 年数据来源于《上海市第六次人口普查数据手册》，均为历次人口普查和 1% 人口抽样调查时点数；2014—2016 年数据来源于相应年份的上海市国民经济和社会发展统计公报，均为年末数。

（二）劳动年龄人口，尤其是青壮年劳动力是外省市在沪流动人口的主体

15～59岁劳动年龄人口是外省市来沪常住人口的主体，"五普"和"六普"分别占外来常住人口的88.86%和85.61%，且主要是20～44岁青壮年劳动力，分别占70.28%和69.09%。从图6－2可以看出，"六普"时，20～24岁至40～44岁每个5岁组的外来常住人口占比都在10%以上，其中20～24岁组人数最多，达到161.82万人，占外来常住人口的18.03%。与上海市户籍人口横向相比，"六普"时外来劳动适龄人口的平均年龄为32.09岁，低于上海户籍劳动适龄人口的平均年龄（38.42岁），将全市劳动适龄人口的平均年龄拉低至35.46岁。

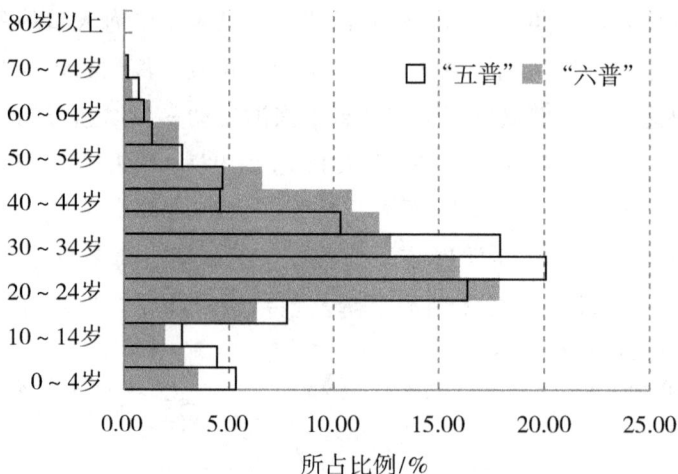

图6－2　两次普查外省市来沪常住人口的年龄结构

（三）外省市在沪流动人口的主要来源地

1. 农村转移人口是流动人口的主力军

"六普"资料显示，897.7万外省市在沪常住人口中，79.4%是乡—城流动人口，即户口性质为农业的流动人口，比"五普"时下降了5.9个百分点①。可见，农村劳动力的大量向外转移，构成了流动人口大军的主体。

2. 流动人口的主要来源地

首先，作为全国最大的经济中心城市，上海对全国各地都有一定的辐射

---

① 数据来源：上海市统计局官方网站上的分析报告栏目中的统计分析文章《外省市来沪常住人口发展现状及特征》，网址为 http://www.stats-sh.gov.cn/html/fxbg/201109/232741.html。

作用。"五普"和"六普"数据均显示，上海市流动人口的来源地十分广泛，遍及全国大陆 30 个省、直辖市和自治区。其次，由于受到空间距离上的邻近性、迁出地社会经济发展状况及其历史人口迁移传统等多种因素的影响，上海市流动人口主要来自华东各省，以及人口流出大省。从表 6−1 大致看出：其一，距离上海比较近的省份迁入上海人口比较多，如上海邻近的安徽、江苏、江西、浙江等省迁入人口规模都比较大，其中以距离较近、经济发展水平与上海差距较大的安徽省最多；江苏省与上海空间邻近，历史上一直有着密切联系，其在沪流动人口位列第二；其二，距离上海虽远但经济发展相对落后、具有人口迁出历史传统的人口大省迁入上海人口也比较多，如四川、河南两省。表 6−1 列出了"六普"时在沪流动人口超过 10 万人的省市，共计 13 个，91.69% 的外省市来沪常住人口来自这 13 个省市。从更大的地理空间来看，外省市来沪流动人口中 63.34% 来自华东六省。

表 6−1　两次普查外省市来沪常住人口来源地分析

	"六普"			"五普"		
	人数/万人	比重/%	排名	人数/万人	比重/%	排名
安徽省	260.23	28.99	1	100.52	32.88	1
江苏省	150.35	16.75	2	73.47	24.03	2
河南省	78.26	8.72	3	12.21	3.99	6
四川省	62.45	6.96	4	22.59	7.39	4
江西省	48.72	5.43	5	18.53	6.06	5
浙江省	45.05	5.02	6	30.18	9.87	3
湖北省	40.77	4.54	7	7.89	2.58	8
山东省	37.84	4.22	8	6.36	2.08	9
福建省	26.38	2.94	9	8.48	2.77	7
湖南省	22.85	2.55	10	3.96	1.29	10
重庆市	22.77	2.54	11	3.11	1.02	12
贵州省	14.81	1.65	12	3.24	1.06	11
陕西省	12.62	1.41	13	1.51	0.49	16
其他省市	74.61	8.31	—	13.69	4.48	—

（四）来沪从事经济活动是最重要的迁移动机

人们做出迁移的决定时，多是基于其个人或者家庭成员福利的最大化。

大量的外省市人口背井离乡，选择来到上海的首要引力因素是经济因素，他们中的绝大部分来上海是为了从事经济活动。"六普"数据显示，以"务工经商"为目的的外来常住人口达到 703.07 万人，占外来常住总人口的 78.3%，因其他原因来沪的合计占 21.7%。流动人口流动原因是经济型为主，故他们的就业率较高，"六普" 10% 长表数据显示，15 岁以上外来人口中 87.4% 处于就业状态。

二、人口迁入已成为上海常住人口规模变动的主导力量

改革开放以来，上海户籍人口规模变动一直不大，呈现出持续的、很小幅度的增长态势。从改革开放初期的 1098 万人，到 1990 年的 1283 万人，到 2000 年年末的 1322 万人，再到 "六普" 时的 1404 万人，2016 年为 1450 万人，30 多年，增加了 352 万人。然而，1990 年浦东开发开放以来，上海常住人口规模持续、快速扩张，从 "四普" 时的 1334.19 万人，增加到 "五普" 时的 1640.77 万人，至 "六普" 时全市常住人口已达到 2301.91 万人。这 20 年，上海市常住人口增加了 967.73 万人，扩大了 1.73 倍。2010 年后常住人口增速开始放缓，甚至在 2015 年年末出现了几十年来的首次减少。究其原因，主要是外来人口导入速度减缓，并且在 2015 年外来常住人口出现了减少，减少 14.77 万人。这些数据充分显示，人口净迁入的速度和数量对上海常住人口规模的变动起到主导作用（图 6 - 3）。

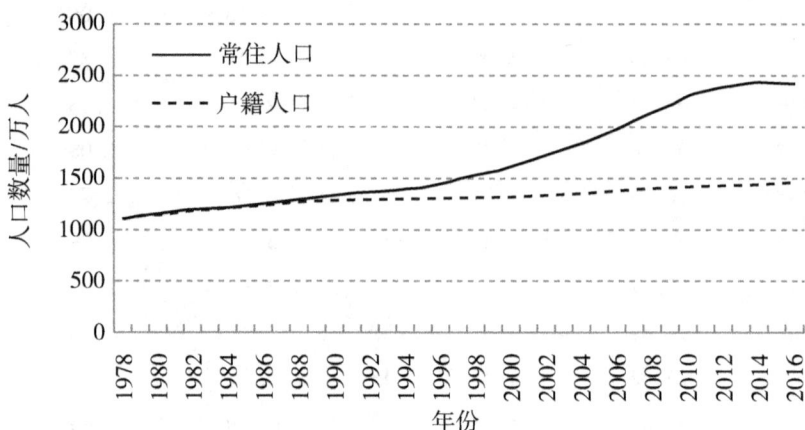

图 6 - 3　上海历年年末常住人口和户籍人口规模（1978 - 2016 年）

数据来源：《上海统计年鉴 2016》。

三、以劳动力为主体的流动人口"稀释"了上海户籍人口老龄化程度

上海是全国最早完成人口年龄结构由成年型向老年型转变的地区，早在1979年就进入老龄化社会，比全国提前20年。图6-4展示了"四普""五普""六普"时上海的常住人口和户籍人口年龄金字塔（其中"四普"户籍人口年龄金字塔根据1992年户籍人口分性别、年龄数据绘制），通过对6个人口年龄金字塔的每一横行和纵列的比较，可以清晰地看出以劳动力为主体的大量外来人口的迁入对上海人口老龄化的"稀释"作用。

首先，每一横行可以比较历次普查时上海市常住人口和户籍人口的年龄结构。从中可以看出，20世纪90年代初期，上海市常住人口和户籍人口年龄结构差异极小。这一时期国内的人口迁移开始不久，常住人口基本是上海户籍人口。此后，大量的外省市人口流入上海。"五普"和"六普"时，常住人口年龄结构与户籍人口差异非常之大，常住人口年龄结构明显年轻于户籍人口。

其二，从纵向来看，左列可以比较3次人口普查上海常住人口年龄结构的变动情况，右列可以比较户籍人口结构的变动情况。左列的3张图显示出，1990年以来随着以青壮年劳动力为主的大量外省市人口的流入，上海常住人口中劳动年龄人口数量不断增加，甚至在"六普"时65岁及以上的老年人口占总人口的比重比"五普"时还下降1.34个百分点。然而，右列的3张图显示出，上海户籍人口年龄金字塔的底部逐步收缩，顶部逐渐变宽，反映出少年儿童人口比例不断缩小，而老年人口比例不断增加，人口年龄结构逐步老化的动态过程。"六普"时，上海市户籍人口中65岁及以上老年人口比重为15.8%，户籍人口金字塔的下半部分都已是相当地窄，底部更是收缩到近乎难以支撑塔身。

通过与其他国家和地区的横向比较发现（表6-2），上海市常住人口老龄化程度与日本、法国、瑞典等跨入人口老龄化社会时间较长的国家相比尚有距离，也比香港轻，与韩国差异不大。2010年上海市常住人口中60岁及以上人口的比重（15.1%）高于全国平均水平（13.3%），接近于韩国（15.7），低于其他几个国家或地区，65岁及以上人口比重及年龄中位数大致也处于这样的位次。但是，上海市户籍人口的老龄化程度却已有直逼法

国、瑞典和日本之势，比韩国和香港均严重得多，其中，60 岁及以上人口比重已超过韩国和香港，与法国持平，接近于瑞典；80 岁及以上高龄老人的比重为 4.1%，已超过韩国和香港；年龄中位数已达 44.12 岁，即有一半的上海市户籍人口年龄超过 44.12 岁，高于法国、瑞典、韩国和香港，仅次于日本。

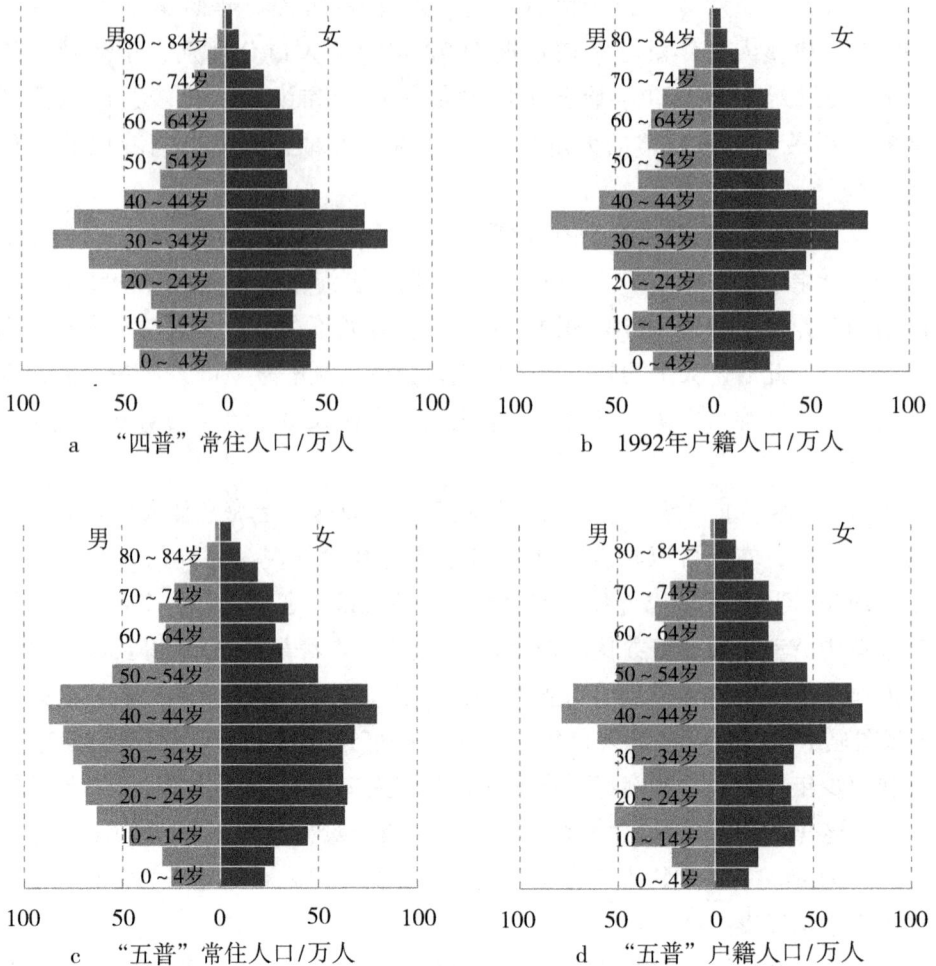

a　"四普"常住人口/万人

b　1992年户籍人口/万人

c　"五普"常住人口/万人

d　"五普"户籍人口/万人

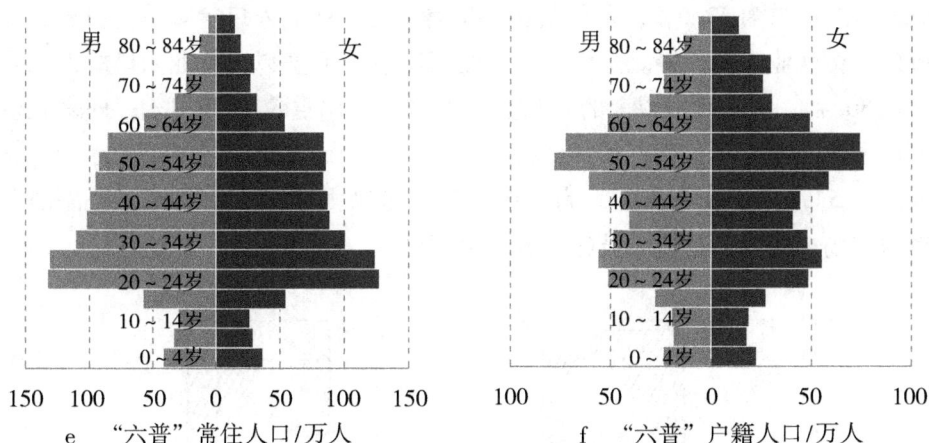

图6-4　3次人口普查上海常住人口、户籍人口金字塔

表6-2　2010年不同国家/地区之间人口老龄化程度的比较

国家/地区	60 岁及以上/%	65 岁及以上/%	80 岁及以上/%	年龄中位数/岁
法国	23.0	16.8	5.4	39.9
瑞典	24.9	18.2	5.3	40.7
日本	30.5	22.7	6.3	44.7
韩国	15.7	11.1	2.0	37.9
中国	13.3	8.9	1.4	34.5
香港	18.2	12.7	3.6	41.8
上海常住人口	15.1	10.1	2.6	37.83
上海户籍人口	23.0	15.8	4.1	44.12

数据来源：法国、瑞典、日本、韩国、香港和中国的80岁及以上人口比重、年龄中位数数据来源于《World Population Prospects：The 2010 Revision Population Database》；中国的其余数据来自中国第六次人口普查数据公布，上海市数据根据上海市第六次人口普查数据资料计算获得。

四、大规模人口迁入对上海城市就业的影响

（一）外来就业人员数量已超过本地户籍就业人员，缓解了就业人员老化程度

"六普"10%长表数据显示，上海市就业人口中外来就业人口比重高于本市户籍就业人口，本市户籍就业人口仅为47.4%，外来就业人口占全部就

业人口的比重为 52.6%。从年龄构成来看，外来就业人口年龄结构明显比上海市户籍就业人员年轻。全市户籍就业人口中，40 岁以上就业人口所占比重高达 50.4%，而 40 岁以上的外来就业人口所占比重仅为 25.9%；外来就业人口中 20~39 岁就业人口的比重为 68%，而本市户籍就业人口仅为 49.2%（图 6-5）。以青壮年劳动力为主体的外来劳动力迁入大量补充了上海的劳动力市场，缓解了就业人员的年龄老化程度。

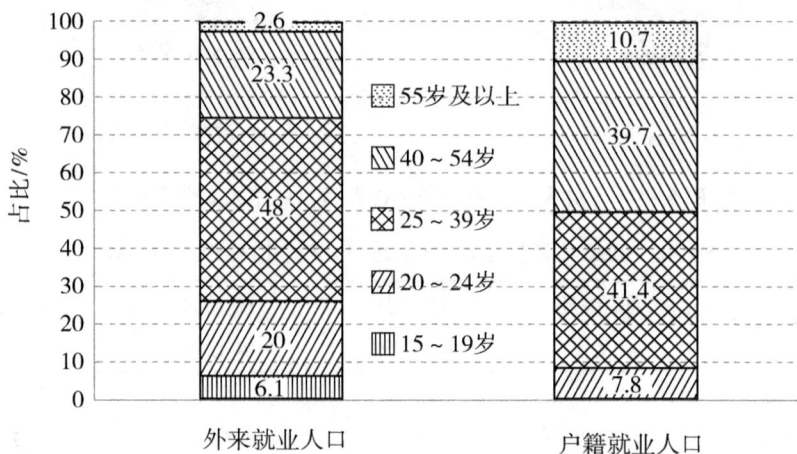

图 6-5　"六普"时上海市户籍就业人口和外来就业人口年龄构成

数据来源：上海市统计局网站 http://www.stats-sh.gov.cn/fxbg/201111/235037.html。

（二）外来就业人员主要从事低端岗位，大量补充了上海低端劳动力市场

与本地户籍就业人员相比，外来就业人员的文化素质比较低。户籍就业人员中大专及以上受教育程度者的比重最高，达到 43%，而外来就业人员仅为 15%；外来就业人员中初中文化程度者的比重最高，其初中及以下文化程度者的比重高达 67.5%，而户籍就业人员仅为 31%（图 6-6）。外来就业人员的文化程度较低，也决定了其主要从事低端就业岗位。"六普"数据显示，外来就业人员主要集中在制造业（41.3%）、批发和零售业（18.4%）、建筑业（8.9%）、住宿和餐饮业（6.8%）、居民服务和其他服务业（5.3%）。其中，外来就业人员从事制造业的比重高达 41.3%，而户籍就业人员为 28.9%。从职业类型来看，外来就业人员主要是生产、运输设备操作人员（44.66%）和商业、服务业人员（34.01%），其他就业岗位的比例均比较

低，例如，专业技术人员（8.31%）、办事人员和有关人员（6.91%）、国家机关、党群组织、企业、事业单位负责人（3.82%）、农林牧渔水利生产人员（2.22%）。因此，大量的外来就业人员来沪后主要从事低端服务业，对上海的低端劳动力市场是极大的补充。

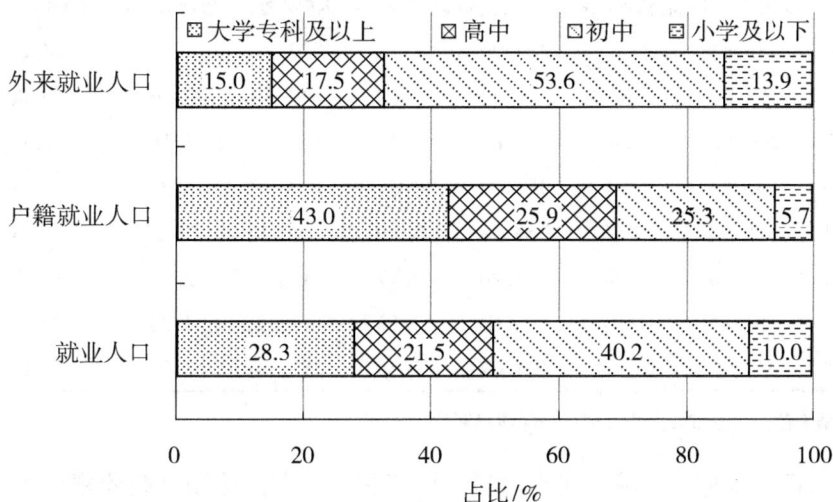

图 6-6　"六普"时上海市不同户籍在业人口的受教育程度
数据来源：同图 6-5。

五、大规模人口迁入对上海城镇职工基本养老保险的影响

（一）对制度赡养率的影响：降低了的制度覆盖率

表 6-3 展示了 2007—2014 年上海市城镇职工基本养老保险参保职工和离退休人员的人数与增长变动情况。从中可以看出，2007—2014 年，参保职工人数逐年增加，尤其是 2010—2011 年的增长率达到了 70.75%。这主要是因为，2011 年 6 月上海在外来从业人员参与社会保险方面出台了一系列政策，将针对外来从业人员的综合养老保险并入了城镇职工基本养老保险。同时，离退休人员人数也在逐年增加，增长率大致在 3%~5%。

某一时期（通常是某一年）制度赡养率（support ratio；记为 SR），是该时期参保的离退休人员与同期参保职工之比。表 6-3 还展示了 2007—2014 年上海市城镇职工基本养老保险制度赡养率，从中可以看出，2007—2010 年制度赡养率变动不大；2011 年将外来从业人员纳入城镇职工基本养老保险之后，制度赡养率大幅下降，从 2010 年的 64.84% 下降至 39.26%，2011 年以后制度赡养率变动不大。

表 6-3　2007—2014 年上海市城镇职工基本养老保险参保状况

年份	参保职工		离退休人员		合计		制度赡养率
	人数/万人	增长率/%	人数/万人	增长率/%	人数/万人	增长率/%	（SR）/%
2007	483.83	—	309.99	—	793.82	—	64.07
2008	495.26	2.36	324.42	4.65	819.68	3.26	65.50
2009	506.86	2.34	338.85	4.45	845.71	3.18	66.85
2010	542.87	7.10	352.02	3.89	894.89	5.82	64.84
2011	926.93	70.75	363.95	3.39	1290.88	44.25	39.26
2012	947.98	2.27	378.40	3.97	1326.38	2.75	39.92
2013	952.35	0.46	390.63	3.23	1342.98	1.25	41.02
2014	969.30	1.78	404.07	3.44	1373.37	2.26	41.69

数据来源：上海市人力资源和社会保障局网站。

为精确测算人口流入对上海城镇职工基本养老保险制度赡养率产生的影响，此处使用"六普"和 2012 年上海市流动人口动态监测①的数据。根据 2010 年"六普"数据，15 岁及以上流动人口数量占上海流动人口总量的比例（记为 α）为 91.47%，15 岁及以上流动人口就业率（记为 γ）为 87.4%；根据 2012 年流动人口动态监测数据，上海的就业流动人口的参保率（记为 β）为 43.6%。据原上海市人口计生委的数据，2012 年非上海市户籍常住人口总量（记为 FP）为 960 万，假定 2012 年 15 岁及以上流动人口数量占流动人口总量的比例 α 和 15 岁及以上流动人口就业率 γ 与"六普"时相同。那么 2012 年流动参保职工（记为 IFW）可用如下公式进行估算，计算得 2012 年流动参保职工（IFW）=334.62 万人。

$$IFW = FP \times \alpha \times \gamma \times \beta \qquad (6-1)$$

根据上海市人力资源和社会保障局的数据，2012 年参保职工总数（记为 TIW）为 947.98 万人，参保离退休人员总数（记为 TRW）为 378.40 万人。进一步地，参保职工总数 TIW 减去流动参保职工人数 IFW 可得户籍参

---

① 流动人口动态监测调查是由原国家人口计生委组织，在流入地对流动人口进行的连续断面调查，其样本点的地理分布覆盖中国大陆所有省、直辖市、自治区及新疆生产建设兵团。从 2009 年开始，已经持续开展了数次调查。

保职工（记为 IHW）为 613.36 万人，目前尚无外来从业人员在沪领取养老金，故户籍离退休人员（记为 RHW）应等于总参保离退休人员 TRW，流动离退休人员（记为 RFW）为 0。故可以有如下公式：

$$\frac{1}{SR} = \frac{TIW}{TRW} = \frac{IHW + IFW}{RHW + RFW} = \frac{IHW + IFW}{RHW} = \frac{613.36 + 334.62}{378.40} = 1.62 + 0.88$$

$$(6-2)$$

上式的计算结果反映了参保的流动人口对上海城镇职工基本养老保险制度赡养率的影响作用，简而言之，目前的上海城镇职工基本养老保险中，每 1.62 个户籍参保职工和 0.88 个流动参保职工赡养 1 位户籍离退休人员。这说明，以劳动年龄人口为主体的外省市人口进入上海不仅缓解了上海人口老龄化程度，也大大促进了城镇职工基本养老保险的制度赡养率的下降，且在当前及未来的至少 10 年内基本不会有流动人口在沪领取养老金。

（二）对养老基金收入的影响：弥补了养老基金的"亏空"

根据上海市人力资源和社会保障局公布的统计数据（表 6 - 4），2007—2014 年，随着参保职工人数和缴费水平的提高，上海市城镇职工基本养老保险基金收入逐年增加，尤其是 2011 年将外来从业人员纳入城镇职工社会保险之后，基金收入的增幅很大，2011 年增长率达到 30.77%，2012 年增长率达到 34.49%。与此同时，随着参保离退休人员数的增加和养老金水平的增长，上海市城镇职工基本养老金基金支出也在逐年增加，2007—2012 年已翻了一番。

在剔除了市财政补贴之后，2007—2010 年上海市城镇职工基本养老金均是"收不抵支"的状态，且每年亏空的额度在持续增加，从 2007 年的亏空 49.55 亿元到 2010 年的亏空 103.54 亿元。相应地，这几年市财政补贴也在不断地增加，从 2007 年的 49.81 亿元到 2010 年的 107.43 亿元。2011 年将外来从业人员纳入城镇职工社会保险之后，基金"收不抵支"的状况明显好转，剔除市财政补贴之后，2011 年仅亏空 18.47 亿元，比 2010 年减少了 85.07 亿元。2012 年更是实现了几年来首次"收大于支"，基金收支相抵后盈余 180.02 亿元（剔除市财政补贴），2013 年和 2014 年上海市城镇职工基本养老金均"收大于支"。

表 6 – 4   2007—2014 年上海市城镇职工基本养老保险基金收支状况

年份	基金收入/亿元	增长率/%	基金支出/亿元	增长率/%	当年基金收支相抵/亿元	市财政补贴/亿元
2007	452.57	—	502.12	—	-49.55	49.81
2008	526.59	16.36	615.22	22.52	-88.63	91.50
2009	618.73	17.50	710.59	15.50	-91.86	100.73
2010	707.93	14.42	811.47	14.20	-103.54	107.43
2011	925.76	30.77	944.23	16.36	-18.47	99.56
2012	1245.05	34.49	1065.03	12.79	180.02	83.59
2013	1472.75	18.29	1233.00	15.77	239.75	4.00
2014	1596.85	8.43	1421.80	15.31	175.05	9.00

注：表中历年的基金收入中均不包含市财政补贴。数据来源：上海市人力资源和社会保障局网站。

进一步地，笔者使用 α、γ、β 的取值来精确测算人口流入对上海城镇职工基本养老保险基金收入的影响。根据上海市人力资源和社会保障局 2012 年度缴费标准的规定：非城镇户籍的外来从业人员缴费基数根据规定在本标准执行期内按上年度全市职工月平均工资的 45%，经用人单位及其从业人员协商一致也可按本市城镇职工社会保险的规定参保缴费。当然，流动人口中还有一定比例的城镇户籍的外来从业人员，故事实上应该是高于这一基数，暂以 45% 作为流动人口参保的缴费基数（记为 IB），上一年度全市职工月平均工资以 1949 元计算。同时，上海市人力资源和社会保障局 2012 年度缴费标准的规定，外来从业人员参保的缴费率（记为 CR）为单位 22%，个人 8%，合计 30%。在上述条件下，外来从业人员"创造"的养老基金收入（记为 IE）的测算公式如下：

$$IE = FP \times \alpha \times \gamma \times \beta \times IB \times CR \qquad (6-3)$$

那么可以测算 2012 年度，外来从业人员为上海"创造"的养老基金收入为 105.65 亿元。可以说，这部分的收入弥补了养老基金的亏空，减轻了市财政的压力。综上所述，2011 年将外来从业人员综合保险并入城镇职工基本养老保险之后，以劳动力迁移为主体的人口流入，为上海城镇职工基本养老保险做出了正面的、不容忽视的"贡献"——降低了的制度覆盖率，弥补了养老基金的"亏空"。

第二节 以江苏省盐城市为人口净流失城市代表的个案研究

第四章的分析显示，江苏省北部地区几个地级市均属于人口净流失城市和人口负增长城市，其中，盐城市是典型的人口净流失区。本部分以盐城市为例，探析人口净流失对其人口与经济发展的影响，并以下辖阜宁县为例，深入分析其各乡镇情况，且讨论了农村劳动力流失情况。

一、盐城市概况

盐城市隶属于江苏省，地处中国东部沿海中部、长江三角洲北翼、江苏省北部，东临黄海，南与南通接壤，西南与扬州、泰州为邻，西北与淮安相连，北隔灌河和连云港市相望。盐城市是江苏省面积最大的地级市，2010年，市辖区面积为1779平方公里；下辖东台、大丰2个县级市，市区下设盐都、亭湖两个区和盐城开发区，另有建湖、射阳、阜宁、滨海、响水5个县。

江苏省下辖13个地级市，习惯上分成苏南、苏中和苏北三大区域。长江以南是苏南，有南京、镇江、常州、无锡、苏州五市；淮河以北是苏北，有徐州、宿迁、淮安、盐城、连云港五市；长江和淮河之间属于苏中，有扬州、泰州、南通三市。苏北长期以来是劳动力净输出地。这一方面是由于苏北地区与苏南、上海的社会经济发展水平差距大，构成吸引劳动力迁徙的巨大势能差；另一方面由于苏北地区与苏南几市、上海市的空间距离近，也是苏北地区劳动力大量外流至苏南地区和上海市的主要原因。此外，历史上苏北地区与苏南地区、上海市之间就有着人口迁移流动的传统。近年来，苏北地区向上海、苏南几市的迁出人口，已经从20世纪八九十年代以劳动力为主，向"举家迁移"为主转变。越来越多的苏北人全家迁徙至苏南地区、上海市。尽管苏北地区人口出生水平高于苏南地区，但是由于人口净流失导致苏北几市人口均负增长。

二、人口净流出对盐城市人口规模、劳动力数量和年龄结构的影响

(一) 盐城市人口规模及年龄结构变动情况

1953 年全国第一次人口普查时，盐城市人口规模为 389.15 万人。1953—2000 年的几次普查均显示，盐城市人口规模处于不断递增的趋势之中。不过，与 1953—1990 年的增长率相比，1990—2000 年的增速明显放缓，这 10 年盐城市常住人口规模从 774.22 万人增至 794.65 万人，仅增长了 20 万人。"五普"至"六普"期间，盐城市常住人口规模显著减少，从"五普"常住人口规模的最高点（794.65 万人）降至"六普"时的 726.02 万人，10 年减少了近 69 万人。2010—2014 年，盐城市常住人口规模仍有所减少，减至 2014 年的 722.28 万人，减少了近 4 万人（图 6-7）。

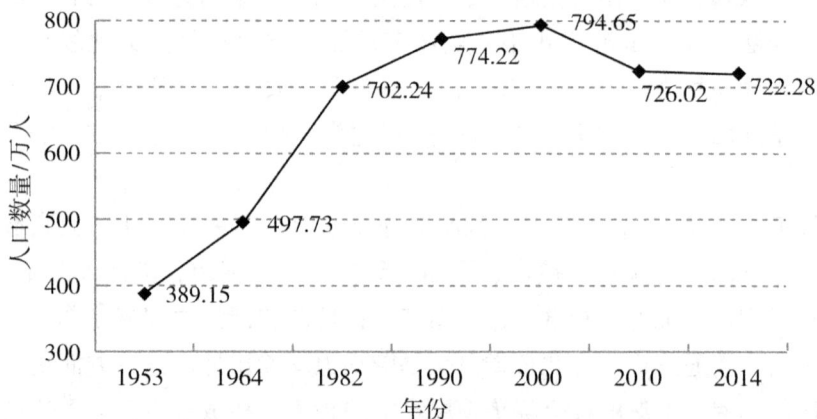

图 6-7　历次全国人口普查及 2014 年盐城市人口规模

从人口年龄结构来看，1964 年"二普"以来，盐城市 0~14 岁少年儿童比重不断下降，从 1964 年的 41.4% 下降至 1982 年"三普"时的 31.4%，再降至 1990 年"四普"时的 26.1%，2000 年"五普"时为 19.9%。最近的一次普查，盐城市 0~14 岁少年儿童比重已降至 14.4%。15~64 岁劳动年龄人口比重处于不断上升之势，从 1964 年"二普"时的 55.1%，上升至"三普"时的 63.9%，再升至 1990 年"四普"时的 68.2%，"五普"时升至 72.2%。2010 年"六普"数据显示，盐城市 15~64 岁劳动年龄人口比重继续上升，但上升幅度已大大减小，从 2000 年"五普"时的 72.2% 升至 2010 年的 73.7%，仅上升了 1.5%（图 6-8）。

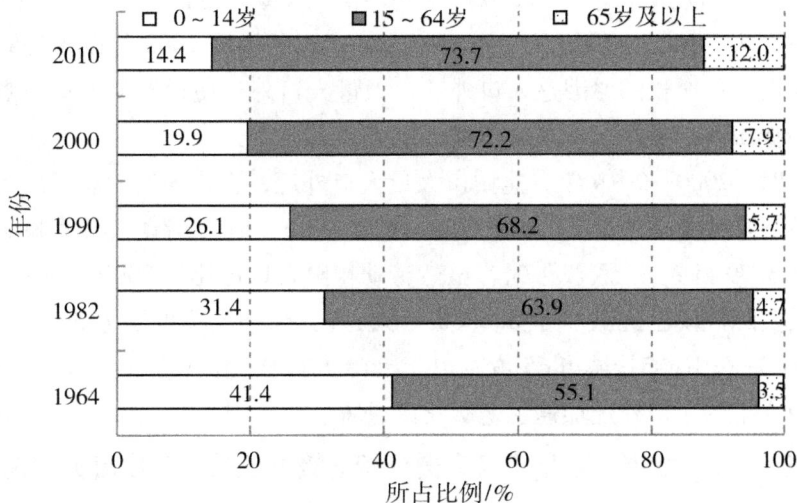

图6-8　历次全国人口普查盐城市人口年龄结构

　　65岁及以上老年人口比重不断上升。按照第五章的分类标准：65岁及以上老年人口比重低于4%，为年轻型社会；处于4%~7%，为成年型社会；处于7%~10%，为浅度老龄化社会；处于10%~14%，为深度老龄化社会。1964年，盐城市65岁及以上老年人口比重仅为3.5%，属于年轻型社会；1982年升至4.7%，1990年再升至5.7%，1982—1990年盐城市属于成年型社会。2000年"五普"时，盐城市65岁及以上老年人口比重已经达到7.9%，此时，盐城市已跨入老龄化社会，属于浅度老龄化社会。2000年以后，盐城市人口老龄化速度加快，65岁及以上老年人口比重从7.9%迅速升至12%，上升了4.1的百分点，此时盐城市已属于深度老龄化社会（图6-8）。

（二）人口大量外迁导致常住人口规模负增长、劳动力减少、老龄化加速

　　常住人口规模变动由自然变动和迁移变动两部分构成。从迁移变动来看，2000年盐城市常住人口为794.65万人，户籍人口为795.26万人，常住人口比户籍人口少0.61万人；2010年盐城市常住人口为726.22万人，户籍人口为820.3万人，常住人口比户籍人口少94.15万人。除了户口待定的一小部分人，这94.15万人可以视作是净流出人口，故盐城市人口的迁移增长为负。从人口的自然变动来看，2000年以来，盐城市的常住人口自然变动属于正增长。2000年"五普"时，盐城市常住人口出生率为8.31‰，死亡率为 5.94‰，自然增长率为 2.37‰，2010 年"六普"时，出生率为 10.65‰，死亡率为 7.21‰，自然增长率为 3.44‰。这充分说明 2000 年以来导致盐城市常住人口负增长的原因是人口外迁。大量人口外迁使得即使人口自然变动为正的盐城市，常住人口总量却已大幅下降。

同时，2000—2010 年，盐城市大量人口外迁，也是导致劳动年龄人口绝对规模下降的主要原因。"五普"时，盐城市 15~64 岁劳动年龄人口绝对规模为 573.79 万人，"六普"时，虽然劳动年龄人口占比比 2000 年略有上升，但是其实际规模已经减少至 535.08 万人，比 2000 年减少了近 39 万人。此外，2000—2010 年盐城市 65 岁及以上老年人口比重大幅上升，也是由于以劳动力为主的人口外迁加速了老龄化的进程。

（三）以盐城市下辖阜宁县为例分析县级单位的人口净流失情况

分析单位越小，越能够更加明显地看出人口迁移对人口规模和人口年龄结构的影响。2010 年"六普"时，盐城市下辖的 9 个县、市、区中仅有亭湖区仍属于人口净流入区，其余 8 个县、市、区均是人口净流失区，其中以阜宁县的净迁出人口数量为最多，达到 25.96 万人。这在一定程度上还说明了，在盐城市范围内还存在县域人口向市区集中的态势。

本部分着重以盐城市下辖阜宁县为例来分析人口迁移对该县人口负增长和人口老龄化加速的作用。一方面，从常住人口规模变动来看，1990 年以来，阜宁县常住人口规模不断减少，21 世纪的第一个 10 年人口规模更是大幅减少。"四普"时，阜宁县有常住人口 106.26 万人；"五普"时，常住人口减少至 103.50 万人，减少了近 3 万人；"六普"时，全县常住人口为 84.33 万人，与"五普"时相比，10 年共减少 19.18 万人，下降 18.53%，年平均降低 2.03%。另一方面，从户籍人口规模变动来看，"六普"时，阜宁县全县户籍人口（含户口待定）为 110.31 万人，与"五普"时的 105.24 万人相比，10 年共增加 5.06 万人，增长 4.81%，年平均增长率为 0.47%。在户籍人口持续增长的同时，常住人口数量不断减少，这正是由于人口的大量外迁。2000 年，阜宁县人口净迁出 1.74 万人，2010 年该县人口净迁出已达到 25.96 万人，是盐城市下辖的 9 个县、市、区中净迁出人口最多的县级单位，有大约 1/4 的阜宁人在外生产、生活（表 6-5）。

表6-5　几次人口普查盐城市及市辖各县、市、区人口流出情况

	1990年	2000年	2000年	2000年	2010年	2010年	2010年
	常住人口/万人	常住人口/万人	户籍人口/万人	净流入/流出人口/%	常住人口/万人	户籍人口/万人	净流入/流出人口/%
盐城市	774.22	794.65	795.26	-0.61	726.22	820.37	-94.15
亭湖区	136.68	68.37	62.81	5.56	90.45	87.78	2.67
盐都区		85.05	86.09	-1.04	71.13	76.00	-4.87
响水县	53.04	56.24	56.09	0.15	50.99	61.80	-10.81
滨海县	105.47	105.03	107.14	-2.12	95.72	120.22	-24.50
阜宁县	106.26	103.50	105.24	-1.74	84.35	110.31	-25.96
射阳县	101.94	105.37	105.17	0.20	89.71	98.67	-8.96
建湖县	78.67	78.96	80.57	-1.62	74.18	80.42	-6.25
东台市	116.28	116.47	117.64	-1.18	99.03	112.35	-13.32
大丰市	75.89	75.68	74.50	1.17	70.67	72.81	-2.15

从人口自然变动来看，"五普"时，阜宁县常住人口出生率为8.06‰，死亡率为5.87‰，自然增长率为2.19‰；"六普"时，阜宁县常住人口出生率升至13.32‰，死亡率升至8.71‰，自然增长率为4.61%。因而，2000年以来，阜宁县常住人口的自然变动为正增长。这更加说明，21世纪的第一个10年，导致阜宁县常住人口负增长的原因是该县大量的人口外迁。

从人口年龄结构来看，"六普"时，全县常住人口中，0~14岁人口为132 649人，占15.73%；15~64岁人口为609 692人，占72.3%；65岁及以上人口为100 934人，占11.97%。同"五普"相比，0~14岁人口的比重下降3.96个百分点，15~64岁人口的比重下降0.6个百分点，65岁及以上人口的比重上升4.56个百分点。"五普"时，阜宁县刚刚跨入老龄化社会，属于浅度老龄化社会；2000—2010年，老年人口比重大幅上升，2010年该县已是深度老龄化社会。老年抚养比已从"五普"时的10.2%大幅上升至"六普"时的16.5%，上升了6.3%。更为严峻的是，与"五普"时相比，"六普"时阜宁县的劳动年龄人口占比已略有下降，劳动年龄人口绝对规模更是从75.45万人，下降至60.99万人，10年劳动年龄人口减少了近15万人。大规模地以劳动力为主体的人口迁出，不仅致使阜宁县的常住人口负增长，更使得其劳动力人口大幅减少。长远来看，这将对该县的社会经济发展

产生深远的影响，且可以预判以负面影响为主。

三、许多村庄人口急剧减少，空心化、老龄化严重

进一步地，从阜宁县内部来看，2010 年该县下辖阜城镇、沟墩镇、陈良镇、三灶镇、郭墅镇、新沟镇、陈集镇、羊寨镇、芦蒲镇、板湖镇、东沟镇、益林镇、古河镇、罗桥镇、开发区和金沙湖 16 个镇（街道），以及开发区和金沙湖。从表 6 - 6 可以看出，阜宁县主城区所在的阜城镇集聚了全县 22.13% 的人口，东沟镇和益林镇是阜宁县两个历史上经济发展水平领先的镇，其人口比重也较高，其余镇的人口比重均在 4%~6%。可见，在阜宁县内部也存在人口从普通乡镇向县城集聚的过程，农村人口越来越向县城、市区集中，普通乡镇的人口数量越来越少。

表 6 - 6 "六普"时阜宁县下辖各乡镇人口规模及比重

镇/街道	人口/人	比重/%	镇/街道	人口/人	比重/%
阜城镇	186 652	22.13	芦蒲镇	35 943	4.26
沟墩镇	51 296	6.08	板湖镇	35 235	4.18
陈良镇	34 063	4.04	东沟镇	90 081	10.68
三灶镇	42 992	5.10	益林镇	69 464	8.24
郭墅镇	35 328	4.19	古河镇	41 213	4.89
新沟镇	40 634	4.82	罗桥镇	40 490	4.80
陈集镇	41 677	4.94	开发区	42 816	5.08
羊寨镇	39 294	4.66	金沙湖	16 097	1.91

为了更加深入、切实地分析阜宁县农村人口流失状况。2015 年 5 月，笔者回到家乡调研，与村里多位年长的老者座谈。以下是调研笔记，可以清晰地看出，农村人口数量的急剧减少，空心化、老龄化严重。笔者家乡所在的村庄可以视作苏北地区许多农村的一个缩影。由于与苏南地区、上海市的距离近，社会经济发展差距大，苏北农村大量劳动力早在 20 世纪 80 年代就已经向外转移。30 多年过去了，苏北农村的空心化、老龄化现象已是非常严峻，需引起社会各方面的广泛关注。

笔者家乡所在的村庄是位于阜宁县板湖镇西南角的陈徐村，紧靠苏北灌溉总渠，在 328 省道边上。20 世纪 80 年代，陈徐村非常落后，全村几乎没有一家两层楼房，即使是一般的瓦房也并不是普遍的。当时，村里有许多的

剩余劳动力，农活少的季节大家多是赋闲在家。80年代中后期，村里陆续有人开始到苏南地区和上海务工，这一批"先行者"在外务工有了比在老家时可观许多的经济收入，领先于全村盖了新房，生活条件也大大改善。他们的经验起到了非常好的示范作用，逐渐地越来越多的年轻人选择离开老家，到苏南几个城市还有上海市务工。20世纪90年代，村里外出务工者多是青壮年男劳力，妻子、子女和老人留守在家务农，在农忙时节，这些外出务工者会回到老家帮忙收割。这时候的村里留守人群可称得上是"386199"部队。

2000年以后，越来越多家庭的妻子也选择跟随丈夫外出务工，将孩子留在老家读书，老人一边干农活一边照顾孙辈。农忙季节，外出务工的夫妻少部分会选择回老家帮忙，大部分是寄钱回家给老人请帮工。村里留守大部队中"38"已不多见。逐渐地，80年代第一代外出务工者的子女已经成年，他们中的大多数继续选择外出务工，即所谓的"新一代农民工"，极少部分读书考上大学，在城市里谋得工作。随着"第一代农民工"步入婚育年龄，他们大多数在打工的城市，或者到盐城市区、阜宁县城，至少也在板湖镇上买了房子，他们的子女一般都在城市里出生、成长和读书，很少家庭会将子女放在村里的学校上学。也因此，附近几个村的小学一再合并，学生的数量还是越来越少。现如今的村里，留守的大部分都是老人，留守儿童远不如2000年左右时，也就是说村里的留守大部队中"99"成了主力军。

2015年5月，笔者从328省道下车，从村子西头进入村庄。一开始映入眼帘的即是一片气派的新农村景象，家家户户盖了新式楼房，圈起了大大的院子，水泥马路也通到了家家户户。但是，一家一户走过去时，笔者发现没有几家的院子大门不是紧锁着的。据笔者统计，目前全村一半以上的家庭是空关着的，剩余的一半有人留守的家庭里，罕见有50岁及以下的劳动力，绝大多数都是年过六旬以上的老人留守在家。村里大片的农田已经荒废，仅有部分连片的、交通方便的农田被集中承包，用于培植树苗、种植蔬菜等。

以笔者自己家为例，祖父母育有笔者父亲和叔叔两个儿子，父亲有笔者和弟弟两个子女，叔叔有堂弟一个子女。笔者的父母亲已在上海打工近20年之久，叔叔婶婶也已来了上海十几年。笔者和弟弟大学毕业之后分别在上海和南京工作，堂弟正在南京读大学。从堂弟到县城读高中时起，家里就一直仅剩祖父母二人，2012年祖父去世，至此家中仅有祖母一人留守。祖父在世身体健康时，家里的农田一直由祖父在种，祖父去世之后，家里的农田就都荒废了。村里类似于笔者家这样的家庭并不在少数，多是一个老人（以老年女性为主）和两个老人留守在家的。如果留守的老人愿意随子女进城或者是这一批老人过世以后，整个村庄将成为切切实实的"空心村"，可能只有在春节和清明祭扫时，村里才会有人。事实上，这样的村庄在板湖镇，甚至整个阜宁县并不少见。

四、人口大量流失对盐城市经济社会发展的影响效益

人口流失对经济社会发展的影响是综合性的、多方面的。从时间长短来分，有短期效应、中长期效应和长期效应之分，有些影响在短期内会立竿见影，有些影响则是长期才能足够显现；从影响效果来看，有积极影响和负面影响；从产生效应的方面来看，人口流失将会对当地收入水平、就业、消费拉动、劳动力供给、农业生产等方面产生影响；此外，流出人口规模、强度和结构不同产生的影响也不尽相同。本部分以短期效应、中长期效应和长期效应为主线，梳理分析人口大量流失对盐城市，特别是其农村地区社会经济发展的影响。

（一）短期来看，人口流失对经济社会发展的效应以正向效应为主

从短期效应来看，人口流出有可能会提高迁出地的人均经济发展水平和居民收入水平。原因至少有 4 个方面：其一，人均 GDP 是以常住人口为分母计算的，短期内人口外迁对经济产出总量的影响并不明显，一部分人口外迁之后，分母变小了，人均水平无疑就上去了。当然，这是反映在统计数据上的经济发展水平。例如，目前来看，统计数据反映出来的盐城市社会经济发展状况良好。2014 年，全市实现地区生产总值 3835.6 亿元，按可比价计算，比上年增长 10.9%；其中第一产业实现增加值 516.9 亿元，比上年增长 3.5%；第二产业实现增加值 1784.5 亿元，比上年增长 11.8%；第三产业实现增加值 1534.2 亿元，比上年增长 12.1%，人均地区生产总值达 53115 元（按 2014 年年平均汇率折算约 8692 美元），比上年增长 10.9%。

其二，短期内，人口外迁可能会缓解迁出地的就业压力。在小部分人口选择外迁之初，能够为留在当地的局面腾出就业岗位，缓解就业压力，尤其是农村剩余劳动力开始转移之初，释放了农村劳动力的潜能，可以实现在农业不减产的情况之下更好地开发农村劳动力资源。例如，在 2000 年之前的陈徐村，部分"先行者"离开家乡，外出务工经商，村里的耕地并没有荒废，农业生产也没有间断，村里原本赋闲的劳动力充分发挥了价值。

其三，人口外迁会给迁出地带来汇款，可以产生提高迁出地居民收入等积极影响。在国际迁移的研究中，有许多研究关注了跨国移民向留守在本国的家庭成员的汇款产生的宏观和微观影响。从微观家庭来看，汇款有利于提高留守儿童的受教育程度、留守家庭成员的健康、家庭整体的收入水平等，汇款的经济效益会部分抵消迁移的社会成本。从宏观层面来看，当发生天灾人祸时，移民汇款可以发挥重要的"缓冲"作用。这一点在笔者的调研中也得到证实。例如，在陈徐村，家庭成员外出打工的早，一般而言盖新房的也早。

其四，人口外迁势必会导致消费需求减少，但是在短期内这种效应很小，其负面效应强度不如以上所述几种正面效应强度。因而，在短期内，当迁出人口的规模和人口外迁强度不是很大时，人口外迁对经济发展的综合影响效应以正向效应为主。

（二）中长期来看，人口大规模、高强度流失的负面效应逐步显现

从中长期来看，人口大规模、高强度的外迁对盐城市的经济发展的负面效应将逐步显现，且事实上目前也已有所反映。在 2014 年盐城市政府工作报告中，指出了该市经济社会发展中存在的矛盾和问题，"企业增长面还不宽，部分企业运行困难，经济发展基础不够牢固；产业层次不高，自主创新能力不强，推进转型升级压力较大"等。尽管目前反映在统计数据上的宏观经济总体发展走势良好，经济保持较高速度增长，但从产业结构升级、微观企业运行来看，可能面临的情况并不十分乐观。笔者于 2015 年 9 月，曾访谈盐城市相关经济部门的一位负责人。他反映，低端劳动力的大量流失，高端人才的"智力"流失，对盐城市的经济发展确实产生了不利影响。随着招商引资的力度不断加大，在盐城投资的企业家也在逐渐增多，苏南地区的部分企业也在往苏北搬迁。然而，对于劳动密集型企业而言，对低端劳动力的需求量较大，但是由于劳动力外迁致使企业招工难。目前，苏北和苏南的工资水平仍有较大差距，短期内难以吸引劳动力返回老家。企业招工难，导致生产上不去、效益跟不上，进而导致工资水平上不去。这是一个恶性循环。对于创新型企业、高新技术行业而言，由于苏北地区长期的"智力"流失，高学历人次和高端劳动力聚集度报告，这类企业的招商引资本就困难，即使是在盐城落户的企业，也面临着高新技术人才不足而致使创新能力跟不上、研发能力不足。

此外，人口流失对消费需求的负面影响逐渐显现，这在盐城市的房地产市场上已有反映。2003 年以来，中国经济进入一个持续快速时期，而这一轮经济增长的核心与动力可以说是以房地产为主导的城市化运动。目前而言，房地产仍可以认为是经济形势风向标。根据盐城市 2014 年国民经济和社会发展统计公报：2014 年，全市房地产开发投资 379.6 亿元，比上年增长 16%。全市房地产开发项目房屋施工面积 3090.3 万平方米，比上年增长 13.2%。全年实现商品房销售面积 624.5 万平方米，比上年下降 15.9%；商品房销售额 314 亿元，比上年下降 7.5%。这说明，盐城市房地产开发规模仍在持续扩张，但销售面积和销售额均已有所回落。事实上，人口净流入还是净流出已经成为一个城市房地产未来发展的重要风向标。

（三）长期来看，人口持续流失的负面效应会更加严重，尤其是对农村地区

目前，人口流失对盐城市社会经济发展某些方面的负面效应已有所显现。可以预期，未来如果人口持续大规模、高强度流失，盐城市将面临更为严重的问题：普通劳动力（尤其是年轻劳动力）短缺、高人力资本的人才短缺，企业面临招工难，部分企业甚至难以为继，进而导致投资不足，消费市场大大缩小、消费需求低迷，等等。事实上，更加令人忧心的是，人口流失对于农村地区经济社会发展的负面影响。表面上看，如今的农村生活早已面貌翻新，但在"新装"的背后，真正表现出的却是乡村的逐渐凋落。

1. 影响农业基础稳固

在发展经济学的模型中，农村向城市转移的是农业"剩余劳动力"，然而，在预期高收入和地区之间工资收入的实际差距的影响下，事实上，目前中国农村转移出来的并不全是"剩余劳动力"。由于外出务工的收益大大超过在家务农的收益，农业经营的重要性大大下降，许多农民家庭将土地作为附带种植，即粗放耕作、土地利用率开始下降，甚至是直接抛荒。这一现象在笔者的家乡屡见不鲜。在家务农者多是老年人，农业生产者的"老龄化"加剧，新技术推广难度大，农业生产后劲不足。

2. 农村留守老人的照料和社会保障严重缺乏

中国已进入快速老龄化阶段，人口老龄化及其对社会经济发展可能产生的后果已引起社会各界的关注，但关注的重点往往是城市里的老人。事实上，农村的老龄化形势更加严峻：农村养老保障体系远没有城市健全，农村

留守老人、独居老人的老年照料和精神慰藉严重匮乏。

3. 致使乡村治理落后

人口规模的急剧缩减，使得乡村很难展开一些集体活动，也很少进行民主自治方面的活动。笔者在家乡调研时，深切地感受到这一点。据了解，陈徐村的乡村换届几乎从未进行过民主选举，即使涉及乡村发展规划、环境治理、公共工程及经济合作方面的大事情，村民中过问的人数也不多。

第三节　美国等发达国家的国别个案研究

本节主要是借鉴在经济发展中取得成功的几个发达国家的经验，来进一步探讨未来中国的经济生产活动集聚和人口集聚可能面临的趋势。

一、发达国家的经验显示中国的人口与经济活动集聚还将继续

随着经济发展的深入，人口和生产活动不断向特定的地区集中，这些地区就成了所谓"发达"地区。这一集中过程很难进行量化，但世界银行在《2009 年世界发展报告》中指出，当人均收入达到 10 000 ~ 15 000 美元时，这种集中趋势就会逐渐放慢。图 6 - 9 展示的是法国、日本、西班牙、加拿大、荷兰几国的经济发展过程中，随着人均 GDP 的逐步升高，国内人口与生产活动集聚的变化情况，其横轴是各国的人均 GDP 水平，纵轴是集聚指数。从中可以看出，这几个国家的经济都经历过日趋集中的阶段，当经济发展到一定程度之后，大概在人均 GDP 水平达到 10 000 美元之后，也就是成为高收入国家以后，经济增长趋势不会停止，但集中的速度会逐步放缓。当然必须指出的是，这些国家事实上已经是"空间上高度集中"，集中速度放缓并不是集中程度下降，这些国家的集中程度仍在上升只是速度上放缓了（图 6 - 9）。

同时，世界银行的《2009 年世界发展报告》指出，过去两个世纪的经济发展历程和整整一代人的经济研究成果均表明：居民收入和生产活动的地域差异是很难避免的。许多在经济发展上取得成功的国家和地区的经验都显示出，生产活动必然会集中到个别地区，经济密集区和非密集区的生活水平会经历一个分化过程；不过，随着居民收入水平的不断上升，各地区的生活水平差距并没有继续扩大，而是在逐渐趋同。这个过程表现为一定的规律

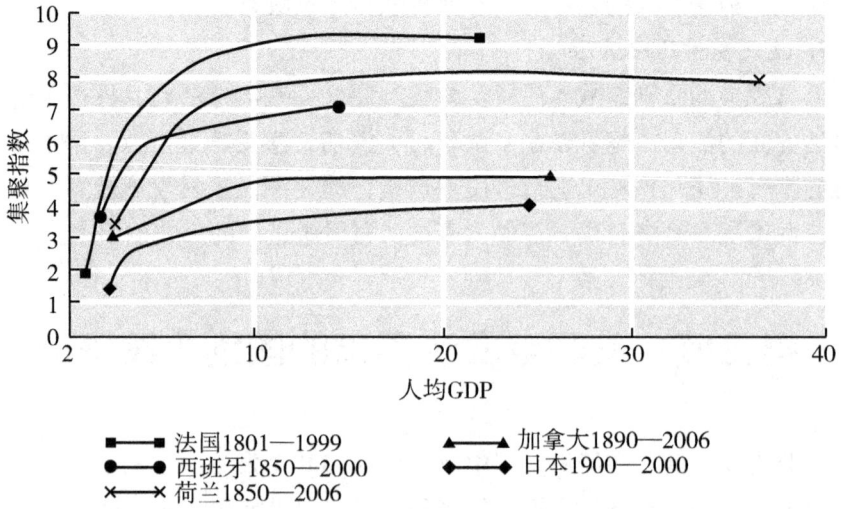

图 6 - 9　几个发达国家在经济发展不同水平下的集聚程度

数据来源：《World Development Report 2009：Reshaping Economic Geography》

性，也存在长期性。

　　图 6 - 10 展示了西班牙、瑞典、日本、美国、英国等 6 个国家，在经济发展处于不同阶段时，其国内不同地区间工资和收入水平的差异变动过程，其横轴是每个国家经济发展所处的阶段，用人均 GDP 来衡量，纵轴是每个国家国内地区间工资与收入水平的差异度。从中可以看出，在经济发展早

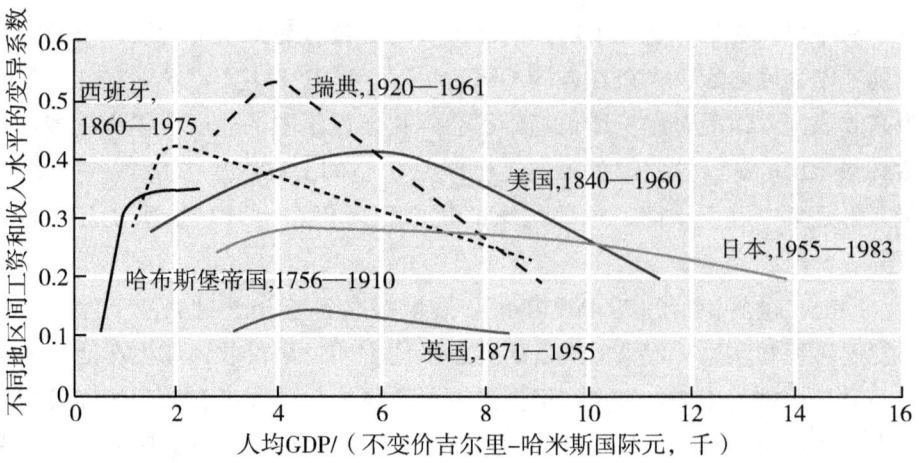

图 6 - 10　经济发展与地区间工资和收入差异的关系

数据来源：同图 6 - 9。

期，国家人均 GDP 达到大概5000 美元之前，地区间差距的确随发展而扩大，但之后随着经济的进一步发展，地区差距却缩小了。这说明经济集聚和发展平衡之间是不矛盾的，经济生产活动集中带来的经济效益与生活水平趋同产生的社会效应是可以兼得的。《2009 年世界发展报告》强调，对于地区发展不平衡，政府要有足够的耐心，如果在时机尚未成熟的情况下强制性地平衡经济增长，那么只会适得其反，阻碍正常的经济发展。

此外，世界银行的《2009 年世界发展报告》中也指出，在迅速增长的经济体中，经济的集中速度通常比较快，这主要表现为由农业经济向工业经济的转型过程中，从农村向城市的移民步伐不断加快。例如，随着经济的增长，韩国城市人口在 1970—1995 年增长了 4 倍，占本国总人口的比重达到82%，在其 20 世纪 60 年代和 70 年代的新增城市人口中，一半以上为移民。2014 年，中国人均国内生产总值为 46 652 元，已超过上中等收入国家门槛值3000 多美元，正处于从中等收入向高收入迈进的过程中。韩国作为东亚地区经济起飞较快的国家，其在经济迅速增长过程中表现出来的集聚规律值得中国借鉴。

二、中美两国人口与经济活动空间布局的比较研究

进一步地，笔者对中美两国经济 - 人口分布协调度进行了详细地比较分析。图 6 - 11 和图 6 - 12 分别是 2010 年中、美两国各省/州的 GDP 份额（R_{gdp}）和人口份额（R_{pop}）。从中可以看出，美国的 GDP 份额和人口份额在各州之间的差距均很大；但对于各州而言，两个份额的吻合度却高度一致。

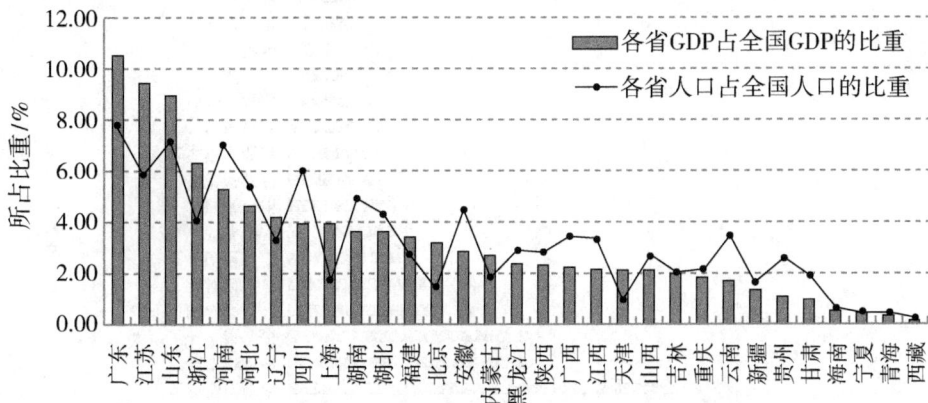

图 6 – 11　中国各省（自治区、直辖市）的 R_{gdp} 和 R_{pop}（2010 年）

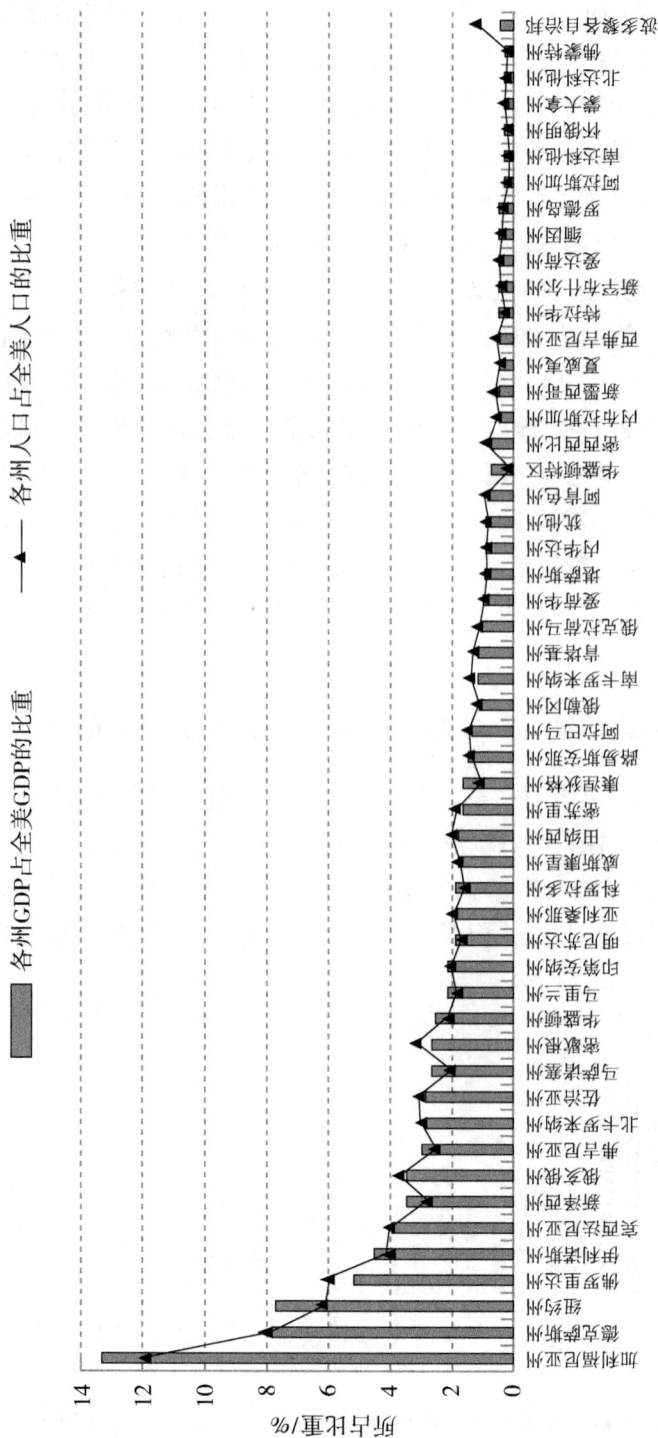

图 6 - 12　美国各州的 R_{gdp} 和 R_{pop} （2010 年）

相对而言，中国各省（自治区、直辖市）所占 GDP 份额均匀得多，但各省（自治区、直辖市）所占 GDP 和其人口份额差距甚远，吻合度远不如美国一致。例如，广东省的 GDP 份额为 10.53%，人口份额为 7.83%，GDP 份额高于人口份额；河南省的 GDP 份额为 5.28%，人口份额为 7.05%，人口份额高于 GDP 份额。

同时，笔者计算了 2010 年中、美两国的各省/州的 GPR 指数，如图 6-13 所示。从中可以看出，中国的 GPR 指数分布比较散，最低的为 0.40，最高的是 2.27，而美国的 GPR 指数分布比较集中于 0.5~1.5 的值域范围内，仅有个别州在该值域范围以外。基于 GPR 指数和各省/州的人口份额，笔者计算了 2010 年两国的 HD 指数，中国为 0.42，美国为 0.20。这些指标表明，尽管美国各州的 GDP 份额差异大于中国，但其经济－人口分布的协调度高于中国，说明中国的区域发展不平衡并不是经济高度向沿海发达地区集聚所导致的，而是人口的集聚落后于经济的集聚。

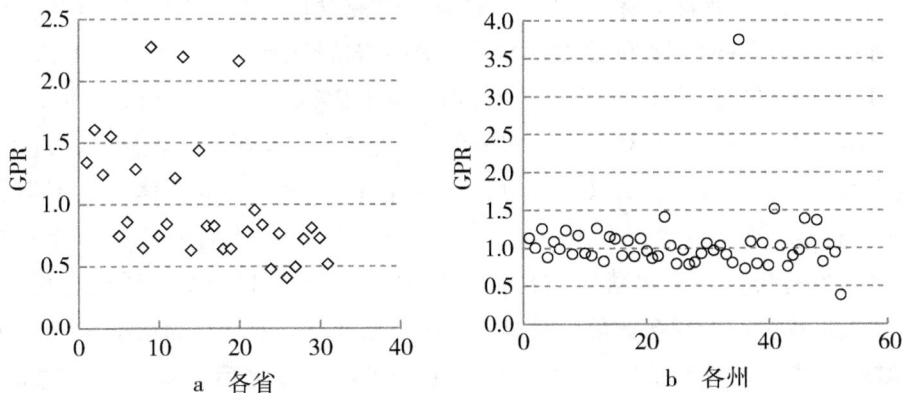

图 6-13　中国（左图）和美国（右图）各省/州的 GPR（2010 年）

三、日本的相关经验和教训

日本是世界上少子老龄化问题最严重的国家之一。早在 20 世纪 70 年代，日本就迈入了老龄化社会，20 世纪 90 年代进入少子化社会。由于长期的低生育率，甚至是超低生育率水平，日本总人口从 2006 年开始负增长，且这种负增长态势将持续下去。根据日本国立社会保障和人口问题研究所高桥重乡（Takahashi，2012）的高、中、低 3 个预测方案，到 21 世纪末，日本人口总量将从 2010 年的 1.28 亿相应地下降到 30 867 万、42 860 万和

59 214 万，分别为 2010 年人口的 24.1%，33.5% 和 46.2%；目前，日本 65 岁及以上老年人口占总人口的比例达 23%，在 21 世纪中叶后可高达 40% 以上。

在全国人口总量负增长的态势下，日本国内的人口集聚步伐并未停止，仍在向三大都市圈集聚。根据日本总务省《国势调查报告》和国土交通省国土计划局估计，日本三大都市圈人口占总人口的百分比，将由 2005 年的 50.2% 增加到 2050 年的 56.7%；相应地，三大都市圈以外地区的人口占总人口的百分比，将由 49.8% 下降为 2050 年的 43.3%。这一预测和判断给出的启示是，中国国内人口从农村向城市，以及从中、西部地区向东部地区的集聚还会继续下去。

在日本全国长期的低生育率水平、人口老龄化和人口负增长的背景下，国内人口继续向三大都市圈集聚，导致国内部分区域人口越发稀少，甚至是无人居住。根据上述来源资料，若将日本目前有人居住的区域按一平方公里为单位来划分，预测未来人口变化趋势。研究发现，在 2005—2050 年，日本将有 21.6% 的区域变成无人居住，20.4% 的区域减少 75% 以上人口，24.4% 的区域减少 50%～75% 人口，而仅有 1.9% 的区域的人口会增加。

事实上，"极限村落"甚至村庄的消失现象在日本国内已经屡屡出现了。据日本总务省的调查，2010 年 4 月，日本国内村落社会共同体功能下降的"极限村落"有 10 091 个，比 2006 年度统计时的 7878 个增加了 2213 个；在人口稀少地带，此类村落所占比例也从 12.7% 增至 15.5%。调查还显示，日本人口稀少地带村落数量因法律规定的对象地域有所增加而增至 64 954 个（2006 年调查时为 62 272 个）。另外，在 2006 年调查之后至 2010 年调查时，有 93 个村落因人口自然减少而消失。目前，中国已有一些村落和资源性城市出现这样的趋势，只是今后这种趋势将变得越来越明显。

总而言之，法国、美国、日本等几个发达国家的发展历程和经验均表明，在中国未来的经济发展中，人口和经济生产活动的集聚还将继续，集聚速度有可能进一步加快；在经济水平达到高收入国家水平之后，集聚速度可能会逐渐放慢，但集聚的态势仍将继续。日本的研究则警示我们，在人口和经济生产活动集聚的过程中，中国的部分村落、乡镇甚至城市可能出现萧条乃至被废弃。

第七章　主要结论及思考建议

本章梳理全书的主要发现与重点结论，对国内人口与劳动力大规模迁移的特征及其对人口和经济活动空间集聚产生的影响，对整体经济发展的作用，对迁入地和迁出地、不同类型城市经济增长的效应等方面进行总结提炼；在此基础上，对中国人口与经济活动集聚的特征与规律性进行延展性的思考和讨论，提出几点有针对性的思考和建议。

第一节　主要结论与讨论

前面各章节围绕文章的研究问题、理论分析框架和研究假设，基于 1990 年、2000 年和 2010 年三次人口普查数据，分别从四大地区、省级和城市层面，分析了中国地区经济发展不平衡背景下的以劳动力为主体的大规模人口迁移的路径与规律，探讨了这种具有年龄选择性、流向明显的大规模人口迁移对中国人口规模、劳动力资源和人口老龄化空间分布格局的影响，并探析了人口迁移对经济生产活动集中，对整体宏观经济及不同省域、城市经济增长的影响。

一、地区不平衡、经济活动集聚是中国发展过程中客观存在的事实

中华人民共和国成立以来我国的区域发展战略经历了三次大调整，历经了区域经济均衡发展战略到向东部沿海地区倾斜的非均衡发展战略，再到非均衡协调发展战略。1995—2016 年的 20 多年，在非均衡协调发展战略的指导下，中、西部经济得到较好的发展，增长率高于东部，尤其是在 2005 年左右以后；相较而言，东北地区经济增长率最低。2005 年左右，东部地区 GDP 占全国份额由升转降，中、西部地区由降转升；而东北地区则呈一路下

滑之势。

从 31 个省市的 GDP 份额来看，东部地区的广东、江苏、山东、浙江等几省的 GDP 份额在过去 20 年一直都是全国最高的，尤以人口流入大省广东省为最高。并且，中国各省市的人均 GDP 水平差距很大，东部十省市中，除河北省和海南省以外，其余八省市历年人均 GDP 排名都在前 10 名以内。各省市间居民收入差距也较大，东部省份普遍高于中、西部省份。城乡居民收入差距仍然较大，且越是欠发达省份的城市居民收入差距越大。此外，各省份的产业结构差异也较大。北京、上海等省市的第三产业比重非常高，服务业已成为经济增长的支撑性产业。从吸纳就业来看，第三产业吸纳就业的能力强于第一、二产业，也因此，北京、上海等省市吸纳了大批外省市人员务工经商。

以地级市为单位的分析更加充分地显示了地区不平衡仍是当前中国经济发展过程中的客观事实，其中，行政级别越高的城市，集聚的资源越多，经济发展水平越高。包括直辖市、计划单列市、副省级城市、普通省会城市在内的 35 个核心城市占全国 GDP 份额的 1/3 多，其人均 GDP 水平也显著高于其余普通地级市。此外，城市群集聚资源的能力强。珠三角、长三角、京津冀三个大城市群在全国的 GDP 份额已超过 1/3，人均 GDP 水平也显著高于其他城市，已成为全国具有巨大影响力的经济空间。

总结来看，中国为缓解区域发展不平衡所实施的西部大开发、中部地区崛起、振兴东北老工业基地等非均衡协调发展战略，2006 年左右效果开始显现，东部地区对全国的辐射扩散效应也逐步显现，但地区差距仍很大。我国"东强西弱"的区域经济发展格局并未发生根本性转变。东部与中部、西部、东北的经济总量差距较大，尽管东部地区 2005 年以后由于经济增速的放缓导致其经济要素占全国的比重降低，其经济地位并未随着增速减缓而降低，经济要素向东部地区集聚的状态并未发生根本变化。

二、在规模效应作用下，中国人口和经济活动的集中是必然趋势，还将继续

地区间经济发展不平衡是导致人口迁移集聚的根本动因，中国国内地区不平衡和经济生产活动集聚带动了人口集聚。第五章通过构建地级市层面的 2000 年和 2010 年两个计量模型，以及省级层面的面板数据模型，来探析中国国内地区不平衡、经济生产活动集聚与人口集聚之间的关系。城市的经济

发展水平对其吸引/排斥人口流入呈正向作用，越是经济发达城市越易吸引人口流入，越是欠发达城市越易成为人口净流失区。在一国经济发展过程中，不可能所有区域都齐头并进地同时发展起来，总有部分地区由于其自然环境、地理位置、历史人文环境等先天禀赋的优势，会领先于其他地区发展起来。随着国家发展的不断深入，劳动力、资本等经济要素越发会向这些先发展起来的区域集中，这样地区间不平衡越发显著。这在全世界都是一个不争的事实。随着经济体不断发展，其经济生产活动也会日益集中。生产者通常会倾向于选择城市地区、沿海地区和对外开放度高的地区进行生产。对于中国而言，"东强西弱"的基本格局历史上由来已久。改革开放以后，东部和东南部沿海区域由于先天禀赋和政策设计的双重优势，领先于中、西部地区发展起来，且随着发展的不断深化，东部地区与中、西部地区的差距越发变大，人口和经济要素也在不断向东部地区集聚。

并且，越是规模大的城市、城市化水平高的城市人口吸引力越强。计量模型结果显示，人口规模越大的城市吸纳净迁入人口的数量越多，且2000年存在的收敛趋势在2010年已经消失；并且城市化水平越高的城市，吸纳人口流入的能力越强，且有继续增强之势。这说明，在城市集聚效应和拥挤效应的对抗中，规模效应处于优势地位，其综合作用的结果仍然导致人口向城市规模大的城市集聚，中国的城市，尤其是大城市规模在长大。中国人口还将越来越向东部地区城市、行政级别高的核心城市、三大都市圈城市集聚。经济生产活动的集中越来越明显地反映在城市化进程中。中国国内目前的集聚过程，表现为规模经济效应大于规模不经济效应。当然，集聚效应也不是无止境的，随着人口和经济活动的不断集聚，城市会出现"拥挤效应"。理论上来说，在集聚效应和拥挤效应的综合效应下，城市规模将达到某个最优的水平。

人口和生产活动在地理上趋于集中的主要原因之一，是因为这种集中能够获得额外的集聚经济。集聚机制的作用存在一定的惯性，它能够通过经济活动的空间集聚形成巨大的经济效应。不平衡增长理论认为，经济的增长不可能同时出现在一国内的任何地方，任何一个国家都存在地区发展不平衡。经济增长总是先以不同强度通过集聚机制出现在"增长点"和"增长极"上，当发达地区、城市地区经济充分发展后，其集聚效应和规模效应就不会仅限于自身区域内，会外溢至周边地区，带动周边区域的发展，即所谓的"卫星城"或者说腹地，进而带动整个区域，乃至整个国家的经济发展。

从经济发展的规律来说，经济集聚发展将是大势所趋。从国际经验来看，世界上许多经济发展取得成功的国家，都经历了或正经历着国内人口与经济要素向少数大城市或大都市圈集聚的过程。目前，中国国内人口与经济活动空间分布仍有偏离，主要表现在核心区域、核心城市集聚效应未充分发挥，生产集中区域的人口集中度不够。在国际贸易的主流方式是海运的情况下，中国未来的区域经济格局一定将是在长江三角洲、珠江三角洲和环渤海湾地区形成3个大的经济中心和辐射全国的都市圈。在经济活动和人口向城市地区、发达地区集聚的过程中，经济发展将因为城市规模扩张而获得规模经济效应，从而带来更大的增长动力。在中国人均经济收入还未达到高等收入水平之前，这种集聚的态势还将继续。

三、国内大规模人口迁移具有明显的方向偏好性和年龄选择性

地区发展不平衡，即"发达"地区和"欠发达"地区在经济水平、收入水平、就业机会方面存在着巨大势能差。随着经济转型的深入，限制人口自由迁徙的体制逐步松动，劳动力作为生产要素在市场调节下表现得更为活跃。20世纪90年代至今，中国国内的人口迁移流动的浪潮越发势不可挡，深刻地影响着区域经济和社会发展的各个方面，成为区域经济发展中极为重要的现实问题和理论问题。

几次全国人口普查数据显示，农村劳动力向城市/城镇转移是我国人口流动的主要流向，农村劳动力向城市转移是中国国内人口迁移的主力军；并且，中国国内人口迁移具有明显的年龄选择性，劳动力是迁移的主力军。从省际迁移来看，人口主要有由"欠发达"省份向"发达"省份迁徙。跨省流入的主要目的地是广东、浙江、上海、江苏、北京、天津等东部省份；其中，广东是人口迁入规模第一大省，而上海、北京和天津三大直辖市的跨省流动人口吸引度则是全国最高的。安徽、四川、河南、湖南、湖北等中、西部省份是主要的跨省流出地；其中，安徽省是全国人口流出第一大省。

地级市层面上的分析，凸显出国内人口大迁移越发"活跃"。"五普"至"六普"间，中国287个地级及以上城市中，属于人口净流入的城市从125个下降至103个，属于人口净流出的城市从162个上升至184个，反映人口向少数城市集中的态势。主要都市圈、城市群是人口强势吸引中心，流动人口越来越向珠三角、长三角、京津冀三大都市圈与中、西部重要的区域经济中心城市、枢纽城市、省会城市集中，反映出这些区域强大的集聚作

用，对其周边空间距离较近、经济发展相对落后的城市的人口的强势吸引，对全国的流动人口均具有强大的吸引力。人口净流失城市集中在人口密集的中部地区、成渝地区、江苏北部地区等，尤其是农村剩余劳动力较多的河南、安徽、四川、湖北、湖南几省的部分经济发展非常落后、以农业为主的地级市的人口持续流出，成为全国流动人口的主要来源地。

综上可见，中国国内自 20 世纪 90 年代初期始逐步掀起的人口迁移流动浪潮势不可挡，至今方兴未艾。国内大规模人口迁移符合人口迁移的一般规律性，具有明显的年龄选择性，劳动力是迁移的主体；经济动机是最主要的迁移动机；迁移路径具有明显的方向性，从农村低收入部门迁往城市现代高收入部门、从欠发达地区迁向发达地区，向部分大城市、特大城市、大城市群地区集聚。

四、大规模人口迁移已代替出生和死亡成为改变中国人口空间格局的主要力量

由于人口迁移路径具有明显的方向性，国内人口空间分布"东密西疏"的基本格局未变，且东部地区人口越发密集，人口存在明显地向东部地区、核心城市、都市圈集中的趋势。从城市规模来看，国内特大城市和超大城市的人口比重持续上升，已集聚了全国 51.72% 的人口。从城市的行政级别来看，由直辖市、副省级城市、计划单列市及普通省会城市构成的核心城市占全国的人口比重在持续上升，而普通地级市的人口份额在下降，副省级城市、计划单列市及普通省会城市在其所在省的人口比重无一例外均在上升，且大部分都是省内人口首位城市。从城市群来看，长三角、珠三角、京津冀三大城市群吸引着越来越多的人口集聚，占全国人口比重持续升高。

人口不断向经济"发达"区域集中导致了国内部分城市，主要是"欠发达"城市人口规模负增长。中国国内人口绝对规模负增长的地级市已从 20 世纪末最后 10 年的 37 个，增至 21 世纪第一个 10 年的 86 个。这 86 个人口负增长的城市分布在全国 17 个省份里。即当前中国国内有三成地级市人口呈现负增长态势，且这些地级市多位于中、西部地区，其中，16% 的东部地级市、1/3 中部地级市、四成西部地级市、近 1/3 东北地级市人口绝对规模负增长。

人口规模增长由自然增长和迁移增长两部分构成。在当前中国国内普遍较低生育水平的情势下，正在经历的大规模、广范围、高频率的国内人口大

迁徙活动，已经代替自然变动成为改变了中国人口原有的空间格局的主要力量。这一结论，无论是基于31个省为分析单位，还是以287个地级及以上城市为分析单位的计量模型都得以充分证明。"六普"时，广东省已代替河南省坐上"国内人口第一大省的宝座"。事实上，若以户籍人口计，河南省仍是国内第一人口大省，广东省只能排第4位，但河南省的人口流失比较严峻，使其常住人口数在全国已排第3位。可以预期，在中国国内快速城市化过程中，在地区间不平衡尚未显著缩小的情势下，由于经济集聚效应的存在，人们会继续"用脚投票"，大规模的、广泛的人口迁移还将继续，人口继续从"欠发达"地区向"发达"地区迁徙，继续向经济发达区域集聚，而经济欠发达区域的人口总量势必会从"相对减少"进一步演化为"绝对减少"。

五、以劳动力为主体的人口迁移改变了中国劳动力资源的空间配置

2012年，我国15~59岁劳动年龄人口在相当长时期里第一次出现了绝对下降，且此后连续3年以每年数百万的幅度净减少。在全国劳动力资源绝对规模减小的情势下，国内大规模的以劳动力为主体的、具有明显方向性的人口迁移已成为改变劳动力资源和就业人员空间配置结构的主要力量，劳动力资源存在明显地向发达省份、向部分城市集中的态势。以劳动力为主体的大规模人口迁移，使得部分区域的劳动力市场得到充实，而部分地区的劳动力增长缓慢，甚至绝对数量有所减少。

从省级层面来看，跨省人口迁移的主要迁入地省份，诸如北京、天津和上海三大直辖市，浙江、福建和广东等省的劳动力资源和就业人员占全国比重处于上升之中，且劳动力资源和就业人员总量的增长率均比较高。相应地，主要的劳务输出大省，诸如安徽、河南、湖南、湖北、四川、贵州等中、西部省份的劳动力资源和就业人员占全国比重均处于逐步下降之中；东北三省的劳动力资源占全国比重也在持续下降中。中、西部和东北地区的大多数省份劳动力资源增长率低于全国平均水平。2010—2014年，河南、湖南、湖北、内蒙古、四川、陕西、辽宁、吉林、黑龙江等省份的劳动力资源数量已呈现负增长态势。"五普"至"六普"期间，中、西部人口流失大省的就业人员增长率明显偏低，甚至河南、安徽、贵州、重庆等几个省市的就业人员已呈现负增长。外来劳动力对几大主要的人口净迁入省市的就业市场

起到大量补充作用。"六普"时，上海市外省来沪就业人员的比重甚至超过了一半，达到52.6%；北京市外省市进京就业人员比重也高达45.9%，广东省和浙江省也均占到三成以上。

从城市层面来看，劳动力主要是向东部城市、核心城市和三大城市群集中。"五普"至"六普"间，全国已有38个城市劳动力资源总量呈现负增长态势，近六成城市劳动力资源数量占全国的比重有所下降，这些城市多位于西部地区。35个核心城市和三大城市群的劳动力资源绝对规模及占全国的比重均在上升，其中，35个核心城市的劳动力资源数量占全国比重从22.57%上升至25.23%；三大城市群从18.5%提高至21.2%。第三章和第四章的相关关系、一元回归分析，以及第五章中城市层面的计量模型分析，均进一步证明国内大规模的、以劳动力为主体的、具有明显方向性的人口迁移，已成为改变中国劳动力资源空间配置的主导力量。

六、大规模年龄选择性人口迁移重塑了中国人口老龄化空间分布特征

中国于2000年完成了从成年型人口向老年型人口的转变，跨入老龄化社会。此时，全国仅有半数地级市进入老龄化社会，而10年以后的"六普"数据显示，中国九成地级市已处于老龄化社会或老龄社会，中国进入普遍老龄化社会。2000年，东部地区的老龄化程度高于中部、西部和东北地区，进入老龄化社会的城市数量远远多于其他地区。但是，2000—2010年，中、西部和东北地区的人口老龄化速度快于东部地区，新跨入老龄化社会的城市数量大大增多，也多于东部地区，四大地区间老龄化程度的差距在缩小。更有意思的是，在全国普遍进入老龄化社会的过程中，2000—2010年，全国有31个地级及以上城市的老年抚养比不升反降，其中24个属于东部地区，6个位于中部，仅1个处于西部，没有属于东北地区的城市。这31个城市都是人口正增长地区，且有23个是人口净流入区域。

对一个开放的区域而言，人口的出生、死亡、迁移三大变动都必将作用于人口结构，不断塑造和改变人口结构。生育率的下降意味着新生人口的减少，也同时意味着老年人口比例的相对上升。生育率下降得越快、越急剧，老年人口的比例也会相应上升得更快、更急剧。而死亡率的下降又使老年寿命延长，促使人口老龄化程度更为加剧。人口流动和迁移则具有选择性，一般而言，劳动年龄人口更容易发生迁移和流动。这对于迁入（流入）地而

言，有助于缓解人口老龄化的压力，而对于迁出（流出）地而言，则会加剧人口老龄化的趋势。

2000 年以前，中国人口老龄化的空间特征可概括为："总体上，中国各地区老龄化程度与经济发展水平具有一致性，自西向东呈阶梯上升，但地区间差距较大"（邬沧萍 等，2004）。但是，2000 年以后，尤其是 2005 年以后中国人口老龄化的空间分布情况发生了本质性的变化，具体表现为，"经济发达地区老龄化程度不一定高，而经济欠发达地区老龄化程度也不一定低"（钟水映 等，2015）。导致这种变化的原因，正是中国国内目前正在经历的以劳动力为主体的大规模人口迁徙。省级层面和城市层面的描述性分析，以及第四章的计量模型分析，均充分证明大规模的、以劳动力为主体的、具有年龄选择性的、由中西部和东北部向东部地区的、由农村向城市的、由"欠发达"城市向"发达"城市的国内人口大迁徙，已经代替出生和死亡成为改变中国国内地区之间人口老龄化变动的主导力量。人口净流入地区的人口老龄化得到稀释缓解，速度放缓，甚至是程度下降；人口净流失区域人口老龄化速度加快、程度加重。

七、人口迁移促进了整体宏观经济发展，但对迁入地和迁出地的效应有所不同

以劳动力为主体的国内人口大迁徙，既是国内地区间发展不平衡，经济生产活动集聚的结果，也充分反映了国内经济活动与人口要素的高度区域集聚的基本特征。移民是以劳动力为主体的，他们做出迁移决定的最主要原因就是务工经商、取得较高劳动收入，故一般而言移民的就业率较高。所以，移民补充了迁入地的劳动力资源，有利于促进社会生产分工的细化。同时，人口集聚扩大了城市的市场规模，加大了消费需求，吸引投资，产生规模经济效应，对经济发展有促进作用。尽管人口不断地向部分城市，尤其是特大城市和大城市的集聚，给城市社会管理、运行安全等多方面带来了挑战，但就目前和今后一段时期来看，在城市集聚效应和拥挤效应的对抗中，规模效应处于优势地位。

在第三章和第四章分析的基础上，第五章构建了省级面板模型来探讨人口迁移对经济生产总量（GDP）的影响。省级面板模型以传统柯布-道格拉斯生产函数，考虑物质资本投入、人力资本投入等要素投入的影响，纳入人口迁移因素，探究省际人口迁移对经济生产总量的影响。计量结果显示，总

体上人口和劳动力的跨省迁移对多数省份的经济生产的影响是正向的，并且迁移对东部地区的正向影响大于中、西部地区迁出的负向影响。这说明人口与劳动力的迁移流动促进了劳动力要素在空间上的优化配置，整体上提高了宏观经济的运行效率，促进了经济发展。

同时，模型还表明，人口迁移对不同省份的影响效应是有差别的。就大部分人口净迁入省份而言，人口净迁入对其经济发展具有显著的正向影响，特别是对广东、上海、北京、浙江、江苏和天津等典型的人口净迁入省市人口净迁入的产出弹性系数较高，其中以广东和上海的产出弹性为最大。对于安徽、四川、江西、河南、湖南、湖北、贵州、云南等几个典型的中、西部人口净流失省份而言，人口净迁出对其经济发展或具有微弱的正效应，如安徽、河南和江西三省；或呈现不显著的负向影响，如湖南和云南两省；而湖北、四川和贵州三省的人口净流失对其经济发展已是显著的负效应，其中湖北省的反应弹性系数的绝对值最大。东北三省中，吉林省的人口迁移对经济发展仍呈现显著正向影响，黑龙江和辽宁两省均是不显著的负向影响。这表明，中、西部地区靠劳务输出带回汇款和收入，来拉动当地经济增长的空间已比较有限；同时，由于大量人口外迁导致劳动力弃农从工、人才流失、产业萎缩，降低了当地的消费总需求，已逐渐开始对以农业为主的省份的经济生产产生负效应。为了更深入地剖析计量模型的结果，第五章分别选择国内典型的人口净迁入城市（上海）和人口净迁出城市（盐城），来探讨人口的净迁入和净迁出对城市经济发展的影响效应。

第二节　思考与建议

本节基于上述的结论梳理与讨论延展，结合中国当前人口与经济生产活动集聚疏散的实际情况及政府对此做出的政策响应，提出几点思考与建议。

一、尊重客观经济规律，不过多依靠行政力量限制大城市人口规模

近年来，中国国内人口快速向东部地区、城市地区，尤其是大城市集聚的现象，也引起了社会各界的广泛关注。人们并不总是只看到集聚带来的好处，还常常会担心由于人口过度集聚于城市，尤其是大城市，会带来城市内

部的交通堵塞、贫穷、城中村、治安、城市运行安全等问题，即所谓的"大城市病"。中国政府目前也采取了相应的政策措施，来"合理确定大城市落户条件""严格控制特大城市人口规模"。

这里至少有几个问题值得讨论。首先，特大城市的人口规模是否确实存在极限。笔者认为，从理论上讲，城市的人口容量的确存在极限。但现实的情况是，并没有科学的手段确切地计算出城市人口容量，所有的模型都是基于各种假设的，在很大程度上模型的结果取决于假设和参数的设计，而参数是会随着社会经济发展不断变化的。人为地划定一个增长的上限，这样的做法或许过于武断。

其二，从经济规律来看，人口和经济生产活动集聚是必然趋势。一国的大城市，或者核心城市、大都市圈总是在不断长大的，尽管在长大的过程中，不同时期城市扩张的速度可能有快有慢。在经济活动和人口向城市集聚的过程中，经济发展将因为城市规模扩张而获得规模经济效应，从而带来更大的增长动力。而且，集聚效应并不是无止境的，随着人口和经济活动的集聚，会出现"拥挤效应"。城市人口增长本身会产生制约城市增长的内在机制，在集聚效应和拥挤效应之间，在规模经济和规模不经济之间，城市规模将达到某个最优的水平。因而，不能完全依靠行政手段来进行人口控制，应该尊重经济客观规律办事。

其三，"大城市病"的产生，并不仅仅是由于人口过多，更多的是因为城市的规划和服务没有跟上人口集聚的形势。人是经济活动的主体。人是生产者，人口总量多、劳动力资源丰富是获得生产的规模效应的前提；人也是消费者，人口总量多意味着消费需求旺盛，市场的活力能够得到保证。因此，笔者认为，"人口总量多"事实上是一个中性的表述，是一个中性的问题，而不应该闻之令人变色。"大城市病"的产生并不仅是因为人口过度集聚，更多是因为城市运行各个方面没有做好人口集聚的应对。例如，香港人口密度大概是上海的两倍。但是今年被评为全球公交最好的城市，也是全球最宜居的城市之一。香港采取的办法是 TOD，即公交导向开发，采取的是"集约城市"的发展模式，建设紧凑型城市。

其四，从国际经验来看，许多国家的城府也对人口向大城市的集聚现象做出了政策应对，试图调控、放缓人口和经济生产活动的向城市地区，尤其是大城市的集聚进程，但从国际经验来看，这样的做法似乎均是收效甚微（世界银行，2009）。

二、完善相关制度，为劳动力自由流动创造更好的条件

中国人口与经济生产活动集聚的过程之中，沿海和内地之间的差距不断扩大，常常引发担忧的还有另一个问题：由于集聚导致经济发达地区的城市人口与贫困地区、农村人口之间生活水平的差距进一步扩大。换言之，就是发展的成果不能够惠及更广泛的人群，经济集聚带来的经济效益没有能够带来地区间生活水平差距缩小的社会效益。

发达国家的经验显示，在经济发展过程中，随着经济水平的提升，地区间差距将经历一个先分化而后趋同的过程。在这个过程中，如果政府采取政策恰当，是可以兼得生产不断集中带来的经济效益及生活水平趋同产生的社会利益的。如何在允许"不平衡"经济增长的同时，保证发展的和谐和普惠性，这是政府面临的严峻挑战。在经济从集聚走向平衡的过程中，关键是需要要素的自由流动，要素的自由流动可以促进资源在地区之间的再配置，而其中最重要的则是劳动力的自由流动。劳动力也是最易流动的经济要素。从全球发展的经验来看，过去的两个世纪中，当今世界最成功的国家发展走势均表明，经济要素集聚、人口迁移和专业化等市场力量是发达国家实现经济腾飞的"催化剂"。

其一，政府行为和市场行为应保持协调。政府为应对地区间生活水平差距大而设计的政策体系，其出发点不应该是阻碍集聚，而是应该尊重市场规律，通过公平其有效的制度设计，依靠市场力量来缩小经济集聚区和非集聚区生活水平的差异。广义上来说，此处笔者所指的制度的设计导向应该是：依靠集聚带来的经济效益"将蛋糕做大"，依靠专业化来提高生产的效率，依靠经济要素的自由流动来促进规模经济效益的外溢和经济"增长点"对周边地区乃至全国的辐射，最终促进区域之间的平衡发展。

其二，完善社会保障体制和基本公共服务制度，为劳动力自由流动创造条件。在经济从集聚走向平衡的过程中，关键是需要要素的自由流动，而其中最重要的则是劳动力的自由流动。首先要完善社会保障制度，实现城乡统筹的社会保障体制及社保跨地区可转移接续，减少劳动力流动的后顾之忧，减少流动的阻碍。其次，改变公共服务筹资体制，适度推进地区之间基本公共服务的均等化，让劳动力的地区间流动不再是基于公共服务的差异，而是基于提升劳动生产率的需求。国际经验来看，在人均收入达到中上等水平之前，城市和农村地区在基础教育、医疗健康、饮用水和环保卫生等方面的差

距难以消弭。目前，中国的人均收入已超过上中等收入国家门槛值3 000多美元，正处于从中等收入向高收入迈进的过程中，已经有积累减少城乡之间、发达地区与欠发达地区之间的基本公共服务上的差异，将发展的成果惠及更广的人群。

三、城市规划和建设应充分考虑人口集聚疏散规律和趋势

中国人历来都是安土重迁的，这与中国的社会结构直接相关，也是深受农耕文化的影响。中国历史上也曾有过几次大规模的人口迁徙活动，但多与朝代更替和战争有关。当前中国的人口流动已成为人类历史上在和平时期前所未有的、规模最大的人口迁移活动。这种大规模的人口迁移流动不仅是经济发展之必然，也成为社会变革的一个强大的推动力，其主体是劳动力的迁移和流动，既是人口转变的必然，也是由市场经济发展所决定的（顾宝昌，2010）。应当认识到，人口频繁地、大规模地迁徙流动已成为当前中国社会的一种常态现象，它正在并将继续有力地推动中国的工业化、城市化、现代化进程。

如果能够充分认识这一新常态，那么许多城市在进行城市规划和建设时应提前做出必要的应对。对于人口流失型城市而言，应该充分考虑人口可能出现的持续减少趋势、人口老龄化趋势，避免今天硬件建设的投资、造城运动由于缺少对未来人口变动的前瞻性而造成不必要的浪费。例如，目前国内许多二三线城市大量空置的房屋，白天的城市是一座没有人的空城，夜晚来临时城市是没有灯光的"鬼城"。对于人口集聚型城市而言，在城市规划、交通设计等方面也要提前做出应对，城市规划应该着眼于未来城市人口总量即空间分布，城市建设中应将居住功能区与就业功能区适当混合设计，缩短城市通勤距离，减轻交通压力等。

四、农村的萧条甚至村庄消失需警示，需及时应对

随着我国人口总量增速放缓甚至负增长，人口老龄化程度加深、速度加快，以及人口向东部、城市地区的集聚，中、西部地区的部分村落、乡镇甚至城市可能会出现因人口过少、人口老龄化严峻、基础设施缺少规模经济等原因而逐步萧条乃至被废弃的现象。2009年我国宣布了首批69座资源枯竭型城市，今后还会有更多的这类城市出现。农村留守人群从开始的"386199"部队，到以"6199"为主要成员，到目前仅剩"99"这一主要成

员。农村人口的大量外迁已经不限于青壮年劳动力个人，"举家迁徙"至城市的情况越发普遍。农村大量的人口流失，使得村庄一片萧条，未来还将面临整体消失的结局。据报道，2000—2010 年，我国自然村数量从 360 万个下降为 270 万个，平均每天减少 200 多个。事实上，这种现象在我们的邻国日本已不少见。

农村对于中国的意义，绝不仅仅是一个赖以谋生的生产单元，而是承载了许多其他内容，对于国家、民族的发展都具有十分重要的意义。可以预判，随着人口的持续流失，农村作为中国社会主体单元的地位将丧失；作为中国传统文化主要阵地的作用将削弱；作为国人灵魂家园的价值将消失。简言之，长此以往，人口的大量流失会导致农村整个社会生态的异化。这是值得整个社会警醒的问题，必须提前做出应对。

首先，由于农村地区劳动力的大量外流，土地粗放耕作、利用率下降，甚至是抛荒的现象已经屡见不鲜，长此以往，这会影响农业基础稳固。这提示相关决策者，农村土地流转、规模化经营等重大事宜应尽快提上议事日程。从国际经验来看，丹麦于 18 世纪初推行土地权的普及，为几十年后的工业化进程做出了巨大贡献；英国于 16 世纪采取政策对农村的财产权利予以保护，提高了农业生产率，促使劳动力向城镇制造业和服务业转移。

其二，农村的基本公共服务需要完善。安全、教育、医疗和卫生等基本公共服务的普及，是对健全土地市场的重要补充。在这种情况下，人口就是源于聚集经济的吸引而向城市迁移，而不是由于农村地区缺乏教育、卫生和公共安全等服务设施。农村留守儿童的安全、教育和健康成长，已引起社会的广泛关注，但仍远远不足够。农村留守老人的照料和社会保障严重缺乏。中国已进入快速老龄化阶段，人口老龄化及其对社会经济发展可能产生的后果已引起社会各界的关注，但关注的重点往往是城市里的老人。事实上，农村的老龄化形势更加严峻：农村养老保障体系远没有城市健全，农村留守老人、独居老人的老年照料和精神慰藉严重匮乏。

附录

附表 1 全国 31 个省、自治区、直辖市常住人口规模（1982—2016 年）

单位：万人

	1982 年	1990 年	1995 年	2000 年	2005 年	2010 年	2016 年
东部地区	34 086	38 636	40 964	44 234	46 342	50 619	52 951
北京	923	1082	1251	1357	1536	1961	2173
天津	776	879	942	985	1042	1294	1562
河北	5301	6108	6437	6668	6844	7185	7470
上海	1186	1334	1415	1641	1776	2302	2420
江苏	6052	6706	7066	7304	7468	7866	7999
浙江	3888	4145	4319	4593	4893	5443	5590
福建	2587	3005	3237	3410	3531	3689	3874
山东	7442	8439	8705	8997	9239	9579	9947
广东	5363	6283	6868	8523	9185	10 432	10 999
海南	567	656	724	756	827	867	917
中部地区	28 438	32 281	34 417	34 589	35 167	35 675	36 709
山西	2529	2876	3077	3247	3352	3571	3682
安徽	4967	5618	6013	5900	6114	5950	6196
江西	3318	3771	4063	4040	4307	4457	4592
河南	7442	8553	9100	9124	9371	9403	9532
湖北	4780	5397	5772	5951	5704	5724	5885
湖南	5401	6066	6392	6327	6320	6570	6822
西部地区	28 775	32 200	34 497	34 952	35 939	36 036	37 414
内蒙古	1927	2146	2284	2332	2384	2471	2520
广西	3642	4224	4543	4385	4655	4602	4838
四川	9971	10 722	11 325	11 286	10 999	10 926	11 310
贵州	2855	3239	3508	3525	3726	3475	3555
云南	3255	3697	3990	4236	4446	4597	4771
西藏	189	220	240	262	277	300	331

	1982 年	1990 年	1995 年	2000 年	2005 年	2010 年	2016 年
陕西	2890	3288	3514	3537	3716	3733	3813
甘肃	1957	2237	2438	2512	2591	2558	2610
青海	390	446	481	482	543	563	593
宁夏	390	466	513	549	595	630	675
新疆	1308	1516	1661	1846	2006	2182	2398
东北地区	**9095**	**9934**	**10 385**	**10 486**	**10 746**	**10 951**	**10 910**
辽宁	3572	3946	4092	4182	4217	4375	4378
吉林	2256	2466	2592	2680	2713	2745	2733
黑龙江	3267	3522	3701	3624	3816	3831	3799

附表 2　31 个省、自治区、直辖市人口占全国总人口比重（1982—2016 年）

单位:%

	1982 年	1990 年	1995 年	2000 年	2005 年	2010 年	2016 年
东部地区	**33.95**	**34.18**	**34.06**	**35.60**	**36.15**	**37.98**	**38.37**
北京	0.92	0.96	1.04	1.09	1.20	1.47	1.57
天津	0.77	0.78	0.78	0.79	0.81	0.97	1.13
河北	5.28	5.40	5.35	5.37	5.34	5.39	5.41
上海	1.18	1.18	1.18	1.32	1.39	1.73	1.75
江苏	6.03	5.93	5.88	5.88	5.83	5.90	5.80
浙江	3.87	3.67	3.59	3.70	3.82	4.08	4.05
福建	2.58	2.66	2.69	2.74	2.75	2.77	2.81
山东	7.41	7.46	7.24	7.24	7.21	7.19	7.21
广东	5.34	5.56	5.71	6.86	7.16	7.83	7.97
海南	0.56	0.58	0.60	0.61	0.65	0.65	0.66
中部地区	**28.33**	**28.55**	**28.62**	**27.84**	**27.43**	**26.77**	**26.60**
山西	2.52	2.54	2.56	2.61	2.61	2.68	2.67
安徽	4.95	4.97	5.00	4.75	4.77	4.46	4.49
江西	3.31	3.34	3.38	3.25	3.36	3.34	3.33
河南	7.41	7.57	7.57	7.34	7.31	7.06	6.91
湖北	4.76	4.77	4.80	4.79	4.45	4.29	4.26

续表

	1982 年	1990 年	1995 年	2000 年	2005 年	2010 年	2016 年
湖南	5.38	5.37	5.32	5.09	4.93	4.93	4.94
西部地区	**28.66**	**28.48**	**28.68**	**28.13**	**28.03**	**27.04**	**27.11**
内蒙古	1.92	1.90	1.90	1.88	1.86	1.85	1.83
广西	3.63	3.74	3.78	3.53	3.63	3.45	3.51
四川	9.93	9.48	9.42	9.08	8.58	8.20	8.20
贵州	2.84	2.87	2.92	2.84	2.91	2.61	2.58
云南	3.24	3.27	3.32	3.41	3.47	3.45	3.46
西藏	0.19	0.19	0.20	0.21	0.22	0.23	0.24
陕西	2.88	2.91	2.92	2.85	2.90	2.80	2.76
甘肃	1.95	1.98	2.03	2.02	2.02	1.92	1.89
青海	0.39	0.39	0.40	0.39	0.42	0.42	0.43
宁夏	0.39	0.41	0.43	0.44	0.46	0.47	0.49
新疆	1.30	1.34	1.38	1.49	1.56	1.64	1.74
东北地区	**9.06**	**8.79**	**8.64**	**8.44**	**8.38**	**8.22**	**7.91**
辽宁	3.56	3.49	3.40	3.37	3.29	3.28	3.17
吉林	2.25	2.18	2.16	2.16	2.12	2.06	1.98
黑龙江	3.25	3.12	3.08	2.92	2.98	2.87	2.75

附表 3　全国各省市人口老年抚养比（1990—2014 年）

单位:%

	1990 年	1995 年	2000 年	2005 年	2010 年	2014 年
北京	8.6	10.8	10.8	13.7	10.5	10.5
天津	9.1	11.7	11.2	12.5	10.4	15.1
河北	8.9	10.0	10.0	11.0	11.0	12.9
山西	8.1	9.1	9.3	10.9	10.1	11.1
内蒙古	5.9	6.8	7.5	10.6	9.6	12.1
辽宁	8.0	10.2	10.6	12.9	13.2	15.7
吉林	6.5	7.9	8.1	9.9	10.5	13.1
黑龙江	5.4	6.4	7.4	9.8	10.4	11.9
上海	13.0	16.0	15.0	15.1	12.5	12.1

	1990 年	1995 年	2000 年	2005 年	2010 年	2014 年
江苏	9.8	11.5	12.4	14.8	14.3	16.3
浙江	9.8	12.4	12.2	14.4	12.1	12.3
安徽	8.2	10.2	11.3	15.1	14.2	14.5
福建	8.0	10.2	9.5	12.0	10.3	10.1
江西	8.1	10.1	9.2	12.7	10.8	13.2
山东	9.2	10.9	11.4	13.4	13.2	15.8
河南	9.0	10.3	10.6	11.7	11.8	12.5
湖北	8.3	9.4	9.1	12.7	11.8	13.9
湖南	8.4	10.9	10.6	14.2	13.5	15.4
广东	9.2	11.5	8.9	10.4	8.9	11.0
广西	8.8	10.7	11.0	14.3	13.4	13.9
海南	8.8	10.2	10.2	12.6	11.2	10.5
四川	8.0	10.6	11.0	16.2	15.5	20.0
贵州	7.4	8.6	9.3	12.9	13.2	13.4
云南	7.7	8.9	9.0	11.0	10.6	12.1
西藏	7.7	8.2	7.4	9.3	7.2	7.9
陕西	7.8	8.7	8.9	12.0	11.1	14.3
甘肃	6.0	6.5	7.7	10.4	11.2	12.0
青海	4.6	5.3	6.7	8.6	8.7	9.5
宁夏	5.6	5.8	6.7	8.9	8.8	9.2
新疆	6.2	6.8	6.9	9.3	8.9	9.5

附表 4　2000 年和 2010 年人均 GDP 排名全国前 20 位的地级及以上城市

排名	2000 年				2010 年			
	城市名	人均 GDP /元	所属省	所属地区	城市名	人均 GDP /元	所属省	所属地区
1	深圳市	133 305	广东	东部	鄂尔多斯	175 125	内蒙古	西部
2	克拉玛依	50 158	新疆	西部	克拉玛依	121 387	新疆	西部
3	珠海市	44 690	广东	东部	东营市	116 448	山东	东部
4	大庆市	41 079	黑龙江	东北	深圳市	106 880	广东	东部

排名	2000 年				2010 年			
	城市名	人均 GDP /元	所属省	所属地区	城市名	人均 GDP /元	所属省	所属地区
5	厦门市	38 232	广东	东部	广州市	103 625	广东	东部
6	上海市	34 436	—	东部	大庆市	103 576	黑龙江	东北
7	广州市	33 908	广东	东部	包头市	94 269	内蒙古	西部
8	东莞市	32 091	广东	东部	佛山市	93 983	广东	东部
9	佛山市	28 792	广东	东部	苏州市	93 043	江苏	东部
10	无锡市	27 615	江苏	东部	无锡市	92 166	江苏	东部
11	东营市	27 019	山东	东部	嘉峪关	83 425	甘肃	西部
12	苏州市	26 648	江苏	东部	珠海市	80 697	广东	东部
13	盘锦市	24 499	辽宁	东北	大连市	77 704	辽宁	东北
14	中山市	23 389	广东	东部	威海市	76 778	山东	东部
15	海口市	23 302	海南	东部	乌海市	76 653	内蒙古	西部
16	威海市	22 713	山东	东部	上海市	76 074	—	东部
17	北京市	22 381	—	东部	北京市	75 943	—	东部
18	杭州市	22 243	浙江	东部	中山市	73 348	广东	东部
19	宁波市	21 735	浙江	东部	天津市	72 994	—	东部
20	大连市	20 142	辽宁	东北	杭州市	69 828	浙江	东部

附表 5　2000 年和 2010 年人均 GDP 排名全国最后 20 位的地级及以上城市

排名	2000 年				2010 年			
	城市名	人均 GDP /元	所属省市	所属地区	城市名	人均 GDP /元	所属省市	所属地区
1	阜阳市	2282	安徽	中部	定西市	5304	甘肃	西部
2	天水市	2384	甘肃	西部	陇南市	6457	甘肃	西部
3	榆林市	2392	陕西	西部	固原市	6874	宁夏	西部
4	安顺市	2394	贵州	西部	昭通市	7193	云南	西部
5	贵港市	2396	广西	西部	巴中市	8618	四川	西部
6	巴中市	2423	四川	西部	天水市	8758	甘肃	西部
7	朝阳市	2454	辽宁	东北	临沧市	8988	云南	西部

排名	2000 年				2010 年			
	城市名	人均 GDP /元	所属省市	所属地区	城市名	人均 GDP /元	所属省市	所属地区
8	菏泽市	2457	山东	东部	阜阳市	9068	安徽	中部
9	南充市	2493	四川	西部	普洱市	9584	云南	西部
10	六安市	2581	安徽	中部	宿州市	9945	安徽	中部
11	安康市	2694	陕西	西部	亳州市	10 318	安徽	中部
12	上饶市	2698	江西	中部	邵阳市	10 468	湖南	中部
13	河源市	2837	广东	东部	保山市	10 469	云南	西部
14	广元市	2852	四川	西部	平凉市	10 504	甘肃	西部
15	忻州市	2872	山西	中部	武威市	10 621	甘肃	西部
16	六盘水市	2875	贵州	西部	丽江市	11 680	云南	西部
17	广安市	2884	四川	西部	广元市	11 750	四川	西部
18	资阳市	2925	四川	西部	六安市	12 047	安徽	中部
19	保山市	3004	云南	西部	商洛市	12 209	陕西	西部
20	达州市	3029	四川	西部	安康市	12 428	陕西	西部

附表6　核心城市在其所在省的经济地位

	人均 GDP/元	人均 GDP 是所在省平均水平的倍数/倍	GDP 占所在省 GDP 总量的份额/%
计划单列市和副省级城市：			
沈阳市	62 357	1.47	27.18
大连市	77 704	1.83	27.95
长春市	43 936	1.39	38.41
哈尔滨市	36 951	1.36	35.35
南京市	64 037	1.21	12.39
杭州市	69 828	1.35	21.46
宁波市	69 368	1.34	18.62
厦门市	58 337	1.46	13.98
济南市	57 966	1.41	9.98
青岛市	65 827	1.60	14.47

续表

	人均 GDP/元	人均 GDP 是所在省平均水平的倍数/倍	GDP 占所在省 GDP 总量的份额/%
武汉市	58 961	2.11	34.86
广州市	103 625	2.32	23.36
深圳市	106 880	2.39	20.82
成都市	48 510	2.29	32.30
西安市	38 341	1.41	32.02
普通省会城市：			
石家庄市	33 915	1.18	16.68
太原市	50 225	1.91	19.32
呼和浩特市	66 929	1.41	15.98
合肥市	54 796	2.62	21.86
福州市	44 667	1.12	21.19
南昌市	43 769	2.06	23.28
郑州市	49 947	2.04	17.50
长沙市	66 443	2.69	28.35
南宁市	25 622	1.27	18.81
海口市	30 329	1.27	28.83
贵阳市	26 057	1.99	24.38
昆明市	33 550	2.13	29.35
兰州市	34 009	2.11	26.70
西宁市	28 428	1.18	46.52
银川市	41 520	1.55	45.54
乌鲁木齐市	43 039	1.72	24.62

附表 7　"五普"时全国净迁入人口排名前 50 位的地级及以上城市及其分布

排名	城市名	净迁入人口/万人	所属省份	所属地区	城市等级	所在城市群
1	深圳	578.62	广东	东部	计划单列市或副省级城市	珠三角
2	东莞	490.14	广东	东部	普通地级市	珠三角
3	上海	312.65	上海	东部	直辖市	长三角

排名	城市名	净迁入人口/万人	所属省份	所属地区	城市等级	所在城市群
4	广州	291.27	广东	东部	计划单列市或副省级城市	珠三角
5	北京	240.17	北京	东部	直辖市	京津冀
6	佛山	205.42	广东	东部	普通地级市	珠三角
7	呼伦贝尔	102.21	内蒙古	西部	普通地级市	其他
8	成都	102.09	四川	西部	计划单列市或副省级城市	其他
9	中山	101.58	广东	东部	普通地级市	珠三角
10	苏州	100.74	江苏	东部	普通地级市	长三角
11	昆明	94.42	云南	西部	普通省会城市	其他
12	泉州	77.48	福建	东部	普通地级市	其他
13	无锡	74.43	江苏	东部	普通地级市	长三角
14	巴彦淖尔	73.76	内蒙古	西部	普通地级市	其他
15	厦门	73.53	福建	东部	计划单列市或副省级城市	其他
16	石家庄	70.22	河北	东部	普通省会城市	京津冀
17	南京	68.7	江苏	东部	计划单列市或副省级城市	长三角
18	天津	66.81	天津	东部	直辖市	京津冀
19	杭州	66.26	浙江	东部	计划单列市或副省级城市	长三角
20	武汉	64.41	湖北	中部	计划单列市或副省级城市	其他
21	乌鲁木齐	62.9	新疆	西部	普通省会城市	其他
22	福州	56.72	福建	东部	普通省会城市	其他
23	宁波	55.67	浙江	东部	计划单列市或副省级城市	长三角
24	沈阳	49.47	辽宁	东北	计划单列市或副省级城市	其他
25	珠海	48.71	广东	东部	普通地级市	珠三角
26	郑州	46.75	河南	中部	普通省会城市	其他
27	惠州	45.34	广东	东部	普通地级市	珠三角
28	西安	43.79	陕西	西部	计划单列市或副省级城市	其他
29	呼和浩特	41.93	内蒙古	西部	普通省会城市	其他
30	青岛	40.38	山东	东部	计划单列市或副省级城市	其他
31	大连	40.11	辽宁	东北	计划单列市或副省级城市	其他
32	贵阳	40	贵州	西部	普通省会城市	其他

排名	城市名	净迁入人口/万人	所属省份	所属地区	城市等级	所在城市群
33	常州	39.25	江苏	东部	普通地级市	长三角
34	海口	34.2	海南	东部	普通省会城市	其他
35	南昌	33.59	江西	中部	普通省会城市	其他
36	太原	32.72	山西	中部	普通省会城市	其他
37	长沙	31.95	湖南	中部	普通省会城市	其他
38	济南	31	山东	东部	计划单列市或副省级城市	其他
39	嘉兴	26.16	浙江	东部	普通地级市	长三角
40	包头	21.97	内蒙古	西部	普通地级市	其他
41	兰州	21.72	甘肃	西部	普通省会城市	其他
42	东营	20.91	山东	东部	普通地级市	其他
43	吉林	20.72	吉林	东北	普通地级市	其他
44	银川	20.05	宁夏	西部	普通省会城市	其他
45	烟台	19.88	山东	东部	普通地级市	其他
46	廊坊	19.5	河北	东部	普通地级市	京津冀
47	松原	18.1	吉林	东北	普通地级市	其他
48	镇江	17.98	江苏	东部	普通地级市	长三角
49	宜昌	17.61	湖北	中部	普通地级市	其他
50	晋城	16.61	山西	中部	普通地级市	其他

附表8 "六普"时全国净迁入人口排名前50位的地级及以上城市及其分布

排名	城市名	净迁入人口/万人	所属省份	所属地区	城市等级	所在城市群
1	上海	883.4	上海	东部	直辖市	长三角
2	深圳	784.83	广东	东部	计划单列市或副省级城市	珠三角
3	北京	705.84	北京	东部	直辖市	京津冀
4	东莞	636.6	广东	东部	普通地级市	珠三角
5	广州	462.46	广东	东部	计划单列市或副省级城市	珠三角
6	苏州	408.22	江苏	东部	普通地级市	长三角
7	佛山	347.74	广东	东部	普通地级市	珠三角

排名	城市名	净迁入人口 /万人	所属 省份	所属 地区	城市等级	所在 城市群
8	天津	301.91	天津	东部	直辖市	京津冀
9	成都	262.06	四川	西部	计划单列市或副省级城市	其他
10	宁波	185.81	浙江	东部	计划单列市或副省级城市	长三角
11	杭州	182.39	浙江	东部	计划单列市或副省级城市	长三角
12	厦门	175.27	福建	东部	计划单列市或副省级城市	其他
13	无锡	170.09	江苏	东部	普通地级市	长三角
14	南京	163.95	江苏	东部	计划单列市或副省级城市	长三角
15	中山	162.27	广东	东部	普通地级市	珠三角
16	武汉	140.17	湖北	中部	计划单列市或副省级城市	其他
17	郑州	131.78	河南	中部	普通省会城市	其他
18	温州	126.93	浙江	东部	普通地级市	其他
19	惠州	124.41	广东	东部	普通地级市	珠三角
20	泉州	121.53	福建	东部	普通地级市	其他
21	乌鲁木齐	113.49	新疆	西部	普通省会城市	其他
22	嘉兴	106.88	浙江	东部	普通地级市	长三角
23	青岛	106.33	山东	东部	计划单列市或副省级城市	其他
24	昆明	101.83	云南	西部	普通省会城市	其他
25	常州	98.67	江苏	东部	普通地级市	长三角
26	沈阳	92.23	辽宁	东北	计划单列市或副省级城市	其他
27	大连	83.81	辽宁	东北	计划单列市或副省级城市	其他
28	济南	74.92	山东	东部	计划单列市或副省级城市	其他
29	西安	73.5	陕西	西部	计划单列市或副省级城市	其他
30	金华	71.61	浙江	东部	普通地级市	其他
31	合肥	68.3	安徽	中部	普通省会城市	其他
32	哈尔滨	67.12	黑龙江	东北	计划单列市或副省级城市	其他
33	福州	65.29	福建	东部	普通省会城市	其他
34	呼和浩特	62.97	内蒙古	西部	普通省会城市	其他
35	贵阳	58.72	贵州	西部	普通省会城市	其他
36	海口	58.63	海南	东部	普通省会城市	其他

排名	城市名	净迁入人口/万人	所属省份	所属地区	城市等级	所在城市群
37	太原	55.13	山西	中部	普通省会城市	其他
38	长沙	52.89	湖南	中部	普通省会城市	其他
39	绍兴	52.03	浙江	东部	普通地级市	长三角
40	珠海	50.93	广东	东部	普通地级市	珠三角
41	江门	49.5	广东	东部	普通地级市	珠三角
42	包头	45.86	内蒙古	西部	普通地级市	其他
43	烟台	45.04	山东	东部	普通地级市	其他
44	银川	43.24	宁夏	西部	普通省会城市	其他
45	鄂尔多斯	42.98	内蒙古	西部	普通地级市	其他
46	兰州	40.21	甘肃	西部	普通省会城市	其他
47	镇江	39.43	江苏	东部	普通地级市	长三角
48	石家庄	35.33	河北	东部	普通省会城市	京津冀
49	潍坊	31.06	山东	东部	普通地级市	其他
50	淄博	29.88	山东	东部	普通地级市	其他

附表9　2000—2010 年中国地级及以上城市中属于人口"持续净流入"型的城市

省份	地级及以上城市
安徽	合肥市
北京	北京市
福建	福州市、泉州市、厦门市
甘肃	嘉峪关市、兰州市、酒泉市
广东	汕头市、珠海市、江门市、广州市、惠州市、东莞市、中山市、佛山市、深圳市
广西	柳州市
贵州	贵阳市
海南	海口市
河北	廊坊市、唐山市
河南	郑州市
黑龙江	大庆市
湖北	武汉市

续表

省份	地级及以上城市
湖南	长沙市
吉林	通化市
江苏	镇江市、南京市、常州市、无锡市、苏州市
辽宁	盘锦市、沈阳市、大连市
内蒙古	呼和浩特市、包头市、乌海市
宁夏	银川市
青海	西宁市
山东	烟台市、淄博市、威海市、济南市、青岛市
山西	大同市、朔州市、太原市
陕西	西安市
上海	上海市
四川	成都市、攀枝花市
天津	天津市
新疆	克拉玛依市、乌鲁木齐市
云南	昆明市、丽江市、玉溪市
浙江	湖州市、金华市、舟山市、温州市、杭州市、宁波市、嘉兴市

附表10　2000—2010年中国地级及以上城市中属于人口"持续净流出"型的城市

省份	地级及以上城市
安徽	亳州市、阜阳市、六安市、宿州市、蚌埠市、巢湖市、滁州市、宣城市、池州市、黄山市、淮北市、安庆市
福建	宁德市、南平市、龙岩市、莆田市、三明市
甘肃	庆阳市、天水市、陇南市、定西市、平凉市、武威市
广东	茂名市、揭阳市、韶关市、云浮市
广西	钦州市、河池市、梧州市、玉林市、贺州市、崇左市、来宾市、贵港市、百色市、桂林市、南宁市
贵州	遵义市、安顺市、六盘水市
河北	承德市、张家口市
河南	信阳市、周口市、商丘市、驻马店市、开封市、许昌市、南阳市、洛阳市
黑龙江	伊春市、齐齐哈尔市、鸡西市

省份	地级及以上城市
湖北	黄冈市、咸宁市、荆州市、孝感市、十堰市
湖南	永州市、娄底市、邵阳市、衡阳市、张家界市、常德市、益阳市、郴州市、怀化市、湘潭市
江苏	淮安市、泰州市、南通市
江西	上饶市、赣州市
辽宁	朝阳市、铁岭市、葫芦岛市
内蒙古	乌兰察布市、赤峰市
宁夏	固原市、中卫市
山东	菏泽市、济宁市、聊城市、泰安市、德州市
浙江	衢州市、丽水市
重庆市	重庆市
四川	自贡市、泸州市、遂宁市、内江市、乐山市、南充市、眉山市、宜宾市、广安市、达州市、巴中市、资阳市
云南	昭通市
陕西	汉中市、榆林市、安康市、商洛市

附表 11 2000—2010 年中国地级及以上城市中属于"净迁入人口减少"型的城市

省份	地级及以上城市
福建	漳州市
甘肃	金昌市
河北	石家庄市、邢台市、沧州市、秦皇岛市
河南	新乡市、鹤壁市
湖北	随州市、黄石市、荆门市、鄂州市、宜昌市
吉林	辽源市、松原市、白山市、吉林市、四平市、长春市
江苏	连云港市、扬州市
江西	新余市、南昌市
辽宁	鞍山市
内蒙古	巴彦淖尔市、呼伦贝尔市
山东	东营市
山西	晋城市、忻州市、长治市

续表

省份	地级及以上城市
四川	雅安市
西藏	拉萨市
云南	普洱市、临沧市
安徽	淮南市

附表12　2000—2010年中国地级及以上城市中属于"净迁出人口减少型"的城市

省份	地级及以上城市
安徽	芜湖市
广东	汕尾市、湛江市、阳江市、梅州市、潮州市、肇庆市、清远市、河源市
广西	防城港市
河南	漯河市
黑龙江	鹤岗市、绥化市、黑河市、双鸭山市、佳木斯市、哈尔滨市、七台河市
湖南	岳阳市、株洲市
江西	抚州市、吉安市、鹰潭市、宜春市、萍乡市、景德镇市
辽宁	丹东市
内蒙古	通辽市、鄂尔多斯市
山东	日照市、滨州市
山西	临汾市
陕西	宝鸡市、铜川市
浙江	台州市

附表13　2000—2010年中国地级及以上城市中属于
人口"流动平衡转为净迁出"型的城市

省份	地级及以上城市
安徽	铜陵市
甘肃	张掖市、白银市
广西	北海市
河北	邯郸市、保定市
河南	安阳市、平顶山市、濮阳市、焦作市、三门峡市
湖北	襄樊市

续表

省份	地级及以上城市
吉林	白城市
江苏	宿迁市、徐州市、盐城市
江西	九江市
辽宁	阜新市、抚顺市
宁夏	吴忠市、石嘴山市
山东	临沂市、枣庄市
山西	吕梁市
陕西	延安市、咸阳市、渭南市
四川	广元市、绵阳市、德阳市
云南	曲靖市、保山市

附表14　2000—2010年中国地级及以上城市中属于
人口"流动平衡转为净迁入"型的城市

省份	地级及以上城市
安徽	马鞍山市
海南	三亚市
河北	衡水市
黑龙江	牡丹江市
辽宁	锦州市、营口市、辽阳市、本溪市
山东	莱芜市、潍坊市
山西	运城市、晋中市、阳泉市
浙江	绍兴市

附表15　1990—2010年全国地级及以上城市人口规模增减情况

单位：个

省份/地区	1990—2000年		2000—2010年		1990—2010年		合计
	增加	减少	增加	减少	增加	减少	
北京	1	0	1	0	1	0	1
天津	1	0	1	0	1	0	1
河北	9	2	11	0	11	0	11

续表

省份/地区	1990—2000 年		2000—2010 年		1990—2010 年		合计
	增加	减少	增加	减少	增加	减少	
上海	1	0	1	0	1	0	1
江苏	10	3	5	8	9	4	13
浙江	9	2	9	2	9	2	11
福建	8	1	5	4	5	4	9
山东	17	0	17	0	17	0	17
广东	17	4	21	0	20	1	21
海南	2	0	2	0	2	0	2
东部地区	75	12	73	14	76	11	87
山西	11	0	11	0	11	0	11
安徽	13	4	8	9	10	7	17
江西	11	0	11	0	11	0	11
河南	14	3	13	4	13	4	17
湖北	10	2	2	10	8	4	12
湖南	13	0	9	4	13	0	13
中部地区	72	9	54	27	66	15	81
内蒙古	8	1	5	4	7	2	9
广西	10	4	12	2	11	3	14
重庆	1	0	0	1	0	1	1
四川	15	3	3	15	5	13	18
贵州	3	1	2	2	2	2	4
云南	8	0	8	0	8	0	8
西藏	1	0	1	0	1	0	1
陕西	8	2	8	2	8	2	10
甘肃	12	0	6	6	12	0	12
青海	1	0	1	0	1	0	1
宁夏	5	0	3	2	4	1	5
新疆	2	0	2	0	2	0	2
西部地区	74	11	51	34	61	24	85
辽宁	14	0	10	4	10	4	14
吉林	8	0	5	3	7	1	8
黑龙江	7	5	8	4	8	4	12
东北地区	29	5	23	11	25	9	34
全国合计	250	37	201	86	228	59	287

附表 16 1990—2010 年人口规模排名全国前 20 位的地级市

排名	1990 年			2000 年			2010 年		
	城市名	R_{pop_i}	区域	城市名	R_{pop_i}	区域	城市名	R_{pop_i}	区域
1	重庆市	2.553	西部	重庆市	2.456	西部	重庆市	2.164	西部
2	上海市	1.18	东部	上海	1.320	东部	上海	1.727	东部
3	北京市	0.957	东部	北京	1.092	东部	北京	1.472	东部
4	南阳市	0.863	中部	成都市	0.894	西部	成都市	1.054	西部
5	保定市	0.85	东部	保定市	0.843	东部	天津市	0.971	东部
6	临沂市	0.823	东部	临沂市	0.800	东部	广州市	0.953	东部
7	成都市	0.82	西部	广州市	0.800	东部	保定市	0.840	东部
8	周口市	0.817	中部	天津市	0.793	东部	哈尔滨市	0.798	东北
9	天津市	0.777	东部	周口市	0.784	中部	苏州市	0.785	东部
10	哈尔滨市	0.759	东北	南阳市	0.771	中部	深圳市	0.777	东部
11	徐州市	0.722	东部	哈尔滨市	0.758	东北	南阳市	0.770	中部
12	潍坊市	0.714	东部	石家庄市	0.744	东部	石家庄市	0.763	东部
13	石家庄市	0.713	东部	徐州市	0.717	东部	临沂市	0.753	东部
14	菏泽市	0.691	东部	潍坊市	0.684	东部	武汉市	0.734	中部
15	盐城市	0.685	东部	邯郸市	0.675	东部	邯郸市	0.688	东部
16	南通市	0.678	东部	武汉市	0.669	中部	温州市	0.684	东部
17	阜阳市	0.675	中部	菏泽市	0.652	东部	潍坊市	0.682	东部
18	邯郸市	0.669	东部	阜阳市	0.644	中部	周口市	0.672	中部
19	荆州市	0.667	中部	盐城市	0.640	东部	青岛市	0.654	东部
20	驻马店市	0.653	中部	商丘市	0.624	中部	杭州市	0.653	东部

附表 17 1990—2010 年人口规模排名全国最后 20 位的地级市

排名	1990 年			2000 年			2010 年		
	城市名	R_{pop_i}	区域	城市名	R_{pop_i}	区域	城市名	R_{pop_i}	区域
−1	嘉峪关市	0.01	西部	嘉峪关市	0.013	西部	嘉峪关市	0.017	西部
−2	克拉玛依市	0.019	西部	克拉玛依市	0.022	西部	克拉玛依市	0.029	西部
−3	乌海市	0.028	西部	乌海市	0.034	西部	金昌市	0.035	西部
−4	三亚市	0.033	东部	金昌市	0.036	西部	乌海市	0.040	西部
−5	拉萨市	0.033	西部	拉萨市	0.038	西部	拉萨市	0.042	西部

排名	1990 年			2000 年			2010 年		
	城市名	R_{pop_i}	区域	城市名	R_{pop_i}	区域	城市名	R_{pop_i}	区域
−6	金昌市	0.034	西部	三亚市	0.039	东部	三亚市	0.051	东部
−7	铜陵市	0.054	中部	石嘴山市	0.054	西部	铜陵市	0.054	中部
−8	石嘴山市	0.055	西部	铜陵市	0.055	中部	石嘴山市	0.054	西部
−9	珠海市	0.056	东部	防城港市	0.059	西部	铜川市	0.063	西部
−10	防城港市	0.06	西部	铜川市	0.064	西部	防城港市	0.065	西部
−11	铜川市	0.069	西部	七台河市	0.065	东北	七台河市	0.069	东北
−12	七台河市	0.07	东北	中卫市	0.074	西部	鄂州市	0.079	中部
−13	中卫市	0.07	西部	酒泉市	0.079	西部	鹤岗市	0.079	东北
−14	酒泉市	0.073	西部	舟山市	0.081	东部	中卫市	0.081	西部
−15	银川市	0.074	西部	鄂州市	0.082	中部	酒泉市	0.082	西部
−16	鄂州市	0.08	中部	鹰潭市	0.083	中部	舟山市	0.084	东部
−17	鹰潭市	0.083	中部	新余市	0.086	中部	鹰潭市	0.084	中部
−18	攀枝花市	0.084	西部	攀枝花市	0.088	西部	新余市	0.085	中部
−19	海口市	0.086	东部	鹤岗市	0.088	东北	伊春市	0.086	东北
−20	新余市	0.086	中部	丽江市	0.091	西部	辽源市	0.088	东北

附表 18　1990—2010 年各地级及以上城市占全国人口比重变化情况（指数 Z_p）（个）

省/地区	1990—2000 年		2000—2010 年		1990—2010 年		合计
	升高	下降	升高	下降	升高	下降	
北京	1	0	1	0	1	0	1
天津	1	0	1	0	1	0	1
河北	5	6	6	5	6	5	11
上海	1	0	1	0	1	0	1
江苏	6	7	5	8	6	7	13
浙江	5	6	9	2	8	3	11
福建	4	5	3	6	3	6	9
山东	5	12	5	12	4	13	17
广东	13	8	20	1	15	6	21
海南	2	0	2	0	2	0	2

续表

省/地区	1990—2000 年		2000—2010 年		1990—2010 年		合计
	升高	下降	升高	下降	升高	下降	
东部地区	43	44	53	34	47	40	87
山西	7	4	7	4	8	3	11
安徽	7	10	4	13	5	12	17
江西	2	9	9	2	5	6	11
河南	8	9	4	13	6	11	17
湖北	6	6	1	11	3	9	12
湖南	2	11	3	10	2	11	13
中部地区	32	49	28	53	29	52	81
内蒙古	5	4	4	5	4	5	9
广西	3	11	5	9	4	10	14
重庆	0	1	0	1	0	1	1
四川	2	16	2	16	2	16	18
贵州	2	2	1	3	1	3	4
云南	7	1	4	4	7	1	8
西藏	1	0	1	0	1	0	1
陕西	4	6	2	8	2	8	10
甘肃	9	3	3	9	4	8	12
青海	1	0	1	0	1	0	1
宁夏	3	2	3	2	2	3	5
新疆	2	0	2	0	2	0	2
西部地区	39	46	28	57	30	55	85
辽宁	2	12	4	10	3	11	14
吉林	2	6	1	7	2	6	8
黑龙江	0	12	4	8	2	10	12
东北地区	4	30	9	25	7	27	34
全国合计	118	169	118	169	113	174	287

附表 19　1990—2000 年及 2000—2010 年指数 Z_p 升高最多的 20 个地级及以上城市

排名	1990—2000 年				2000—2010 年			
	城市名	Z_p	省份	区域	城市名	Z_p	区域	省份
1	深圳市	0.417	广东	东部	上海市	0.407	—	东部
2	东莞市	0.365	广东	东部	北京市	0.38	—	东部
3	广州市	0.243	广东	东部	苏州市	0.238	江苏	东部
4	佛山市	0.164	广东	东部	深圳市	0.213	广东	东部
5	荆门市	0.147	湖北	中部	天津市	0.178	—	东部
6	上海市	0.14	—	东部	成都市	0.16	四川	西部
7	北京市	0.135	—	东部	广州市	0.153	广东	东部
8	黄石市	0.081	湖北	中部	郑州市	0.112	河南	中部
9	昆明市	0.081	云南	西部	佛山市	0.11	广东	东部
10	中山市	0.081	广东	东部	南京市	0.108	江苏	东部
11	泉州市	0.079	福建	东部	厦门市	0.1	福建	东部
12	贵阳市	0.076	贵州	西部	杭州市	0.099	浙江	东部
13	成都市	0.074	四川	西部	东莞市	0.098	广东	东部
14	连云港市	0.064	江苏	东部	宁波市	0.091	浙江	东部
15	厦门市	0.061	福建	东部	惠州市	0.086	广东	东部
16	永州市	0.059	湖南	中部	温州市	0.076	浙江	东部
17	武汉市	0.058	湖北	中部	无锡市	0.069	江苏	东部
18	惠州市	0.056	广东	东部	合肥市	0.068	安徽	中部
19	揭阳市	0.055	广东	东部	武汉市	0.065	湖北	中部
20	汕头市	0.051	广东	东部	银川市	0.055	宁夏	西部

附表 20　1990—2000 年及 2000—2010 年指数 Z_p 下降最多的 20 个地级及以上城市

排名	1990—2000 年				2000—2010 年			
	城市名	Z_p	省份	区域	城市名	Z_p	省份	区域
1	荆州市	−0.162	湖北	中部	重庆市	−0.291	—	西部
2	重庆市	−0.098	—	西部	周口市	−0.112	河南	中部
3	南阳市	−0.092	河南	中部	黄冈市	−0.11	湖北	中部
4	信阳市	−0.088	河南	中部	资阳市	−0.103	四川	西部
5	安庆市	−0.076	安徽	中部	盐城市	−0.095	江苏	东部

续表

排名	1990—2000 年				2000—2010 年			
	城市名	Z_p	省份	区域	城市名	Z_p	省份	区域
6	南通市	-0.074	江苏	东部	广安市	-0.091	四川	西部
7	咸宁市	-0.068	湖北	中部	荆州市	-0.078	湖北	中部
8	淮安市	-0.067	江苏	东部	阜阳市	-0.074	安徽	中部
9	平顶山市	-0.061	河南	中部	徐州市	-0.074	江苏	东部
10	南充市	-0.056	四川	西部	商丘市	-0.072	河南	中部
11	六安市	-0.054	安徽	中部	绵阳市	-0.07	四川	西部
12	驻马店市	-0.053	河南	中部	信阳市	-0.067	河南	中部
13	梅州市	-0.053	广东	东部	遵义市	-0.067	贵州	西部
14	泸州市	-0.051	四川	西部	南充市	-0.067	四川	西部
15	达州市	-0.051	四川	西部	广元市	-0.06	四川	西部
16	乌兰察布市	-0.046	内蒙古	西部	六安市	-0.058	安徽	中部
17	盐城市	-0.045	江苏	东部	南通市	-0.058	江苏	东部
18	齐齐哈尔市	-0.044	黑龙江	东北	宜宾市	-0.058	四川	西部
19	汉中市	-0.043	陕西	西部	驻马店市	-0.057	河南	中部
20	绥化市	-0.043	黑龙江	东北	内江市	-0.057	四川	西部

附表 21　三次普查核心城市在其所在省的人口比重

单位:%

城市等级	"四普"	"五普"	"六普"	"六普"时在本省人口排名
计划单列市和副省级城市:				
沈阳市	16.71	17.22	18.53	1
大连市	13.30	14.09	15.29	2
长春市	26.04	26.62	27.96	1
哈尔滨市	24.35	25.98	27.76	1
南京市	7.71	8.39	10.17	3
杭州市	14.07	14.98	15.99	2
宁波市	12.28	12.98	13.97	3
厦门市	3.91	6.02	9.57	4
济南市	6.27	6.58	7.11	7

城市等级	"四普"	"五普"	"六普"	"六普"时在本省人口排名
青岛市	7.90	8.33	9.10	3
武汉市	12.79	13.97	17.10	1
广州市	10.03	11.67	12.18	1
深圳市	2.65	8.22	9.93	2
成都市	8.64	9.84	12.86	1
西安市	18.79	20.57	22.69	1
普通省会城市：				
石家庄市	13.19	13.86	14.15	2
太原市	9.43	10.30	11.77	3
呼和浩特市	8.91	10.26	11.60	3
合肥市	6.88	7.57	9.58	2
福州市	17.77	18.73	19.29	2
南昌市	10.03	10.72	11.31	4
郑州市	6.45	7.30	9.17	3
长沙市	9.05	9.70	10.72	3
南宁市	13.33	13.81	14.47	1
海口市	14.80	19.95	23.60	1
贵阳市	7.80	10.55	12.44	2
昆明市	11.76	13.65	13.99	1
兰州市	11.73	12.51	14.14	1
西宁市	36.84	38.35	39.25	1
银川市	18.06	21.46	31.63	1
乌鲁木齐市	10.10	12.26	14.27	1

参考文献

[1] Achenbaum W A. Aging and changing: international historical perspectives on aging//Johnson M L. In The Cambridge Handbook of Age and Aging. New York: Cambridge University Press, 2005.

[2] Hirschman A O. The strategy of economic development[M]. New Haven: Yale University Press, 1958.

[3] Allon-Smith R D. The evolving geography of the elderly in England and Wales. //Wames A M. Geographical Perspectives on the Elderly. Chiehester, New York: Wiley, 1982: 35 – 52.

[4] Anderson G F, Hussey P S. Population aging: a comparison among industrialized countries[J]. Health Affairs, 2000, 19(3): 191 – 203.

[5] Auerbach F. Das Gesetz der Bevölkerungskonzentration. Petermann's Geographische Mitteilungen, 1913, 59(1): 73 – 76.

[6] Baldwin R E, Martin P, Otravinano G I P. Global income divergence, trade and industrialization: the geography of growth take-off[J]. Journal of Economic Growth, 2001, 6(1): 5 – 37.

[7] Baldwin R E, Forslid R. The core-periphery model and endogenous growth: stabilizing and destabilizing integration[J]. Economica, 2000(67): 307 – 324.

[8] Baldwin R E, Forslid R, Martin P, et al. Economic Geography and Public Policy [M]. Princeton University Press, 2003.

[9] Biggar J C, Longino C F, Flynn C B. Elderly Interstate Migration Impact on Sending and Receiving States, 1965 to 1970. Research on Aging, 1980(2): 217 – 232.

[10] Braunerhjelm P, Borgman B. Agglomeration, diversity and regional growth[C]. Working Paper, 2006.

［11］ Breitung J, Das S. Panel unit root test undercrosss-sectional dependence[J]. Statistica Neerlandica, 2005, 59: 414 – 433.

［12］ Breitung J. The local power of some unit root tests for panel data[J]. Sfb Disussion Papers, 2000, 15(15): 161 – 177.

［13］ Brulhart M, Mathys N A. Sectoral agglomeration effect in a panel of European regions[J]. Regional Science and Urban Economics, 2008, 38(4): 348 – 362.

［14］ Cai F, Wang D W. China's demographic transition: implications for growth//Garnaut, Song. The China Boom and Its Discontents [M]. Canberra: Asia Pacific Press, 2005.

［15］ Ciccone A, Hall R. Productivity and the density of economic activity. The American Economic Review[J]. 1996(86): 54 – 70.

［16］ Cuevas, Monica. Issues in population aging in the Caribbean. Unpublished paper. Port Spain, Trinidad: ECLAC, 2006.

［17］ Fujita M, Krugman P R, Venables A J. The spatial economy: city, regions and international trade[M]. Cambridge: MIT Press, 1999.

［18］ Fujita M, Thisse J F. Economics of agglomeration: cities, industrial location and regional growth[M]. Cambridge University Press, 2002.

［19］ Golant S M. A place to grow old: the meaning of environment on old age[M]. New York: Columbia University Press, 1984.

［20］ Golant. The suburbanization of the American elderly. //Rogers A, Frey W H, Rees Petal. Elderly Migration and Population Redistribution: A Comparative Study. London: Belhaven Press, 1992: 163 – 180.

［21］ Goodman A C. Using lorenz curves to characterise urban elderly populations [J]. Urban Studies, 1987, 24(1): 77 – 80.

［22］ Harris J K, Todaro M P. Migration, unemployment, and development: a two-sector model analysis[J]. The American Economic Review, 1970, 60(1): 126 – 142.

［23］ Heleniak T. Geographic aspects of population aging in the Russian Federation [J]. Eurasia Geography and Economic, 2003, 44(5): 325 – 347.

［24］ Hsieh C T, Klenow P J. Misallocation and Manufacturing TFP in China and India. NBER Working Paper No. 13290, 2007.

［25］ Hiltner J, Smith B W. Intraurban residential location of the elderly[J]. Journal of Geography, 1974, 73(4): 22 – 33.

[26] Im K S, Peasaran M H, Shin Y. Test for unit roots in heterogeneous panels[J]. Journal of Econometrics, 2003, 115: 53 – 74.

[27] Jian T, Sachs J D, Warner A M. Trends in regional inequality in China[M]. NBER Working Paper No. w5412, 1996.

[28] Kao C. Spurious regression and residual-based tests for cointegration in panel data. Journal of Econometrics, 1999, 90(1): 1 – 44.

[29] Kelley A, Williamson J. What Drives Third World City Growth: A Dynamic General Equilibrium Approach. Princeton: Princeton University Press, 1984.

[30] Krugman P, Venables A J. Globalization and the inequality of nations[J]. Quarterly Journal of Economics, 1995, 110(4): 857 – 880.

[31] Krugman P. Increasing returns and economic geography[J]. Journal of Political Economy, 1991, 99(3): 483 – 499.

[32] Levin A, Lin C F, Chu C S J. Unit root tests in panel data, asymptotic and finite-sample properties[J]. Journal of Econometrics, 2002, 108(1): 1 – 24.

[33] Maddala G S, Wu S. A comparative study of unit root tests with panel data and a new simple test[J]. Oxford Bulletin of Economics and Statistics, 1999, 61(s1): 631 – 652.

[34] Martin P, Ottaviano G I P. Growing locations: industry location in a model of endogenous growth[J]. European Economic Review, 1999, 43(2): 281 – 302.

[35] Martin P, Ottaviano G I P. Growth and agglomeration[J]. International Economic Review, 2001, 42(4): 947 – 968.

[36] Mccracken K W J, Phillips D R. International demographic transitions. // Andrews G J and Phillips D R. Aging and Place. London: Routledge, 2005: 36 – 60.

[37] McCarthy K F. The elderly population changing spatial distribution[J]. Economic Geography, 1983(2): 99 – 125.

[38] Moore E G, Pacey M A. Geographic dimensions of aging in Canada[J]. Canadian Journal on Aging, 2004, 23(5): 5 – 21.

[39] Ottaviano G I P, Puga D. Agglomeration in the global economy: a survey of the 'New Economic Geography'[J]. The World Economy, 1998, 21(6): 707 – 731.

[40] Ottaviano G, Pinelli D. Market potential and productivity: evidence from finnish regions [J]. Regional Science and Urban Economics, 2006, 36 (5):

636 – 657.

[41] Pedroni P. Cristal values for cointegration tests in heterogeneous panels with multiple regressors[J]. Oxford Bulletin of Economics and Statistics, 1999, 61: 653 – 678.

[42] Rogers C C. Changes in the older population and implications for rural area [R]. Report no. 90. Washington, DC: United States Department of Agriculture, Rural Development and Research, 1999.

[43] Rogers, Watkins, Woodward. Interregional elderly migration and population redistribution in four industrialized countries: a comparative analysis[J]. Research on Aging September, 1990(12): 251 – 293.

[44] Cook S. Structural change, growth and poverty reduction in Asia: pathways to inclusive development[J]. Development Policy Review, 2006, 24(s1): s51 – 80.

[45] Sauvy A. Social and political consequences of the aging of the population[J]. Apres-Demain, 1980(220): 7 – 9.

[46] Sbergami F. Agglomeration and economic growth: some puzzles[C]. HEI Working Paper No. 02, 2002.

[47] Sekher V C S, Shipton M D, Bruced. Investigating the spatial distribution of the elderly and in implication for service provision in Adelaide metropolitan area[C]. Australian Transport Research Forum Proceedings, 2010.

[48] Serow W J, Cowart M E, Camezon J. Epidemiologic transition theory and aging: hispanic populations of North America and the Caribbean[J]. Journal of Health and Human Services Administration, 1998, 20(3), 333 – 347.

[49] Shrestha L B. Population aging in developing countries[J]. Health Affairs, 2000, 19(3): 204 – 212.

[50] Todaro M P. A model of labor migration and urban unemployment in less developed countries[J]. The American Economic Review, 1969, 59(1): 138 – 148.

[51] Tsui K Y. China's regional inequality, 1952—1985[J]. Journal of Comparative Economics, 1991, 15(1): 1 – 21.

[52] Temple J, Wö βmann L. Dualism and cross-country growth regressions[J]. Journal of Economic Growth, 2006, 11(3): 187 – 288.

[53] Venables A. Equilibrium locations of vertically linked industries[J]. International Economic Review, 1996, 37(2): 341 – 359.

［54］ Wang F, Andrew M. Demographic Dividend and Prospects for Economic Development in China［C］. UN Expert Meeting on Social and Economic Implications of Changing Population Structures, Mexico City, 2005.

［55］ Williamson J G. Regional inequality and the process of national development: a description of the patterns[J]. Economic Development and Cultural Change, 1965, 13(1): 345.

［56］ World Bank. Sharing Rising Incomes: Disparities in China, China 2020 Series [M]. Washington D. C, 1997.

［57］ World Bank. World development report 2009: reshaping economic geography [M]. Washington D. C, 2009.

［58］ Zipf G K. Human behavior and the principle of least effort. Cambridge: Addison-Wesley Press, 1949.

［59］［日］田原裕子，岩垂雅子. 老年人居住地移动研究动向与迁移展望 [J]. 东京大学人文地理学研究, 1999, 13: 1 – 53.

［60］白雪梅. 中国区域经济发展的比较研究 [M]. 北京：中国财政经济出版社, 1998.

［61］白重恩，杜颖鹃，陶志刚，等. 地方保护主义及产业地区集中度的决定因素和变动趋势 [J]. 经济研究, 2004 (4): 29 – 40.

［62］蔡晢，王德文. 中国经济增长可持续性与劳动贡献 [J]. 经济研究, 1999 (10): 62 – 68.

［63］蔡昉，都阳. 中国地区经济增长的趋同与差异：对西部开发战略的启示 [J]. 经济研究, 2000 (10): 30 – 37.

［64］蔡翼飞，张车伟. 地区差距的新视角：人口与产业分布不匹配研究 [J]. 中国工业经济, 2012 (5): 31 – 43.

［65］曾明星，吴瑞君，张善余. 中国人口再分布新形势及其社会经济效应研究：基于"六普"数据的分析 [J]. 人口学刊, 2013 (5): 15 – 25.

［66］柴彦威，田原裕子，李昌霞. 老年人居住迁移的地理学研究进展 [J]. 地域研究与开发, 2006 (3): 110 – 114.

［67］陈明华，郝国彩. 中国人口老龄化地区差异分解及影响因素研究 [J]. 中国人口·资源与环境, 2014, 24 (4): 136 – 141.

［68］陈茗. 人口老龄化的区域差异和形成要因的中日比较分析 [J]. 人口与经济, 2001 (s1): 21 – 22.

［69］陈钊，陆铭，金煜．中国人力资本和教育发展的区域差异：对于面板数据的估算［J］．世界经济，2004（12）：25－31.

［70］单良，丁莉．中日人口老龄化旳空间分布特征比较研究［J］．中国人口科学，2013（4）：89－96.

［71］杜旻．我国流动人口的变化趋势、社会融合及其管理体制创新［J］．改革，2013（8）：147－156.

［72］杜鹏，王武林．论人口老龄化程度城乡差异的转变［J］．人口研究，2010，34（2）：3－10.

［73］杜鹏，杨慧．中国和亚洲各国人口老龄化比较［J］．人口与发展，2009，15（2）：75－80.

［74］杜小敏，陈建宝．人口迁移与流动对我国各地区经济影响的实证分析［J］．人口研究，2010（3）：77－87.

［75］段成荣，杨舸．我国流动人口的流入地分布变动趋势研究［J］．人口研究，2009（6）：1－12.

［76］段成荣．省际人口迁移迁入地选择的影响因素分析［J］．人口研究，2001，25（1）：56－61.

［77］段成荣，杨舸，张斐，等．改革开放以来中国流动人口变动的九大趋势［J］．当代中国人口，2008（4）：32－39.

［78］段瑞君．聚集经济、市场拥挤效应与城市规模［J］．财经科学，2014（8）：120－128.

［79］樊杰，陶岸君，吕晨．中国经济与人口重心的耦合态势及其对区域发展的影响［J］．地理科学进展，2010，29（1）：87－95.

［80］范红忠，李国平．资本与人口流动及其外部性与地区经济差异［J］．世界经济，2003（10）：50－57.

［81］范剑勇，王立军，沈林洁．产业集聚与农村劳动力跨区域流动［J］．管理世界，2004（4）：55－60.

［82］范剑勇，朱国林．中国地区差距的演变及其结构分解［J］．管理世界，2002（7）：37－44.

［83］范剑勇．产业集聚与地区差距：来自中国的证据［C］．中国制度经济学年会论文集，2003.

［84］范剑勇．产业集聚与地区间劳动生产率差异［J］．经济研究，2006（11）：72－81.

[85] 傅义强．当代西方国际移民理论述略［J］．世界民族，2007（3）：45－55.

[86] 高铁梅．计量经济分析方法与建模：EViews 应用及实例［M］．北京：清华大学出版社，2006.

[87] 郭军华，李帮义．中国经济增长与环境污染的协整关系研究：基于1991—2007 年省际面板数据［J］．数理统计与管理，2010（3）：281－293.

[88] 何清，陈楠，张开洲．基于 GWR 模型的福建县域人口老龄化影响因素分析［J］．贵州大学学报（自然科学版），2014（5）：129－135.

[89] 胡琪，滕文，等．社区人口概论［M］．上海：上海社会学院出版社，2012.

[90] 蒋子龙，樊杰，陈东．2001—2010 年中国人口与经济的空间集聚与均衡特征分析［J］．经济地理，2014（5）：9－13，82.

[91] 金煜，陈钊，陆铭．中国的地区工业集聚：经济地理、新经济地理与经济政策［J］．经济研究，2006（4）：79－89.

[92] 李国平，范红忠．生产集中、人口分布与地区经济差异［J］．经济研究，2003（11）：79－86.

[93] 李树茁，杨有壮．我国的省间人口迁移与社会经济发展［J］．人口与经济，1996（5）：39－52.

[94] 李秀丽，王良健．我国人口老龄化水平的区域差异及其分解研究［J］．西北人口，2008（6）：104－107.

[95] 李子奈，叶阿忠．高级应用计量经济学［M］．北京：清华大学出版社，2012.

[96] 梁琦．产业集聚论［M］．北京：商务印书馆，2004.

[97] 林琳，马飞．广州市人口老龄化的空间分布及趋势［J］．地理研究，2007，26（5）：1043－1047.

[98] 刘华军，何礼伟，杨骞．中国人口老龄化的空间非均衡及分布动态演进：1989—2011［J］．人口研究，2014（2）：71－82.

[99] 路江涌，陶志刚．中国制造业区域聚集及国际比较［J］．经济研究，2006（3）：103－114.

[100] 逯进，郭志仪．中国省域人口迁移与经济增长耦合关系的演进［J］．人口研究，2014（11）：41－56.

[101] 罗勇，曹丽莉．中国制造业集聚程度变动趋势实证研究［J］．统计研

究，2005（8）：22 – 29.

[102] 吕晨，樊杰，孙威. 基于 ESDA 的中国人口空间格局及影响因素研究
[J]. 经济地理，2009（11）：1797 – 1802.

[103] 孟向京. 中国人口分布合理性评价 [J]. 人口研究，2008（3）：40 – 47.

[104] 倪超，陈翌莳，邱效威. 中国人口老龄化对经济增长影响的研究述评
[J]. 中国人力资源开发，2014（9）：87 – 93.

[105] 乔晓春，黄衍华. 中国跨省流动人口状况：基于"六普"数据的分
析 [J]. 人口与发展，2013（1）：13 – 28.

[106] 任建军，阳国梁. 中国区域经济发展差异及其成因分析 [J]. 经济地
理，2010（5）：784 – 789.

[107] 沈续雷，王桂新，孔超. 中国人口分布和经济发展空间不均衡性对比
研究 [J]. 人口与发展，2009（6）：69 – 73.

[108] 孙蕾，常天骄，郭全毓. 中国人口老龄化空间分布特征及与经济发展
的同步性研究 [J]. 华东师范大学学报（哲学社会科学版），2014
（3）：123 – 132.

[109] 孙蕾. 台湾人口老龄化的区域差异研究：基于各县市面板数据的实证
分析 [J]. 台湾研究集刊，2012（4）：60 – 68.

[110] 覃成林，张华，张技辉. 中国区域发展不平衡的新趋势及成因：基于
人口加权变异系数的测度及其空间和产业二重分解 [J]. 中国工业经
济，2011（10）：37 – 45.

[111] 覃成林. 中国区域经济差异研究 [M]. 北京：中国经济出版
社，1997.

[112] 覃一冬. 我国城市人口规模分布演化影响因素研究 [J]. 人口与经
济，2012（4）：21 – 26.

[113] 汤婧婕. 浙江省养老设施供需分析及规划策略研究 [D]. 杭州：浙江
大学，2011.

[114] 田相辉，徐小靓. 为什么流向大城市？——基于城市聚集经济的估计
[J]. 人口与经济，2015（3）：23 – 32.

[115] 童玉芬，李玉梅，刘传奇. 我国城镇化进程中的城乡人口老龄化趋势
及政策启示 [J]. 人口与经济，2014（6）：12 – 21.

[116] 王德文，蔡昉，张学辉. 人口转变的储蓄效应和增长效应——论中国
增长可持续性的人口因素 [J]. 人口研究，2004（5）：2 – 11.

[117] 王丰, 安德鲁·梅森. 中国经济转型过程中的人口因素 [J]. 中国人口科学, 2006 (3): 2-18.

[118] 王桂新. 中国人口迁移与区域经济发展关系之分析 [J]. 人口研究, 1996 (11): 9-16.

[119] 王桂新. 中国区域经济发展水平及差异与人口迁移关系之研究 [J]. 人口与经济, 1997 (1): 50-56.

[120] 王桂新, 刘建波. 1990 年代后期我国省际人口迁移区域模式研究 [J]. 市场与人口分析, 2003 (4): 1-16.

[121] 王桂新, 潘泽瀚, 陆燕秋. 中国省际人口迁移区域模式变化及其影响因素: 基于 2000 年和 2010 年人口普查资料的分析 [J]. 中国人口科学, 2012 (5): 2-13.

[122] 王桂新, 魏星, 沈建法. 中国省际人口迁移对区域经济发展作用关系之研究 [J]. 复旦学报 (社会科学版), 2005 (3): 148-160.

[123] 王桂新. 中国人口迁移与城市化研究 [M]. 北京: 中国人口出版社, 2006.

[124] 王磊, 段学军, 田方, 等. 长江三角洲人口与经济的空间分布关系研究 [J]. 经济地理, 2009 (10): 1619-1623.

[125] 王露, 封志明, 杨艳昭, 等. 2000—2010 年中国不同地区人口密度变化及其影响因素 [J]. 地理学报, 2014 (12): 1790-1798.

[126] 王梦奎, 李善同. 中国社会经济不平衡问题研究 [M]. 北京: 商务印书馆, 2000.

[127] 王颖, 倪超. 中国与印度人口转变的经济效应: 基于 1960—2010 年时间序列数据的实证分析 [J]. 人口与发展, 2014 (4): 11-19.

[128] 王泽宇, 孙然, 韩增林, 等. 中国人口老龄化水平测度与空间关联研究 [J]. 地域研究与开发, 2013 (3): 138-143.

[129] 王志宝, 孙铁山, 李国平. 近 20 年来中国人口老龄化的区域差异及其演化 [J]. 人口研究, 2013 (1): 66-76.

[130] 魏后凯. 论我国区际收入差异的变动格局 [J]. 经济研究, 1992 (4): 36-42.

[131] 魏后凯. 中国地区间居民收入差异及其分解 [J]. 经济研究, 1996 (11): 66-73.

[132] 文玫. 中国工业在区域上的重新定位和聚集 [J]. 经济研究, 2004

（2）：84 - 94.

[133] 邬沧萍，王琳，苗瑞风. 中国特色的人口老龄化过程、前景和对策 [J]. 人口研究，2004（1）：8 - 15.

[134] 夏怡然，苏锦红，黄伟. 流动人口向哪里集聚：流入地城市特征及其变动趋势 [J]. 人口与经济，2015（3）：13 - 22.

[135] 肖群鹰，刘慧君. 基于 QAP 算法的省际劳动力迁移动因理论再检验 [J]. 中国人口科学，2007（4）：2 - 33，95.

[136] 肖周燕. 中国人口与经济分布一致性的空间效应研究 [J]. 人口研究，2013（5）：42 - 52.

[137] 谢波，周婕. 大城市老年人的空间分布模式与发展趋势研究：以北京、上海、广州、武汉为例 [J]. 城市规划学刊，2013（5）：56 - 62.

[138] 谢健. 经济结构的变动与区域经济的差异分析 [J]. 中国工业经济，2003（11）：78 - 84.

[139] 徐建华，鲁凤，苏方林，等. 中国区域经济差异的时空尺度分析 [J]. 地理研究，2005，24（1）：57 - 68.

[140] 杨伟民. 地区间收入差距变动的实证分析 [J]. 经济研究参考，1992（1）：8 - 15.

[141] 杨雪，王淇田. 中国人口老龄化趋势地区性差异的量化分析 [J]. 吉林大学社会科学学报，2012（1）：148 - 153.

[142] 杨振. 中国人口与经济空间分布关系研究 [D]. 兰州：兰州大学，2008.

[143] 姚静，李爽. 中国人口老龄化的特点、成因及对策分析 [J]. 人文地理，2000（5）：24 - 29.

[144] 尹德挺，苏杨. 建国六十年流动人口演进轨迹与若干政策建议 [J]. 改革，2009（9）：20 - 35.

[145] 尹虹潘，刘渝琳，刘姝伶. 经济分布基准下的中国人口分布均衡测度研究：基于 Matlab 空间模拟的估算 [J]. 中国人口科学，2014（5）：11 - 23.

[146] 尹银，周俊山. 人口红利在中国经济增长中的作用：基于省级面板数据的研究 [J]. 南开经济研究，2012（2）：120 - 130.

[147] 于涛方. 中国城市人口流动增长的空间类型及影响因素 [J]. 中国人口科学，2012（4）：47 - 58.

[148] 袁俊, 吴殿廷, 吴铮争. 中国农村人口老龄化的空间差异及其影响因素分析 [J]. 中国人口科学, 2007 (3): 41-95.

[149] 张车伟, 蔡翼飞. 人口与经济分布匹配视角下的中国区域均衡发展 [J]. 人口研究, 2013 (6): 3-16.

[150] 张纯, 曹广忠. 北京市人口老龄化的空间特征及影响因素 [J]. 城市发展研究, 2007, 14 (2): 56-61.

[151] 张开洲, 陈楠. 1990—2010 年福建省县域人口老龄化时空演变特征及其驱动机制 [J]. 地理科学进展, 2014 (5): 605-615.

[152] 张丽. 杭州市社区养老服务设施空间布局研究: 基于 Semi-Markov 模型分析 [J]. 企业导报, 2013 (15): 124-125.

[153] 张琪. 中国人口迁移与区域经济发展差异研究: 区域、城市与都市圈视角 [D]. 上海: 复旦大学, 2008.

[154] 张晓青, 李玉江. 山东省人口老龄化空间分异及其形成机制研究 [J]. 西北人口, 2005 (6): 30-33.

[155] 张晓青. 人口年龄结构对区域经济增长的影响研究 [J]. 中国人口·资源与环境, 2009 (5): 100-103.

[156] 张妍云. 我国的工业集聚及其效应分析: 基于各省工业数据的实证研究 [J]. 技术经济与管理研究, 2005 (4): 23-24.

[157] 张艳, 刘亮. 经济集聚与经济增长: 基于中国城市数据的实证分析 [J]. 世界经济文汇, 2007 (1): 48-56.

[158] 张志强. 聚集经济与中国城市经济增长: 基于动态面板数据的实证研究 [J]. 南京社会科学, 2010 (10): 50-55.

[159] 赵儒煜, 刘畅, 张锋. 中国人口老龄化区域溢出与分布差异的空间计量经济学研究 [J]. 人口研究, 2012 (2): 71-81.

[160] 钟水映, 赵雨, 任静儒. 我国地区间 "未富先老" 现象研究 [J]. 人口研究, 2015 (1): 63-73.

[161] 周婕. 城市老龄人口空间分布特征及演变趋势 [J]. 城市规划, 2014 (3): 18-25.

[162] 周玉翠, 齐清文, 冯灿飞. 近 10 年中国省际经济差异动态变化特征 [J]. 地理研究, 2002 (6): 1-10.

[163] 朱农, 曾昭俊. 对外开放对中国地区差异及省际迁移流的影响 [J]. 市场与人口分析, 2004 (5): 5-12.

［164］邹湘江. 基于"六普"数据的我国人口流动与分布分析［J］. 人口与
经济, 2011 (6)：23 – 33.

［165］左学金. 人口迁移与经济发展：理论模型及政策含义［J］. 上海社会
科学院学术季刊, 1995 (4)：101 – 109.